성과, 승진, 소득을 얻는 상식 밖의 오피스 심리학

내 일의 모든 것

성과, 승진, 소득을 얻는 상식 밖의 오피스 심리학

내 일의 모든 것

Whatever Works

살마 로벨 지음 | 문희경 옮김

✦ 직장 만족도와 삶의 행복도는 비례한다! ✦

청림출판

한 그루의 나무가 모여 푸른 숲을 이루듯이
청림의 책들은 삶을 풍요롭게 합니다.

일. 일은 삶의 현실이다. 누구나 태어나서 죽을 때까지 거의 평생 일을 한다.

미국 노동통계국의 2018년 보고서에 따르면, 유급 고용 인구 중 남자는 주당 평균 40.8시간, 여자는 36.2시간 일했다. 여기에 출퇴근 시간과 직장 생활을 유지하기 위한 활동까지 더하면 결국 우리는 깨어 있는 시간을 거의 다 일하면서 보내는 셈이다.

일은 생계유지를 위한 수단이자 내가 누구인지를 정의해주는 중요한 요인이다. 낯선 사람들이 처음 만날 때 가장 많이 하는 질문은 바로 "무슨 '일'을 하세요?"다. 이 질문에 대한 답으로 그 사람이 어떤 사람인지 가정하고, 옳든 그르든 그 사람의 사회적 지위까지 짐작할 수 있다.

운이 좋으면 일에서 만족감과 명망과 성취감과 꽤 괜찮은 수입까지 얻을 수 있다. 반면에 다른 선택의 여지 없이 주어진 일을 해야만 하는 사람들에게 일은 하루를 거의 다 잡아먹는 매일의 의무에 지나지 않을 수 있다. 양극단에 속하든 중간 어딘가에 속하든, 누구나 일에 대한 만족도와 안녕감을 높이고 싶고, 성과를 끌어올리고 싶고, 창의성을 높이고, 직업적으로 인정받고 발전하고 싶을 것이다. 개인(혼자 일하는 프리랜서든 임금을 받는 직원이든)만이 아니라 기업의 소유주든 조직이든 관리자든, 누구나 노동력을 최적화하고 장려해서 순익을 최대로 끌어올리고 싶을 것이다.

이런 질문도 나올 수 있다. '일과 직장 생활에서 성공하는 방법을 다루는 자기계발서가 또 나온다고? 설마?' 꼭 그런 건 아니다. 보통 자기계발서는 한 가지 주제에 집중해서 차근차근 유용한 비법을 소개하며 결론에 이른다. 예를 들어 마음가짐과 태도를 바꾸는 것을 성공의 열쇠로 다루는 책이 있다. 동기에 주목하는 책도 있고, 인간관계(아는 사람이나 알아갈 사람과의 관계)에 집중하는 책도 있다. 성공을 위한 옷차림이나 여성의 승진, 보디랭귀지 같은 좁은 범위에서 성공의 비결을 찾으며 틈새시장을 노리는 책도 있다.

모두 훌륭하고 가치 있는 책이지만 대체로 동기를 끌어내고, 일의 체계를 잡고, 인간관계를 형성하는 방법처럼 하나 마나 한 얘기에 집중한다. 이 책은 다르다.

이 책은 최신 과학 연구와 새로운 실험을 토대로 우리가 잘 모르거나 알아도 중요하다고 생각하지 못한 요인에 주목한다. 옷이나 조명 같은 부분이다. 주위에서 항상 작용하지만, 우리가 제대로 인식하지 못하거나 깊이 파고들지 않고 스치는 정도로만 인식하는 요인이다. 사실 이런 요인이 우리의 성과와 만족감과 행복에 영향을 미친다. 이 책에서 소개하는 연구와 실험은 주로 우리의 환경과 팀과 저마다의 개인적 습관의 미묘한 단서에서 뜻밖의 진실을 찾아낸다. 대다수의 발견은 우리가 매일 일하는 공간과 관련이 있고, 일부는 우리의 마음가짐과 관련이 있고, 또 일부는 지금까지 간과되거나 알려지지 않은 강력한 단서와 관련이 있다. 대부분 놀라운 결과이고, 우리의 상식을 거스르는 결과도 있다. '설마 그게 사실일 리가 없어.' 그러나 이렇게 과학적으로 입증된 증거를 무시할 수는 없다.

이를테면 '성공을 위한 옷차림'에 관한 자료는 많다. 하지만 우리의 인지 능력이 향상될 수 있는 옷차림이 있다는 사실을 알았는가? 혹은 개인의 성과에 관한 객관적이고 전문적인 평가가 옷차림 때문에 왜곡될 수 있다는 점은 알았는가?

비즈니스 거래나 진급 협상처럼 중요한 협상 자리에서 화를 내거나 불만을 터트리면 상황을 유리하게 끌어올 수 있다는 점은 알았는가? 다만 역효과가 나서 직장을 잃고 거리로 나앉을 수도 있다. 상황에 따라 다르다. 이 책에서는 분노나 불만 같은 감정을 정확히 언제, 어떻게 표출해야 협상을 유리하게 이끌 수 있는지 설명한다. 혹은 팀에 인종이 다른 직원을 넣기만 해도, 심지어 그 사람이 한마디도 하지 않는다고 해도 팀의 창의성과 효율성과 독창성이 비약적으로 발전한다는 것은 알았는가?

어떤 색깔을 보기만 해도 창의력이 높아지고, 필요한 순간에 집중력을 되찾을 수 있다는 것은 알았는가? 혹은 업무를 보다가 잠깐씩 쉬면서 자연 속을 걸으면 스트레스가 크게 줄어들고, 피로가 풀리고, 업무를 위한 인지 능력이 향상된다는 것을 알았는가?

지금까지 최신 과학 연구에서 밝혀낸 다양한 통찰 가운데 몇 가지만 예로 들었을 뿐이다. 이런 통찰은 개인과 기업 양쪽 모두에 큰 이익을 가져다줄 것이다.

나는 평생 연구자로 살면서 우리의 성과와 결정과 판단에 영향을 미치고 우리를 행복하게 해주는 요인에 관심이 많았다. 나는 텔아비브대학교에서 심리학 석사 학위와 박사 학위를 받았고, 같은 대학에서 심리학 교수로 오래 일해왔다. 하버드대학교에서 박사 후 연구를 했고, 나중에 초빙교수를 역임하기도 했다.

저명한 심리학 학술지에 다수의 논문을 게재하며 주로 심리학자들을 대상으로 글을 써오면서 나에게는 일반 독자를 위한 책을 쓰고 싶다는 열망이 생겼다. 심리학 연구 중에는 전문가뿐 아니라 누구나 접할 수 있어야 하는, 흥미롭고 가치 있는 연구가 많다. 그래서 몇 년 전 첫 책으로 《센세이션: 결심을 조롱하는 감각의 비밀 Sensation: The New Science of Physical Intelligence》을 썼다. 세계 각국에서 번역 출간된 이 책에서는 우리의 결심과 행동이 어떻게 우리가 알아채지 못하는 사이에 우리가 가지고 있는 물건의 색깔이나 질감이나 온도 같은 물리적 감각에 영향을 받는지 탐색했다. 그 후 나는 세계 각국에 초빙되어 이 책의 주제로 강연했다. 다양한 분야의 전문가들이 이 주제에 관심을 보이는 것을 확인하고 만족스러웠다. 또 독자들이 긍정적인 피드백을 보내주고, 이 책에서 배운 지식을 일상에서 어떻게 활용하는지 이메일로 알려주어서 기뻤다. 그 덕분에 새 책을 쓸 힘을 얻었다. 우리에게 가깝고도 중요한 주제, 곧 직장에 관한 책이다. 이 책에서는 일의 세계에서 성과와 창의성과 행복에 영향을 미치는 요인에 집중한다.

나는 직장 환경에서 느끼는 중압감에 꽤 익숙하다. 오랜 세월 우리의 행동에 영향을 미치는 요인을 연구해온 심리학자로, 일과 가족 사이에서 늘 갈등하는 엄마로서 나는 늘 중압감에 시달렸다. 나는 주로 연구하고 강의하는 교수이지만, 상아탑 안에만 갇혀 있지는 않다. 조직의 관리자로서도 다양한 경험을 쌓았다. 텔아비브대학교 심리학과의 학과장이자 학생처장이고, 대학 이사회의 교수 대표도 맡았다. 몇몇 기관의 이사진에서도 활동했다. 여러 역할을 맡으면서, 특히 학과장과 학생처장으로서 많은 직원을 관리하면서 사람들을 채용하기도 하고, 해고하기도 하고, 직원들 사이의 갈등을 해결하기도 하고, 팀과 위원회를 구성하기도 했다. 그리고 행정조교와 연구조교, 심리학자, 부서장, 재정관리자, 심지어 CEO까지 다양한 직책의 지원자들을 면접했다.

나는 이 책에서 나의 풍부한 경험과 전문가로서 일해온 다양한 배경을 종합하여 일에서의 성과와 행복을 끌어올리기 위해 반드시 알아채야 할 여러 단서와 요인을 소개하고자 한다.

내 목표는 개인에게든 조직에든 효율성과 만족감, 승진과 소득에서 눈에 띄는 효과를 가져다줄 수 있는 실행 가능한 단계를 소개하는 것이다. 새로운 통찰을, 혹은 '비법'을 밝혀낸 최신 연구를 토대로 한 방법을 소개하겠다.

이 책은 3부로 구성된다.

1부 '사무실에서의 보이지 않는 힘'에서는 개인의 성과와 행동과 동기와 만족감이 어떻게 상상도 하지 못하는 방식으로 환경의 영향을 받는지를 밝혀낸 다양한 연구를 소개한다. 이를테면 사무실 배치, 폐쇄형 공간과 개방형 공간, 조명(밝은지 어두운지, 인공광인지 자연광인지), 온도, 창문 유무(혹은 창문 부족), 창밖 풍경의 효과, 자연이 업무에 미치는 영향에 주목한 연구다.

2부 '팀에서의 보이지 않는 힘'에서는 직장 내 소통에 영향을 미치는 요인에 집중한다. 직장 내 소통으로는 면접, 동료 회의, 승진이나 임금 인상을 위한 협상, 비즈니스 협상(혹은 사적인 협상), 팀워크, 최적의 팀 구성이 있다. 상대를 향한 모방이나 다양한 감정 표현, 옷차림, 외모, 다양한 인종 구성 등이 팀의 성과에 어떤 영향을 미치는지, 남들이 우리를 어떻게 지각하게 하는지, 또 개인의 협상 능력에 어떤 영향을 미치는지를 다루며, 성공하기 위한 중요한 통찰을 전한다.

3부 '개인에게 통하는 보이지 않는 힘'에서는 개인의 선택과 습관에 따라 달라지는 성과와 이에 영향을 미치는 요인을 다룬다. 우선 새로운 기술이 일에 미치는 영향에 관한 장에서는 스마트폰을 유리하게 활용하는 방법과 스마트폰이 일에 미치는 부정적인 영향을 피하는 방법을 다룬다. 다음으로 질서와 무질서에 관한 장에서는 체계적인 사무실이나 사무 공간(아니면 체계적이지 않은 공간)이 우리의 행동과 성과에 얼마나 영향을 미치는지 알아본다. 또 음악을 다루는 장도 있다. 마지막으로, 창조성을 다루는 장도 있다. 직장에서 창조성을 발휘하는 것은 어려운 도전이 될 수 있다. 직장에서는 근무시간에 '뮤즈'의 마법 양탄자를 타는 호사를 누리기 힘들기 때문이다. 시간에 맞춰서 창조성을 발휘해야 하고, 시기에 맞춰서, 나아가 정해진 마감 시간에 맞춰서 결과물을 내놓아야 한다. 이 장에서 생산성을 높이기 위한 다양한 방법을 소개하는데, 대부분 예상을 벗어나고 겉보기에는 연관이 없어 보일 수도 있지만 과학적으로 입증되었으며 창조력과 혁신의 힘을 끌어올리기 위해 활용할 수 있다.

각 장의 내용이 서로 중첩되고, 요인과 효과가 밀접히 얽힐 수 있다.

그래도 전체적으로 도움이 될 만한 새롭거나 이미 알려진 통찰을 다양한 사례를 들어 풍성하게 제공할 것이다. 이 책에서 배운 방법을 일상에서 활용하면(승진이나 임금 인상을 요구하는 자리에 임했거나, 중요한 협상에 들어갔거나, 결정적인 아이디어를 내야 할 때이거나, 아니면 그저 최선을 다해 업무에 임할 때이거나), 성과와 안녕감과 창조성을 끌어올릴 수 있다. 그러면 자연히 전반적인 삶의 행복과 만족감도 커질 것이다. 여러분이 그렇게 되기를 진심으로 바란다.

CONTENTS

1부. 사무실에서의 보이지 않는 힘

업무 환경의 질을 높이는 숨겨진 단서

2부. 팀에서의 보이지 않는 힘

함께 일하는 방식을 바꾸는 놀라운 단서

3부. 개인에게 통하는 보이지 않는 힘

습관이 만드는 힘의 단서

1부

사무실에서의 보이지 않는 힘

업무 환경의 질을 높이는 숨겨진 단서

Whatever Works

1장 사무실 배치에 관해
사무실 설계가
생산성에 미치는 영향

좋은 디자인을 보고 비싸다는 생각이 든다면,
나쁜 디자인으로 치르는 대가를 보라.
_ 랠프 스페스Ralf Speth

주로 실내에서 생활하는 우리에게, 집을 제외하면 직장은 중요한 실내 공간이다. 우리는 깨어 있는 시간 대부분을, 결과적으로 인생의 대부분을 자연과 거리가 먼 인공의 환경에서 보낸다. 자연히 이런 환경에 영향을 받을 수밖에 없다. 다양한 연구에서 보여주었고 지금도 보여주고 있듯이, 실내 환경의 질은 우리의 건강과 안녕감과 행복[1], 생산성[2]에 영향을 미친다. 따라서 누구나 관심을 가져야 하는 주제다. 고용주로서는 생산성을 높이고, 결근을 줄이고, 직원들의 만족감과 안녕감을 높이는 쪽으로 업무 환경을 조성하는 것이 비용 면에서 효과적이다. 직원으로서는 매일 접하는 환경의 영향을 이해하면, 주어진 환경에 변화를 주어 더 행복하고 건강하고 생산적으로 일할 수 있다.

사무실 환경이 우리에게 미치는 영향이 크다고 하면 별로 놀라지 않더라도, '어떻게' 영향을 미치는지 알면 놀랄 것이다. 1부에서는 직장에서 우리에게 영향을 미치는 '물리적' 요인을 다룬다. 사무실 배치, 개방형 공간과 폐쇄형 공간, 소음, 실내 온도, 조명, 창문 위치 같은 업무 공간의 요인이 우리의 만족감과 태도와 행동과 성과에 어떤 영향을 미치는지 알아본 연구가 많다. 누구나 이런 영향을 이해해야 스스로 업무 환경에 변화를 주어 직장 생활의 질과 정신적·육체적 안녕감을 끌어올릴 수 있고, 기업 차원에서도 전반적인 성과를 향상할 수 있다.

개방형 공간과 폐쇄형 공간
: 당신에게는 어느 공간이 더 맞는가?

사무실 배치 문제로 고생하는 직장인들의 사연이 많다.

지난 세기에는 사무실 설계 면에서 단시간에 대대적인 변화가 일어났다. 개인 사무실을 만들던 기업들이 직원들에게 칸막이 자리를 주는 방향으로 옮겨간 것이다. 칸막이 자리에 앉혀서 다른 사람에게든, 무엇에든 방해받지 않고 업무에 집중하게 함으로써 성과를 높이겠다는 취지였다. 그러나 이런 배치는 현장 전문가와 직원들에게 많은 비판을 받았다. 진화심리학에서는 인간이 주변 환경을 설계하면서 선호하는 배치는 대초원에서 무리 지어 살던 시절에서 출발한다고 강조한다.[3] 우리는 수렵채집 시대부터 물려받은 환경을 선호하고, 우리의 조상을 위험에 처하게 했던 환경은 본능적으로 피하려 한다는 것이다. 선사시대의 인간은 포식자나 적에게서 도망칠 공간이 확보되고 무리에서 혼자 떨어지지 않는 환경에서 가장 안전하다고 느꼈다. 하지만 현대인은 칸막이 자리에 격리되어 근처에 '포식자(상사, 경쟁자, 그 밖의 스트레스 요인)'가 있는지 경계하지 못하므로 자연히 불편해한다. 칸막이 자리는 절반만 사적인 공간이고, 햇빛이 차단되고 시야가 막힌다. 간혹 욕실보다도 비좁고 꽉 막힌 공간에서 등이 노출되고 시야가 제한된 채로 종일 앉아 있어야 한다. (신문 연재만화 〈딜버트Dilbert〉의 작가 스콧 애덤스Scott Adams는《죽은 이들이 부러울 지경인 칸막이 자리Cubicles That Make You Envy the Dead》라는 제목으로 사무실 생활에 관한 책을 썼다.)

최근에는 사무실을 개방형으로 바꾸는 기업이 늘어났다. 직원들 사이의 벽을 낮추거나 아예 없애는 쪽으로 바꾸는 것이다. 개방형 공간의 취지는 팀워크와 아이디어 교환을 장려하여 혁신을 도모하고 생산성을 높이자는 것이다. 덤으로 비용도 절감된다. 한 사람이 차지하는 공간도 줄고, 칸막이를 세우는 비용이 사라진다. 〈워싱턴비즈니스저널Washington Business Journal〉에 실린 국제시설관리협회International Facility Management Association의 보고서에 따르면,[4] "미국 사무직 노동자의 약 70퍼센트가 현재 칸막이가 낮거나 전혀 없는 자리에서 일한다." 개방형 사무실에서는 정수기 앞이나 휴게실이나 복사실 같은 공용 구역에서만 편하게 대화하는 것이 아니라 모든 공간에서 자유로이 소통하면서 정보를 주고받을 수 있다.

일각에서는 개방형 공간에서 협업하는 것이 더 수월하다고 여긴다. 그러나 정반대 주장도 있고, 개방형 공간에 대한 비판도 많다. 2018년 〈워싱턴포스트Washington Post〉의 기사 "개방형 사무실은 생각보다 나쁘다Open Office Plans Are as Bad as You Thought"에 소개된 연구에서는 사무실에서 파티션을 없애고 개방형으로 바꾼 두 기업을 조사했다.[5] 사무실 배치를 개방형으로 바꾼 뒤로 오히려 직접 마주 보고 소통하는 경우가 70퍼센트 감소하고 이메일이나 메신저를 통한 전자 소통이 증가했다는 결과가 나왔다. 더욱이 개방형 사무실의 직원들은 주변 소음을 차단하기 위해 소음 제거 헤드폰을 쓰고 일하는 경우가 많아서 동료들과 더 소통하지 못하게 되었다.

2014년 〈뉴요커New Yorker〉의 기사 "개방형 사무실의 덫The Open Office Trap"에서는 몇 편의 연구를 검토한 결과 개방형 사무실이 직원들의 성과에 부정적인 영향을 미친다는 결론에 이르렀다.[6] 사무직 노동자 2403명을 대상으로 병가 일수를 조사한 덴마크의 연구에서는 병가 일수와 한 공간에서 일하는 직원 수 사이의 상관관계를 찾아냈다.[7] 두 사람이 함께 사무실을 쓰는 경우 개인 사무실을 쓸 때보다 병가를 '50퍼센트'나 더 많이 냈고, 개방형 사무실에서는 62퍼센트나 더 많이 병가를 냈다. 물론 물리적 이유(타인의 세균에 노출된다)를 찾아볼 수도 있고, 심리적 이유(책임이 분산된다거나, 집단이 커질수록 결근해도 눈에 덜 띄고 결근한 사람을 대신할 인력이 풍부하다)를 찾아볼 수도 있다. 어쨌든 결근이 잦으면 회사에 비용이 발생하고, 직업 안정성과 직원 유지에도 영향을 미치는 것은 사실이다.

주로 스웨덴과 덴마크에서 실시된 다수의 연구에서 개방형 공간이 직원 만족도와 안녕감에 부정적인 영향을 미친다는 결과가 나왔다.[8] 2018년에 프랑스에서 발표된 연구에서는 직원의 70퍼센트가 개방형 설계에 만족하지 못한다는 결과가 나왔다.[9]

개방형 공간에서는 폐쇄적으로 될까?

일반적으로 개방형 사무실이 유익하다고 보는 것은 협업의 분위기가 쉽게 만들어진다고 여기기 때문이다. 그러나 하버드대학교 연구진은 다른 결론에 이르렀다.[10] 그들은 개인 사무실에서 개방형 사무실로 바꾼 두 기업을 대상으로, 업무 환경의 변화가 직원들 사이의 소통에 어떤 영향을 미쳤는지 알아보았다. 결과적으로 대면 소통이 유의미하게 줄어들고 온라인 소통이 증가한 것으로 나타났다. 연구진은 개방형 사무실에서는 직원들이 같은 공간에서 일하는 다른 직원들에게서 오히려 더 물러나 이메일과 메시지로 소통하는 방법을 선호한다고 결론지었다. 가벼운 담소나 대화를 이어가게 해주는 시각 단서와 같은 대면 접촉이 줄고 얼굴과 목소리가 없는 온라인 소통으로 대체(보완?)된다.

이메일은 그 나름의 장점이 있다. 그러나 앞으로 이메일을 다루는 장에서 살펴보겠지만 단점도 있다. 글자로 입력된 단어의 어조나 의도를 오해할 수 있고, 결과적으로 프로젝트에 부정적인 영향을 미치거나 관계를 틀어지게 할 위험도 있다. 따라서 두 유형의 소통을 모두 활용하여 서로 보완하게 하는 것이 바람직하다.

개방형 사무실에서 일하는 직원들이 흔히 불만을 제기하는 것은 소음이 심하고 사생활 보호가 안 된다는 점과 개인의 공간에 대한 통제력이 제약된다는 점이다.

지나친 소음

2017년 갤럽의 '미국 업무 환경 실태 조사'에서는 사무직 노동자의 75퍼센트가 직장의 소음에 대해 불평했고, 38퍼센트가 문이 달린 개인 사무실에서 일할 수만 있다면 직장을 바꾸겠다고 답했다. 개방형 사무실이 폐쇄형 개인 사무실보다 시끄러운 건 당연하다. 소음은 집중력 방해, 생산성 저하, 직원 만족도 하락, 평균 이하의 신체적 안녕감과 성과를 비롯한 여러 문제를 유발한다. 시끄러운 사무실에서 일하는 사람들은 기억 과제와 비교적 단순한 수학 시험에서 수행 능력이 떨어지는 것으로 나타났다.[11] 스웨덴의 몇몇 연구팀은 과도한 소음 때문에 동기가 떨어지고 더 피로해지고,[12] 시끄러운 사무실에서는 건강 문제를 더 많이 보고한다[13]는 결과를 얻었다. 코넬대학교에서 진행한 연구에서는 참가자(사무직 노동자)의 절반을 3시간 동안 소음이 있는 개방형 사무실에 배치하고, 나머지 절반을 조용한 사무실에 배치했다.[14] 시끄러운 사무실에 들어간 참가자들은 문제를 해결하려는 의지를 훨씬 적게 드러냈다. 또 혈액의 에피네프린(아드레날린) 수준으로 측정한 스트레스 수준도 상승했다.

개방형 사무실에서 집중력을 흐트러트리는 가장 요란한 청각 요인은 말소리이고, 전화벨과 발소리와 그 밖의 소란한 활동이 그 뒤를 잇는다.[15] 여러 연구에 따르면, 말소리가 사무실에서 실시한 여러 가지 인지 과제(교정, 독해, 글쓰기) 수행에 부정적인 영향을 미치는 것으로 나타났다.[16] 개방형 사무실에서 들리는 말소리는 주로 전화 통화 소리다. 직원들이 나누는 대화와 달리 통화는 '절반의 대화'이거나 일방의 발언이나 반응이다. "농담이죠?" "그 사람, 왜 그래요?" "그래서 그 사람이 뭐랬는데요?" 이런 말은 어쩔 수 없이 우리의 호기심을 자극한다. 뇌는 대화의 공백을 메우는 동안 머릿속 에너지를 소모한다. 일방의 대화만 들으면 자연히 상대방이 뭐라고 말하는지 유추하게 되므로 업무에 써야 할 집중력이 흐트러진다. 코미디언 밥 뉴하트Bob Newhart는 우스꽝스러운 반쪽짜리 대화로 관객을 웃겼다. 관객은 그의 일방적인 발언을 들으며 머릿속으로 코미디의 전체 시나리오를 구성했다. 연구에 따르면 사람들은 대화보다 반쪽짜리 대화에 더 주의를 기울이고 더 성가시게 느끼며, 반쪽짜리 대화를 들을 때 주어진 과제에 대한 수행 능력이 더 떨어지는 것으로 나타났다.[17] 스웨덴 연구팀은 참가자들에게 집중력과 이해력과 기억력이 필요한 사무실 과제를 내주면서[18] 최대한 빨리 수행하라고 지시했다. 그리고 세 가지 소음 조건으로 나눴다. 우선 '반쪽 대화 조건'에서는 참가자들이 통화에서 한쪽의 말만 들으며 일했고, 다음으로 '대화 조건'에서는 양쪽 모두의 말을 들으면서 일했고, 마지막으로 통제 집단인 '조용한 조건'에서는 배경 소음이 없었다. 소음 조건마다 의미 있고 이해할 수 있는 대화나 의미 없고 단어가 뒤틀려 무슨 내용인지 알 수 없는 대화가 주어졌다. 대화 조건보다 반쪽 대화 조건에서 수행 능력이 떨어졌지만, 의미 있는 대화가 주어질 때만 그랬다. 참가자들이 불분명하고 의미 없는 대화를 들을 때는 대화 조건이든 반쪽 대화 조건이든 소음이 전혀 없는 조건보다 수행 능력이 더 많이 떨어지지 않았다. 의미 있는 반쪽 대화가 우리의 주의를 빼앗고 수행에 영향을 미치는 것이다.

이런 소음 문제를 극복하는 해결책 가운데 소리를 위장하는 방법이 있다. 그러면 말소리의 부정적인 영향을 극복하는 데 도움이 된다. 샘물 소리, 음악 소리, 와자지껄한 소리(여러 사람이 말하는 소리)처럼 배경 소음을 위장하는 방법의 효과를 알아본 연구들이 있다.[19] 이 연구들에서 여러 사람의 말소리를 들은 사람이 한 사람의 말소리만 들은 사람보다 인지 과제에서 더 좋은 수행.능력을 보이는 것으로 나타났다. 직장에서 일하는 사람들은 여러 사람의 말소리와 파도 소리를 위장 소음으로 사용할 때 가장 만족했다.

소음은 대개 집중을 방해하고 인지 수행에 부정적 영향을 미친다. 그러
나 어느 정도의 주변 소음은 오히려 긍정적 영향을 미치고, 실제로 창의
성을 끌어올릴 수 있다는 사실을 밝혀낸 연구가 있다.[20] 연구자들은 참가
자들을 무작위로 네 집단으로 나누고 창의성을 측정하는 데 자주 사용되
는 단어 연상 검사Remote Associates Test, RAT를 실시했다(14장에서 다시 다룰
것이므로 기억해두길 바란다). RAT를 실시하는 동안 집단마다 다른 소음 수
준에 노출된다. 첫 번째 집단은 낮은 소음 수준인 50데시벨(한적한 교외의
소음이나 냉장고 돌아가는 소리와 같은 수준)에 노출되고, 두 번째 집단은 중
간 소음 수준인 70데시벨(샤워기 소리와 같은 수준)에 노출되고, 세 번째 집
단은 높은 소음 수준인 85데시벨(시끄러운 레스토랑 소리와 같은 수준)에 노
출되었다. 마지막 한 집단은 소음이 전혀 없는 조용한 방에 있었다. 놀랍
게도 70데시벨(중간 소음 수준)에 노출된 집단이 조용한 방에 있는 집단을
포함한 나머지 세 집단보다 좋은 수행 결과를 보였다. 요컨대, 적당한 수
준의 주변 소음이 창의성에 긍정적인 영향을 미친 것이다. 이로써 사람

들이 배경 소음이 있는 커피숍에서 더 잘 집중하는 듯 보이는 이유가 설명된다.

헤드폰? 좋은 방법!

선택의 여지 없이 개방형 사무실에서 일해야 하고 소음이 거슬린다면 헤드폰을 써보라. 자연의 소리나 커피숍 소리, 그 밖에 사무실의 소음 공해를 가려주는 소리를 들을 수 있다. 실제로 헤드폰으로 커피숍 소리를 들으면서 집중력과 창의성을 높이는 방법을 소개하는 웹사이트와 유튜브 영상이 있다(mynoise.net에 들어가 보라). 회사에 사적 공간이 있다면 집중력이 필요한 업무는 그 공간에서 처리하라. 아니면 한 시간에 몇 분씩 쉬면서 머리를 식히는 것도 좋은데, 가능하면 헤드폰을 쓰고 쉬어도 된다.

실제로 시끌벅적한 레스토랑이 비슷한 소음 수준의 개방형 사무실보다 집중해야 하는 업무에 더 효과적인 환경이다. 왜일까? 데이비드 버커스David Burkus는 2017년 〈하버드비즈니스리뷰Harvard Business Review〉에 실린 논문에서 우리가 개방형 사무실보다 스타벅스에서 더 효율적으로 일할 수 있는 이유는 사무실이 우리를 끊임없이 대화로 끌어들이기 때문이라고 설명했다.[21] 반면에 커피숍의 배경 소음은 대체로 우리와 상관이 없고, 대화에 끌려가거나 방해받지 않는다(물론 바로 옆에서 한창 재미난 이야기를 나누거나 근처에서 소란이 일어난 경우는 예외지만). 말하자면 소음이 주의를 빼앗는 정도는 대화의 관련성(혹은 커피숍의 경우 무관성)으로 결정된다.

사생활 혹은 사생활 부족

개방형 사무실에서는 소음 문제 외에도 사생활이 노출되는 문제가 있다. 동료의 자리에 누가 찾아오거나 동료가 다른 동료에게 추파를 던지는 것을 보면 업무에 집중하기 어렵다. 이런 상황은 차단하기 어렵고, 차단하려면 정신적 에너지가 든다.

직장인들은 직업적으로든 사적으로든 사생활이 부족하다고 불평한다. 사람들은 남이 있는 곳에서는 다르게 행동하고, 당연히 적절한 사회적 얼굴을 유지해야 한다. 하지만 정말로 긴장하고 화가 날 때는 어떤가? 개인적인 일로 중요한 통화를 할 때는 어떤가? 민망한 부위를 긁어야 할 때는 어떤가? 동료나 상사와 솔직하거나 중요하거나 비밀스러운 대화를 나눌 때는 사적인 공간에서 나눠야 한다. 열린 공간의 중립적인 대화가 이내 사적인 문제로 넘어가기도 하지만, 여러 사람의 눈과 귀가 있는 자리에서는 이런 대화를 은밀하게 나누기 어렵다. 어떤 직장에서는 화장실로 가거나 건물 밖으로 나가지 않는 한 마음 놓고 대화할 공간이 없다고 불평한다. 2018년에 발표된 연구에서는 기존의 사적인 사무실이나 절반은 사적인 사무실에서 거대한 개방형 사무실로 옮겨간 관공서의 공무원들을 조사했다.[22] 당연히 직원들의 만족도가 개방형 사무실 환경에서 더 낮게 나타났다. 여기서 주목할 점은 특히 여자들의 만족도가 떨어진다는 것이다. 모든 개방형 사무실에서도 마찬가지다. 사생활이 부족한 공간에서는 여자들이 더 큰 대가를 치른다. 여자들은 개방형 사무실에서 동료들이 외모를 더 많이 훔쳐보는 것 같다고 보고했다. 여자들은 남자들이 눈길을 주고 끊임없이 외모에 관심을 보인다고 느끼고, 그래서 자기를 더 의식하게 되고 기분이 나빠진다고 보고했다. 이런 자의식 때문에 여자들은 사무실의 이동 경로를 고심하고, 옷차림도 세심히 신경 썼다. 다양한 사무실의 사무직 노동자 5000명을 조사한 연구에서는 여자가 남자보다 사무실 유형에 더 부정적인 영향을 받는 것으로 나타났다.[23]

사생활이 필요해

기업은 개방형 사무실에서 일하는 직원들에게 통화와 사적인 회의를 할 수 있는 사적 공간을 마련해주어야 한다. 그러면 직원들에게 필요한 사생활이 보장될 뿐 아니라 업무 성과도 향상될 것이다.

물론 개인차가 있다. 누군가에게는 편하고 좋은 공간이 다른 누군가에게는 그렇지 않을 수도 있다. 내향적인 사람은 외향적인 사람보다 개방형 공간에서 더 불편해하고 업무에 집중하기 어려워한다.[24]

○ **통제력 결핍**

개방형 사무실에서 많이 나오는 또 하나의 불만은 실내 온도와 조명과 개인 공간을 직접 통제하지 못한다는 점이다. 여러 사람이 공간을 나눠 쓸 때는 불평하는 빈도가 가장 적은 수준, 말하자면 '행복한 중간'의 온도를 찾아야 하는데, 그것이 누군가에게는 결코 행복하지 않은 온도일

수 있다. 에어컨과 난방기가 사무실 온도를 유지해주는데, 누군가에게는 쾌적하지만 다른 누군가에게는 견뎌야 하는 고문일 수 있다. 내 지인 중에 10년간 동료 세 명과 사무실을 함께 쓴 여자가 있다. 그녀는 더운 계절에는 사무실의 에어컨 온도가 낮아서 동료들에게는 괜찮지만 그녀에게는 지옥인 환경을 주중 내내 견뎌야 한다. 온도를 올려달라고 해도, 안타깝지만 다수가 만족해야 한다면서 거절당한다. 그래서 여름마다 갈등이 생기고 실제로 한 사람과의 관계가 나빠졌다(일주일에 닷새나 옆에 앉아야 하는 동료다).

너무 춥다, 너무 덥다, 너무 어둡다
개방형 사무실에서는 각자의 자리에 작은 전등이나 선풍기를 구비하라.
그러면 직원들이 어느 정도는 조명과 온도를 조절할 수 있다.

새로운 사무실 모델
: 활동 중심의 융통성 있는 업무 환경

IBM, 마이크로소프트, 보스턴컨설팅그룹, GE 같은 주요 기업들은 새로운 결합형 사무실로 바꿔나갔다. 새로운 사무실 모델은 어떤 직원에게는 좋은 환경이 다른 직원에게는 좋지 않은 환경이 되는 현실을 반영한 결과다. 방해받지 않고 집중할 때 조용히 일할 수 있는 사적 공간, 서로 소통하고 인맥을 쌓는 대규모의 열린 공간, 팀워크를 위한 소규모의 열린 공간, 이동식 벽과 통화를 위한 방음 구역이 결합된다. 개별 직원의 생산성을 높이면서도 중요한 사회적 요인도 간과하지 않기 위해서다. 일부 앞서가는 기업은 방음이 잘되는 '독립 공간'과 기술 장치 사용이 금지된 라운지까지 갖추기 시작했다. 일부 기업에서는 '머리를 식히는 공간'에 베개와 쿠션을 가져다 놓아서 직원들이 편하게 쉬거나 이메일을 확인할 수 있게 해놓았다. 샌프란시스코의 세일즈포스 타워에는 각 층에 직원을 위한 명상 공간이 마련되어 있다. 〈뉴욕타임스New York Times〉 기사 "책상에서 지나치게 편해지지 말라Don't Get Too Comfortable at That Desk"에 따르면, 기업들이 사무실을 활동 중심의 공간, 곧 "융통성 있는 사무실"로 새롭게 배치하고 있다. 말하자면 직원들이 업무에 따라 적절한 공간으로 자유롭게 옮겨 다니며 일하는 사무 공간이다.[25]

활동 중심의 업무 환경이 직원들의 성과와 행복에 어떤 영향을 미치는지에 관한 연구는 아직 초기 단계에 있다. 연구 결과도 뚜렷하지 않고, 상반된 결과가 나오기도 한다. 이런 업무 환경이 직원들의 안녕감과 생산성에 부정적인 영향을 미치는 것으로 나타난 연구가 있는가 하면,[26] 어떤 연구에서는 길게 보면 직원들의 건강에 긍정적으로 작용하는 것으로 나타났다.[27] 2019년 오스트레일리아의 연구팀은 참가자 3만 6039명을 대상으로 한 연구 17편을 검토했다.[28] 결과적으로 활동 중심의 업무 환경이 직원들의 상호작용·소통·만족감과는 양의 상관관계를 보였지만, 사생활·집중력과는 음의 상관관계를 보였다. 그러나 이런 유형의 업무 환경과 정신적·신체적 건강의 연관성이 일관되게 나타나지는 않았다. 그 영향을 제대로 검증하려면 더 폭넓은 연구가 필요하다.

• • •

물론 모두가 사무실 환경을 선택할 수는 없다.

앞서 보았듯이 개방형 사무실이 직원의 전반적인 안녕감 면에서 부족한 것으로 나타났지만, 지속적인 연구가 필요하다.[29] 안타깝게도 많은 기업이 이런 단점에도 불구하고 계속 개방형 배치를 채택하고 있다.

대다수가 사적 공간에서 일하는 기업에서는 직원들이 모여서 대화를 나눌 수 있는 공용 공간을 따로 마련해야 한다. 각자의 사무실에서 멀지 않은 곳에 커피머신과 정수기를 배치하고, 직원들이 앉아서 소통할 수 있는 쾌적한 공간을 마련하는 것이 이상적이다. 온종일 혼자 앉아 동료들과 교류 없이 일하는 환경에서는 이런 공간이 매우 중요하다.

따라서 현재 진지한 기업들 사이에는 결합형 사무실로 옮겨가는 추세가 있다. 앞서 보았듯이 이런 환경은 직원들에게 최선이고, 결근이 줄어들고 직원의 성과와 만족도도 향상된다는 점에서 기업에도 최선이다.

자신에게 잘 맞지 않는 환경에 '갇혀' 있다면, 이 장에서 소개한 방법을 시도해보길 바란다. 개인적으로 헤드폰이나 선풍기나 난방기를 마련해서 자신의 필요에 맞게 업무 환경을 바꿔보자.

2장

빛이 있으라

조명의 밝기가
활력에 미치는 영향

누군가의 삶에서 가장 어두운 순간에 촛불을 켜주는 법을 배워라.
남들이 잘 보게 해주는 빛이 되어라. 삶에 가장 심오한 의미를 주는 것이다.
_ 로이 T. 베넷Roy T. Bennett,《마음속의 빛 The Light in the Heart》

내가 텔아비브대학교에서 직장 생활을 시작할 때 배정받은 사무실은 창
문 하나 없이 형광등으로 실내를 밝히는 작은 사무실이었다. 나는 그 사
무실이 정말로 싫었다. 사무실에 있기 싫어서 도서관에 가서 일할 때도
있었다. 제일 거슬리는 건 창문이 하나도 없다는 점이었다. 인공조명만
있어서 바깥에서 무슨 일이 일어나는지 알 길이 없었고, 다른 건물은커
녕 나무 한 그루도, 캠퍼스를 돌아다니는 사람도 보이지 않았다. 한없이
우울했다. 그때 왜 아무 말도 하지 못했는지 의아할 수도 있겠지만, 사실
그때 나는 젊은 교수로서 종신 교수로 승진할지가 선배 교수들과 학과장
에게 달려 있었다. 그분들은 우리가 사무실에 만족하는지에 관심이 없었
다. 다들 우리가 주어진 사무실에 감사해야 한다고 생각했을 것이다.

여러 해가 지나고 학과장이 된 나는 그때를 떠올리며 젊은 신참 교수들의 복지를 더 세심히 챙기려고 노력했다. 사실 상황은 극적으로 달라졌다. 새로 들어온 연구자들도 좋은 사무실을 받고, 창문 없는 사무실은 실험실로 사용했다. 현재 내가 쓰는 널찍한 사무실은 창문이 두 개나 있지만, 나는 신참 시절을 또렷이 기억한다.

나는 최근에 창문 없는 사무실이 건강과 성과에 미치는 영향을 연구하면서 이런 사무실이 업무에 얼마나 부정적인 영향을 미치는지 깨달았다. 생각보다 훨씬 심각했다. 여러 연구에서 창문 없는 사무실의 부정적 영향을 조사했다. 단순히 편안함 수준이나 흥미로운 전망이 결핍된 정도에 관해서만 알아보는 것이 아니라 전반적으로 일하는 사람의 건강과 기분과 수면의 질과 업무 성과에 미치는 영향을 들여다보았다.

창문은 자연광과 전망을 제공한다. 전망의 중요성에 관해서는 4장에서 다루고, 우선 여기서는 조명에 관해 알아보자.

인공광과 자연광

사람들이 구름이 잔뜩 끼고 우중충한 날보다 햇살이 비치는 화창한 날을 선호하는 것은 거의 기정사실이다. 실험 참가자들에게 여러 장소의 사진을 주고 점수를 매기게 했더니, 햇빛이 비치는 화창한 지역의 사진을 선호하는 것으로 나타났다.[1] 이런 선호도는 몇 가지로 설명할 수 있다. 진화론에 따르면, 사람들은 건강에 유익하고 적응 욕구에 도움이 되는 환경을 선호했다. 인류가 자연에서 살던 초기의 역사에서 인류의 활동과 생존은 주로 햇빛에 의존했다. 인류가 진화하는 동안에는 인공광이 전혀 없어서 인간은 어둠에 극단적으로 취약한 채로 야간에 공격하는 능력을 갖춘 적이나 포식 동물의 처분에 휘둘렸다. 빛은 안전에 관한 정보와 위험과 날씨를 지각하도록 도와준다. 다른 이론에서는 인간이 빛을 선호하는 성향은 학습된 것이고, 문화에서 기인한다고 말한다. 사실 어둠보다 빛을 선택하는 성향이 선천적이라고 해도 이런 기호는 사회적 학습으로 강화되고 영향을 받는다. 아이들이 어릴 때부터 어둠 속에서 더 취약할 수 있다고 학습하면서 빛에 대한 기호가 시작되는 것이다. 또 빛과 어둠을 선과 악으로 대치하는 표현과 속담과 은유에서도 학습된다. '고생 끝에 빛을 본다', '암흑의 시대', '빛과 어둠의 힘', '내 인생의 빛', '나의 가장 어두운 시간'과 같은 표현이 있다. 이 장에서는 업무 환경에서 빛이 기분과 성과, 안녕감에 어떤 영향을 미치는지 알아본다.

사람들은 인공광보다는 햇빛과 자연광을 선호한다. 그러나 모두에게 선택권이 주어지는 것은 아니다. 많은 사람이 창문 하나 없는 칸막이 자리나 건물 깊숙한 안쪽에 파묻힌 사무실에 들어앉아서 일한다. 오래전의 나처럼. 하루 종일 일정하게 유지되는 인공광 아래에서 일하는 것이다. 물론 스위치만 누르면 '밝은' 조명 아래에서 일할 수 있지만, 햇빛과는 엄연히 다르다.

다양한 학문 분야에서 연구자들이 빛이 인간 행동에 미치는 영향을 연구한다. 그리고 연구자들은 건축학과 기술공학, 의학, 수면 장애, 심리학과 같은 다양한 분야에 걸친 전문성을 기반으로 빛이 우리 삶의 다양한 영역에서 강렬한 영향을 미친다는 점을 보여주려 한다.

학문적 배경이 각기 다른 연구자들이 협업한 연구가 있다. 일리노이

건축대학의 모하메드 부베크리Mohamed Boubekri 교수는 건물의 부족한 채광이 안녕감에 미치는 영향을 탐색한다. 필리스 지Phyllis Zee는 노스웨스턴대학교 신경학과의 신경학자이자 수면의학과 학과장이다. 건축학·신경학 연구팀과 공동 연구를 진행한 부베크리와 지는 인공광 사무실과 자연광 사무실에서 일하는 직원들의 안녕감과 수면의 질을 비교하여 자연광 노출이 중요하다는 결과를 얻었다.

두 연구자는 직원들에게 신체 기능뿐 아니라 여러 가지 역할을 수행하는 자신의 능력을 평가하는 자기 보고식 질문지를 나눠 주었다. 이 질문지에서는 전반적인 정신적 활력 상태(얼마나 활력이 넘치는지, 얼마나 피곤한지)도 측정했다. 참가자들은 수면의 질을 측정하는 질문지도 작성했다. 창문이 없는 사무실에서 일하는 사람들은 자연광이 드는 사무실에서 일하는 사람들에 비해 신체적 문제와 피로감 때문에 주어진 역할을 수행하는 것이 더 어렵다고 보고했다. 더불어 창문으로 햇빛이 잘 들어오는 사무실에서 일하는 사람들에 비해 수면의 질이 떨어진다고 보고하는 빈도가 높았다.[2]

기업은 직원들이 더 행복하고 건강하게 생활하도록 도와주는 수준을 넘어서 햇빛의 효과 자체에 관심을 가져야 한다. 카타르 걸프연구개발기구Gulf Organization for Research and Development, GORD의 유세프 알 호르Yousef Al Horr 교수가 이끄는 카타르와 영국의 공동 연구팀은 300편 이상의 논문을 검토하여 사무실 환경의 질과 직원의 생산성 사이의 관계를 알아보았다. 결과적으로 사무실에 햇빛이 더 많이 들어오는 조직의 생산성이 더 높은 것으로 나타났다. 그리고 자연광이 더 많이 들어오는 건물에서는 결근율이 낮고 출근율이 높은 것으로 나타났다.[3] 연구자들은 록

히드마틴Lockheed Martin과 베리폰Verifone 같은 기업을 예로 들었다. 이 기업들에서는 햇빛이 최대로 들어오는 건물에서 결근율이 15퍼센트 낮아졌다.

밝은 조명과 어두운 조명

사람들이 인공광보다 자연광을 선호하기는 하지만 (인공광이든 자연광이든) 빛의 강도도 건강과 생산성에 영향을 미친다.

정신적 피로는 직장에서 흔한 현상이고, 피로를 떨쳐내는 한 가지 방법으로 적절한 조명을 활용할 수 있다. 많은 연구에서 조명이 밝으면 정신이 더 맑아지는 데 도움이 된다고 밝혔다. 예를 들어, 영국의 한 수면 연구팀은 사무직 근로자 94명을 두 가지 조명 조건에 노출했다. 노출 기간은 4주였다. 한 조건에서는 백색광에 노출했고, 다른 조건에서는 청색이 많이 들어간 강렬한 백색광에 노출했다. 강렬한 빛에 노출된 사람들은 정신이 더 또렷하고, 기분이 좋아지고, 업무를 더 잘 수행하고, 저녁에 피로를 덜 느낀다고 보고했다.[4] 다른 연구들에서는 참가자들이 밝은 조명에서는 덜 졸리고, 기운이 더 살아나고, 정신이 더 또렷하다고 느끼고, 심장박동도 기저선보다 높아진 데 비해, 어두운 조명에 노출된 참가자들은 심장박동이 감소한 것으로 나타났다. 이런 효과가 아침과 저녁 모두에 나타난 것으로 보아, 피곤하거나 해가 저물 때만이 아니라 일상의 업무 시간과 사무실 조건에서도 조명이 중요하다고 유추할 수 있다.[5]

네덜란드 에인트호번기술대학교의 카린 스몰더스Karin Smolders는 조명 연구와 환경심리학으로 박사 학위를 받았다. 그의 연구팀은 몇 차례에 걸친 현장 연구와 실험실 연구로 조명 노출이 활력(기민함과 에너지)에 미치는 영향을 알아보았다. 현장 연구에서는 사무실 직원과 학생들에게 연속 3일간 오전 8시에서 오후 8시까지 빛을 측정하는 장치를 착용하게 했다. 참가자들은 시간마다 몇 가지 질문지를 작성했다. 연구사들은 참가자들이 빛에 많이 노출될수록 활력과 기민성과 에너지를 높게 느끼는 것을 발견했다. 실험실 연구에서도 유사한 결과가 나왔다. 실험실에서는 참가자들의 눈을 높은 조명이나 낮은 조명에 노출했다. 그리고 참가자들에게 얼마나 기민한지, 얼마나 졸린지 물어보고, 몇 가지 인지 과제도 내주었다. 참가자들은 조명이 밝을수록 활력이 넘치고 덜 졸린다고 느꼈을 뿐 아니라, 밝은 조명에서 인지 과제의 수행 능력도 향상되었다.[6]

사무실 책상 앞에서 피곤한가?

직장에서 자꾸 피곤하고 정신적 피로로 기운이 빠지는가? 조도를 높여보라. 사무실을 더 밝게 만들어라. 단시간에 정신이 또렷해지고 활력이 넘칠 것이다.

한마디로 사무실 조명은 우리가 스스로 무슨 일을 하는지 잘 볼 수 있어서만이 아니라 조명이 밝으면 집중력이 향상되고 성과가 좋아지고 활력이 넘치기 때문에 중요하다. 주관적인 느낌만이 아니라 객관적으로도 입증되었다. 실제로 연구에서 조명이 밝을수록 심장박동이 높아지는 것으로 나타났다. 따라서 책상에 밝은 전등을 새로 가져다 두는 방법을 고려해도 된다. 물론 창문이 있다면 흐린 날이라고 해도 커튼이나 블라인드를 걷어서 햇빛이 잘 들어오게 하라.

빛의 영향이 얼마나 중요한지 알면 놀랄 것이다. 빛은 안녕감과 생산성을 넘어서까지 영향을 미칠 수 있다.

빛, 자기인식, 자기통제

가끔 화가 나서 동료나 상사(또는 자녀나 배우자)에게 소리를 지르고 싶지만 자제하고 화를 누를 때가 있다. 누구나 충동적으로 행동할지 자제할지 고민한다. '다 쏟아내는' 쪽을 선택할 수도 있고, 사회적 기대와 기준에 따라 행동하려고 노력할 수도 있다. 타고나기를 남보다 자제력이 뛰어나 보이는 사람이 있다. 하지만 충동적으로 행동할지 자제할지에 영향을 미치는 상황 변수도 있다.

혼자 있는지 누가 옆에 있는지가 결정적인 한 가지 요인이다. 주위에 누가 있으면 자기를 더 많이 돌아보고 충동적인 행동을 자제하며 기대와 기준에 맞게 행동할 가능성이 크다. 그러나 직장에서는 누가 옆에 있는지만 중요한 것이 아니다.

조명이 어두운 방보다 밝은 방에서 자제력이 더 강해진다고 하면 믿어지는가? 바로 독일 루드비히부르크 응용과학대학교의 안나 스타이들Anna Steidle 교수의 흥미로운 연구에서 밝혀낸 결과다.[7] 연구팀은 일련의 실험에서 빛과 밝기가 참가자들의 자기인식과 자제력에 영향을 미치는 것을 발견했다. 스타이들 연구팀의 실험에서 참가자들은 다양한 빛의 강도에 노출되어 공공의 자기인식(예컨대 "나는 지금 남들이 날 어떻게 생각할지 걱정한다."), 사적인 자기인식(예컨대 "나는 지금 내면의 감정을 의식한다."), 주변 환경에 대한 인식(예컨대 "나는 지금 내 환경의 모든 요소를 빈틈없이 인식한다.")을 측정하는 질문지를 작성해야 했다. 밝은 방에 있던 참가자들은 어두운 방에 있던 참가자들보다 공공의 자기인식이 높은 수준으로 나타난 반면에, 내면의 감정이나 환경에 대한 인식에서는 차이가 없었다. 따라서 밝은 조명에서는 남에게 어떤 인상을 주는지를 더 많이 신경 쓰는 듯하다.

항상 밝은 곳에서

직장에서 분노 같은 정서 반응을 일으키기 쉬운 대화를 나누려 하는가? 채광이 좋은 방으로 가서 해보라. 사람들은 채광이 좋은 방에서는 덜 무모하고, 더 절제하고, 사회적으로 허용 가능하고 정중한 태도로 행동하는 경향이 있다.

스타이들 연구팀은 빛과 밝기와 자제력의 연관성을 알아보기 위한 실험을 진행했다. 참가자들은 마케팅 연구에 참가한 줄 알았다. 연구자들은 참가자들에게 선글라스나 안경을 쓰고 평가하라고 지시했다. 그리고 목표와 욕구의 중요성을 평가하는, 얼핏 무관해 보이는 질문지를 내주었다. 연구자들은 어느 한순간에 충동적인 사람일수록 욕구를 더 중요한 원인으로 간주하는 반면에 같은 순간에 자제력과 의지가 강한 사람일수록 업무를 더 중시할 것으로 전제했다. 결과적으로 선글라스를 쓴 사람이 안경을 쓴 사람보다 욕구를 더 중시하는 것으로 나타났다. 다시 말해, 안경을 쓴 사람은 더 밝은 방을 보게 되어 변덕과 욕구보다 책임감을 중시하고 결과적으로 더 통제되고 자제력 있는 행동을 하게 된다는 것이다. 이와 같은 현상이 직장에서도 나타난다. 직장에서는 가끔 모두 분출하고 싶은 충동이 일어난다(그리고 더 자주 그러기를 꿈꾼다). 말하자면 상사나 동료에게 소리 지르고 마음의 한 조각을 꺼내 보이고 싶어지는 것이다. 그런 유혹을 느끼지만 자제력을 발휘해서 애써 참는다. 밝은 방은 자제력을 발휘하기에 좋은 환경이 되어주는 듯하다. 사실 직장에서는 자제력을 발휘할수록 바람직하지 않은가.

빛과 선택권

원하는 것과 필요한 것 중에서 선택해야 하는 순간이 있었는가? 누구에게나 그런 적이 있다. 반짝거리는 빨간 스포츠카를 사고 싶지만, 현실적으로 가족용 차가 필요하다. 실용적이지는 않지만 즐거움을 줄 수 있는 물건과 기능적이거나 실용적인 물건 사이에서 선택해야 할 때가 많다. 혹은 바보 같은 시트콤을 보면서 쉬고 싶지만, 책을 읽거나 다큐멘터리를 보면서 시간을 더 잘 활용해야 한다는 것을 안다. 혹은 건강음료를 마시거나 과일을 먹는 것이 좋은 줄 알면서도 아이스크림을 먹고 싶다.

이와 같은 결정을 쾌락과 실용성 사이의 선택이라고 한다. 쾌락적인 선택은 실제로 원하고 즐기고 싶고 재미있고 흥미로운 선택인 데 반해, 실용적인 선택은 기능적이고 실질적이고 효과적인 선택이다.[8] 직장에는 즐겁지 않거나 지루하거나 싫증이 나지만 꼭 해야 하는 업무가 많다. 한 편에는 즐길 수 있거나 훨씬 흥미로운 다른 업무가 기다릴 수도 있다. 하지만 두 가지 모두 해야 하고, 하고 싶지 않아도 필요한 일을 해야 할 수도 있다.

빛은 이런 선택에 영향을 줄 수 있다. 한 연구팀은 실내조명이 소비자의 판단에 어떤 영향을 미치는지 알아보았다. 소비자는 어떤 조건일 때 의무감을 느끼거나 타인이 기대할 것으로 예상한 것이 아니라 자기가 원하는 것을 선택할까?[9] 우선 연구자들은 참가자 180명을 두 집단으로 나눴다. 한 집단은 컴퓨터 모니터 불빛 말고는 조명이 없는 방에 배치되고, 다른 집단은 밝은 방에 배치되었다. 참가자들은 실용적인 선택(실용적이고 기능적인 선택)과 쾌락적인 선택(즐겁고 재미있는 선택) 중에서 결정해야 했다. 이를테면 업무용 스마트폰 앱과 오락용 앱, 다큐멘터리 영화와 연애 드라마, 내구성 있는 노트북과 최첨단 노트북, 유능한 구직자와 재미있는 구직자 사이에서 선택해야 했다. 참가자들은 다음 문항에 1부터 9까지 점수를 매겨야 했다. "나는 인생을 어떻게 살아갈지 스스로 결정할 수 있다고 생각한다.""나는 일상적인 상황에서 나 자신으로 살 수 있다고 생각한다.""나는 아무도 내게 어떻게 하라고 지시할 수 없다고 생각한다." 결과는 무척 흥미로웠다. 어두운 방의 참가자가 밝은 방의 참가자보다 더 쾌락적인 방향으로 선택했다. 더 나아가 자신에게 더 진실하고 싶은 마음을 더 많이 표현했다. 또 자기 자신이 되고, 자기가 원하는 대로 살고, 누구에게도 지시받지 않고 살 수 있다고 답했다. 연구자들은 어둠이 사람을 타인과 단절시키고 멀어지게 만들어서 진정한 자기가 되어 원하는 대로 살 수 있다는 느낌을 키워주고 할 일을 덜 걱정하게 만드는 것 같다고 설명한다. 결과적으로, 어두운 방의 참가자들이 더 쾌락적인 방향으로 선택한다.

이 연구의 결과는 개인 차원과 소비자 차원에서 중요한 함의를 갖는다. 무엇을 해야 할지 고민하지 않고 진심으로 원하는 쪽으로 선택하고 싶다면 조명을 어둡게 하고, 실용적인 쪽으로 선택하고 싶다면 조명을 밝게 해야 한다. 게다가 소비자 중심의 비즈니스에도 직접적인 함의가 있다. 소비자가 쾌락적인 선택을 하도록 유도하고 싶다면 매장 조명을 어둡게 해야 한다. 반대로 소비자가 실용적이고 효율적인 제품에 집중하게 하고 싶다면 조명을 밝게 해야 한다.

또 업무 환경에도 직접 적용된다. 직원들이 엄격하게 평가받는 행동보다는 주변에 감화를 주는 행동을 선택하도록 이끌어 주고 싶다면, 사무실 조명을 밝게 해야 한다. 실제로 사무실에서는 이런 선택이 바람직하다. 기업의 고용주와 직원이 충동적이지 않은 방식으로 원만하게 소통하고 윤리적으로 행동하는 것이 바람직하기 때문이다. 예외적으로 빛이 창의성에 미치는 영향도 있지만, 이 점에 관해서는 뒤에서 다룬다.

그리하여 빛이 있으라!

빛은 기분이 좋아지게 해 더 기민하고 활력 넘치게 해준다. 사람들은 채광 좋은 환경에서 좋은 성과를 거두고 자기를 더 잘 인식하고, 그래서 자제력을 더 많이 발휘하고 충동적인 행동을 줄인다.

어두운 면
: 빛과 윤리적 행동

지금까지 일하는 데, 더 나아가 일을 잘하는 데 빛이 얼마나 중요한지 알아보았다. 사실 빛은, 특히 빛의 결핍은 윤리적 행동과도 연관이 있다. 토론토대학교 로트만경영대학원의 종첸보 교수는 윤리적 행동을 비롯한 다양한 인간 행동에 영향을 미치는 환경 요인을 주로 연구했다.

빛은 안전과 연관이 있다. 실제로 범죄는 붙잡힐 가능성이 적은 어둠 속에서 자행되는 경우가 많다. 지켜보는 사람이 없다고 생각하면 비윤리적으로 행동할 수 있다. 그러나 종첸보 연구팀의 연구에서는 누가 보지도 않고 붙잡힐 가능성이 없는 줄 알아도 밝은 방보다 어두운 방에서 덜 윤리적으로 행동하는 것으로 나타났다.[10] 특히 조명이 어두운 방에 있거나 선글라스를 쓰면 밝은 방에 있을 때보다 남을 속이는 경향이 더 뚜렷했다.

첫 번째 실험에서는 대학생 84명을 두 집단으로 나눴다. 한 집단은 형광등 12개가 켜진 환한 방에 들어가고, 다른 집단은 형광등이 4개만 켜진 방에 들어갔다. 모든 참가자가 단순한 수학 문제를 풀었다. 세 자릿수의 행렬 몇 개를 보여주고 5분 동안 더해서 10이 되는 쌍을 찾는 문제였다. 참가자들에게 10달러가 든 봉투를 주고 정답을 찾을 때마다 50센트씩 가져갈 수 있다고 알렸다. 그리고 참가자들에게 직접 정답을 확인하게 해주었다. 참가자들은 결과를 속여도 밝혀지지 않을 줄 알았다. 하지만 사실 연구자들은 참가자 몰래 실제 수행 결과와 참가자가 보고한 수행 결과를 비교했다. 어두운 방의 참가자가 밝은 방의 참가자보다 유의미하게 더 많이 결과를 속였지만, 두 집단의 수학 문제 수행 능력에는 차이가 없었다. 사실 방은 완전히 어둡지 않았고, 두 조건 모두에서 남들이 볼 수 있었다. 그런데도 좀 더 어두운 방에서 더 많이 속였다.

두 번째 실험에서는 어둠이 공정성과 관대함에 미치는 영향을 알아보았다. 연구자들은 참가자들을 두 집단으로 나누고, 한 집단에는 선글라스를 쓰게 하고 다른 집단에는 안경을 쓰게 했다. 6달러를 주고 짝과 원하는 만큼 돈을 나눠 가지라고 지시했다. 물론 공정하다면 짝에게 3달러를 공평하게 나눠 주어야 했다. 또 이기적이라면 혼자 다 가질 수 있었다. 연구자들은 선글라스를 쓴 참가자가 투명한 안경을 쓴 참가자보다 평균적으로 돈을 적게 나눠 준다는 결과를 얻었다. 대만의 다른 연구[11]에서는 참가자들을 밝은 조명, 중간 조명, 어두운 조명의 세 집단으로 나눴다. 그리고 참가자들에게 다른 방의 참가자와 게임을 한다고 알려주었다. 참가자들에게 일정 금액을 주고, 다른 방의 상대에게 얼마를 줄지 결정하게 했다. 결과적으로 밝은 방에 있을수록 상대에게 주는 금액이 커지고 좀 더 윤리적이고 공정하게 행동할 가능성도 커지는 것으로 나타났다. 또 다른 실험에서는 밝은 방의 참가자가 돈을 더 많이 기부하는 것으로 나타났다. 이상의 연구에서 사람들은 대체로 밝은 방에 있을 때 더 윤리적으로 행동하거나 남을 더 많이 배려하는 것으로 나타났다.

어둠이 비윤리적인 행동을 허용하는 것으로 보인다. 방에서 혼자 이메일을 보내거나 보고서를 쓰면서 아무도 자기를 보지 않는다고 확신할 때도 마찬가지일 수 있다.

어둡지 않게 하라

직원들이 더 공정하고 너그럽게 행동하기를 원하는 기업은 사무실의 조명을 밝혀야 한다. 협상이나 여러 가지 소통에서도 마찬가지다. 누군가와 협상할 때 상대가 공정하고 관대하게 나오기를 바란다면, 어두운 방에서 협상을 진행하지 말아야 한다. 사람들은 자신의 행동이 은유적으로든 실제로든 '환한 대낮에 노출될' 때 더 윤리적으로 행동하고 관대하게 나온다.

빛과 어둠과 윤리적 행동 사이의 연관성은 양방향으로 작용한다. 사람들은 어두운 환경에서 덜 윤리적으로 행동할 뿐 아니라, 과거의 비윤리적인 행동을 떠올릴 때도 주변 환경을 더 어둡게 지각한다. 한 연구[12]에서는 참가자들에게 과거의 비윤리적인 행동이나 윤리적인 행동을 말해달라고 요청했다. 이어서 과거의 기억을 떠올리는 동안 그들이 머무른 방의 밝기를 평가하게 했다. 비윤리적인 행동을 떠올린 참가자는 윤리적인 행동을 떠올린 참가자보다 방을 더 어둡게 지각했다. 말하자면 물리적인 지각이 비윤리적인 행동을 하는지 윤리적인 행동을 하는지에 영향을 받은 것이다.

이 연구 결과는 우리가 알아채지 못하는 사이에 물리적 환경이 우리의 행동에 어떻게 영향을 미치고 규제하는지를 보여주는 또 하나의 사례다. 실내조명의 밝기가 자제력과 선택과 관대함과 윤리적 행동에 영향을 미친다. 다시 말해, 사회적으로 더 용인되는 방식으로 행동하는지가 개인의 성격과 사회적 맥락만이 아니라 얼핏 무관해 보이는 요인, 이를테면 실내조명의 밝기 같은 요인에도 영향을 받는다는 것이다. 이 장의 여러 연구에서 확인했듯이, 밝은 방에 있으면 더 기민해지고 일을 더 잘할 수 있다. 나아가 밝은 방에서는 팀워크가 향상되고, 사람들이 더 많이 배려하고, 남의 말을 더 잘 들어주고, 더 윤리적으로 행동할 것이다.

3장

너무 춥다, 너무 덥다

쾌적한 온도가
의사 결정에 미치는 영향

실내 온도가 몇 도인지를 따질 필요가 없다.
실내에서는 어느 온도나 실내 온도이므로.
_ 스티븐 라이트Steven Wright

온도는 쾌적한 업무 환경에서 중요한 요인으로 알려져 있고, 여러 연구에서 안녕감, 동기, 생산성에 영향을 미치는 것으로 나타났다.[1] 우리는 보통 온도에 민감하다. 일상적으로 기온에 관해 이야기하고, 지나치게 덥거나 추우면 투덜댄다. 빛과 습도와 온도에 대한 반응을 비교한 연구에서는 사람들이 직장에서 빛이나 습도보다 실내 온도에 더 민감한 것으로 나타났다. 물론 사람마다 차이가 있다. 온도에 대한 감각도 개인차가 있고, 나이대와 옷차림과 창문의 위치와 그날의 기분에 따라서도 온도를 다르게 지각한다.

열 스트레스가 한랭 스트레스보다 성과에 더 큰 영향을 미친다. 센트럴플로리다대학교의 피터 행콕Peter Hancock 교수는 업무 환경이 과도하게 더우면 건강에 악영향을 끼칠 뿐 아니라 업무 성과에도 영향을 미친다는 것을 밝혀냈다.[2] 인체는 더위보다는 추위를 더 잘 견딘다.[3] 문제는 온도가 성과에 어떻게 영향을 미치느냐는 것이다. 직장에서 최고의 성과를 끌어내기에 적정한 온도는 어느 정도일까?

중앙 온도 조절 시스템을 갖춘 건물에서 일하는 사람들은 온도에 대한 불만을 자주 터트린다. 저마다 온도에 대한 의견이 달라서 1장에서 언급한 친구의 사례처럼 불편한 업무 환경이 조성될 수 있다. 〈글로브앤드메일 Globe and Mail〉의 기사에는 직장에서 늘 추위를 타는 여자의 사연이 소개되었다.[4] 상사의 사무실이 그녀의 업무 공간과 같은 온도 조절 장치로 조절되는데, 그 상사는 온도를 올리지 못하게 했다. 둘 사이에 갈등이 쌓이다가 결국 상사가 그녀에게 개인 난방기를 가져와도 된다고 허락했다. 이상적인 해결책은 아니었고, 그녀는 여전히 불편했다. 이런 일이 드물지 않다.

모두가 만족할 만한 온도를 찾기란 쉽지 않다. 2015년에 실시된 미국의 설문조사에서는 근로자의 56퍼센트가 겨울에 사무실이 지나치게 춥다고 느끼고, 42퍼센트는 여름에 너무 덥다고 느끼는 것으로 나타났다.[5] 그럼에도 불구하고 직장에서 최고의 성과를 올리기 위한 적정 온도는 존재한다.

온도와 성과

적정 온도는 쾌적한 업무 공간을 조성하는 것 외에 성과에 어떤 영향을 미칠까? 많은 연구에서 이 질문을 제기하고 다양한 온도 조건에서 다양한 과제의 성과를 비교했다. 대부분 일반적인 업무 환경 온도인 15~26°C에서 진행되었다. 결과적으로 20~22°C에 최적의 성과가 나오는 것으로 나타났다.[6] 핀란드 헬싱키 알토대학교 토목공학과의 올리 세패넨Olli Seppänen 교수는 실내 온도가 직원들에게 미치는 영향을 조사했다. 세패넨 연구팀은 24편의 연구를 검토했다. 거기에는 직장에서 실시한 연구도 있었고, 실험실 연구도 있었다. 예를 들어 직장 연구에서는 참가자들이 고객과 대화하는 데 걸리는 시간을 측정했다. 실험실 연구에서는 참가자들에게 직장 연구와 유사한 과제를 주고 수행의 속도와 정확도를 측정했다. 온도를 최대 21~22°C까지 올리면 성과가 향상되다가 23°C가 넘어가면 성과가 떨어진다는 결과가 나왔다.[7] 겨울철에 몹시 추워서 기온이 -22°C부터 -3°C 사이인 핀란드에서 이런 연구를 했다는 점이 놀랍지 않다. 추운 나라에서는 실내 난방을 하는 경향이 있고, 이 연구에서는 과도하게 더우면 오히려 성과에 부정적인 영향을 미치는 것으로 나타났다.

코넬대학교의 한 연구팀은 직장에서 성과와 온도의 연관성이 뚜렷하다는 결론에 이르렀다.[8] 성과가 향상되는 쾌적한 범위는 20~25°C이고, 쾌적한 범위가 아닌 온도에서 일할 때보다 44퍼센트나 덜 실수를 범했다. 몇몇 연구자는 실내 환기 횟수나 온도와 병가나 성과 사이의 연관성을 수량화하는 모형을 개발했다.[9]

버지니아대학교와 휴스턴대학교에서 진행한 연구에 따르면 따뜻한 온도는 인지적 노력이 필요한 복잡한 과제를 수행할 때만 부정적인 영향을 미쳤다.[10] 서늘한 방(19°C)에 있는 참가자들이 따뜻한 방(25°C)에 있는 참가자들보다 복잡한 과제를 더 잘 수행했지만, 덜 복잡한 과제에서는 실내 온도가 수행 능력에 영향을 미치지 않았다.

핀란드 국립산업보건안전원Finnish Institute of Occupational Health에서 직장의 안녕감을 주로 연구하는 연구자들은 온도가 높으면(29℃) 어떤 과제의 수행에 부정적인 영향을 미치지만 다른 과제에는 부정적인 영향을 미치지 않는다는 것을 발견했다.[11] 연구자들은 참가자들에게 주의력, 정신운동 수행, 기민성, 장기 기억과 같은 다양한 능력이 필요한 과제를 내주었다. 가장 어려운 것은 'N번째 이전' 과제로, 단순히 단어를 반복하는 것 이상의 복잡한 기억 과제였다. 참가자들에게 일련의 글자를 보여주고 그 글자가 'N' 단계 이전의 단어와 일치하는지 물어본다. 이 과제에는 몇 단계의 난이도가 있다. '첫 번째 이전'에서는 주어진 글자가 바로 앞의 글자와 일치하는지 말해야 하고, '세 번째 이전'에서는 주어진 글자가 세 단계 이전의 글자와 일치하는지 말해야 한다. 연구자들은 따뜻할 때 수행 능력이 떨어지는 과제는 역시나 가장 복잡한 'N번째 이전' 기억 과제라고 밝혔다. 하지만 정신운동 수행, 주의력, 장기 기억을 요구하는 과제는 온도에 영향을 받지 않았다.

약간 따뜻한 온도(28℃)는 일부 과제에서 참가자의 실제 수행에는 영향을 미치지 않았지만 쾌적함, 피로, 지각된 업무량과 같은 주관적 측정치에는 부정적인 영향을 미쳤다. 따뜻한 방의 참가자는 선선한 방의 참가자들보다 피로를 더 느끼고 편안함을 덜 느끼며, 업무를 더 어렵게 지각했다. 실제로는 두 방 모두에서 업무 수행의 수준이 같았다. 따라서 온도가 높으면 일하는 데 노력이 더 들어가고, 같은 성과를 내기까지 에너지가 더 많이 투입된다는 뜻이다. 결국 온도가 성과에 영향을 미치지 않는다고 해도 피로 누적으로 그 후의 업무에 영향을 미칠 수 있다.

따라서 업무를 위한 적정 온도를 21℃에서 22℃ 사이로 볼 수 있다. 적당히 춥고 적당히 따뜻한 범위(15℃에서 26℃ 사이) 안에서는 추울 때보다 따뜻할 때 인지 수행이 더 어려워지고, 복잡한 과제가 단순한 과제보다 온도의 영향을 더 많이 받는다.

개인차는 어떨까? 어떤 사람에게는 편안하고 쾌적한 온도가 다른 사람에게는 지나치게 춥거나 따뜻할 수 있다. (물론 직장만이 아니라 거의 모든 장소에 해당하는 얘기다. 내가 참석한 거의 모든 필라테스 수업에서 처음에는 실내가 더운지 추운지에 관한 의견이 분분했다. 논쟁이 과열될 때도 있었다.) 네덜란드 라이덴대학교의 연구에서는 적당히 춥거나 따뜻한 온도의 범위 안에서는 주관적인 온도(실내 온도가 어떻게 느껴지는지)가 객관적인 온도(실제 측정 온도)보다 중요하다는 것을 발견했다.[12] 연구자들은 참가자들에게 따뜻한 공간을 선호하는지 추운 공간을 선호하는지 묻고, 두 집단(따뜻한 곳을 선호하는 집단과 선선한 곳을 선호하는 집단)으로 나눴다. 참가자들은 15℃ 정도와 25℃ 정도의 두 가지 온도에서 몇 가지 과제를 수행해야 했다. 따뜻한 곳을 선호하는 참가자는 따뜻한 방에서 과제를 더 잘 수행했고, 추운 곳을 선호하는 참가자들은 서늘한 방에서 과제를 더 잘 수행했다. 말하자면 적당히 춥거나 따뜻한 범위 안에서는 각자가 자신에게 적합한 온도를 잘 안다는 것이다(이 결과는 지나치게 따뜻한 온도가 성과에 부정적인 영향을 미친다는 결과와 상반되지 않는다).

성별과 실내 온도

나는 남자가 다수인 위원회와 이사회에 참석할 때가 많다. 보통 실내가 춥게 느껴진다. 특히 에어컨을 최대로 틀어놓는 한여름에는 더 심하다. 그래서 항상 스웨터를 가지고 다니면서 회의장에 들어가기 전에 입는다. 나로서는 실내 온도를 올리고 싶지만, 다른 대다수 사람들(남자들)은 쾌적해 보인다. 이런 고통에 시달리는 사람이 나만은 아닌 듯하다. 〈뉴욕타임스〉, 〈워싱턴포스트〉, 〈텔레그래프Telegraph〉, 〈애틀랜틱Atlantic〉을 비롯한 각종 매체에서도 사무실 건물이 여자들에게는 지나치게 춥다는 점을 다루었다. 모니카 헤세Monica Hesse는 〈워싱턴포스트〉에 "미국을 기준으로 보면, 남자들이 기본 온도를 설정한다"[13]라고 적었다.

미국 난방냉동공조학회American Society of Heating, Refrigerating and Air-Conditioning Engineers에서는 온도 쾌적성thermal comfort을 "외부 환경의 온도에 만족감을 표현하고 주관적인 기준으로 평가하는 상태"[14]로 정의한다. 온도 쾌적성은 여러 요인에 영향을 받는데, 그중 하나가 성별이다. 실제로 온도 쾌적성의 성별 차이가 나타난 연구가 있다. 핀란드의 사미 카르얄라이넨Sami Karjalainen은 남자와 여자의 온도 쾌적성을 조사한 다수의 연구 결과를 비교했다.[15] 이런 연구법을 메타분석meta-analysis이라고 한다. 오스트레일리아, 핀란드, 스위스, 대만, 북아메리카와 같은 다양한 기후의 여러 국가에서 실시한 현장 연구와 실험실 연구가 포함되었다. 현장 연구는 사무실과 주거 건물, 초중고 교실과 대학 강의실, 상업 건물, 양로원에서 실시되었다. 실험실 연구는 온도를 조작할 수 있는 실험실에서 실시되었다. 여자들은 최적 온도와의 편차에 더 민감하고, 특히 차가운 온도에 불만을 느꼈다. 예를 들어, 미국의 사무실 건물에서 진행된 연구에서는 여자들이 겨울이 아니라 여름에 온도에 훨씬 덜 만족하는 것으로 나타났다.[16] 2018년에 브라질의 사무실 건물 세 곳에서 진행된 연구에서도 비슷한 결과가 나왔다.[17] 일본의 연구에서는 여자들의 약 30퍼센트가 감기 증상을 보였지만, 남자에게는 감기 증상이 거의 나타나지 않았다.[18]

이런 차이를 어떻게 설명할 수 있을까?

인체의 열 생성은 몇 가지 요인에 좌우된다. 그중 하나가 기초대사율Basal Metabolic Rate, BMR인데, 이것은 나이·성별·체성분·체격과 상관있다. 여자는 남자에 비해 기초대사율이 낮아서 열 생성 수준도 낮은 편이다. 여자는 또한 체질량이 낮고, 체표면적 대 체질량 비율이 높아서 열 생성 수준이 떨어진다.

네덜란드의 두 연구자가 설명했듯이, 사무실의 온도 조절 장치는 1960년대에 "평균 남성을 기준으로" 한 모델로 설계되어, "여성의 대사율이 최대 35퍼센트까지 높게 추정되었을 수 있다."[19] 사무실에서 일하는 인구의 절반 정도가 여성인 지금은 이 모델을 바꿔 남자와 여자의 대사율과 더불어 체조직 변수도 넣어야 한다.

뜨거운 것이 좋아

연구에 따르면, 여자가 남자보다 실내 환경의 온도에 더 많이 영향을 받고 더 민감하게 반응한다. 게다가 여자는 온도가 높을수록 더 만족하고 생산성도 높아진다. 사무실 온도 조절 장치를 현재보다 높은 온도로 설정하면 여자에게 더 편해지고 생산성이 높아지지만, 남자의 생산성과 만족도는 거의 혹은 전혀 낮아지지 않을 것이다. 게다가 건물을 과도하게 냉방하는 비용(에너지, 돈, 환경 비용)을 줄일 수 있다.[20]

사무실 건물의 온도가 낮으면 여자들이 느끼는 쾌적 수준만이 아니라 생산성에도 영향을 미친다. 2019년의 한 연구에서는 온도가 남자와 여자의 인지 수행에 미치는 영향을 조사했다.[21] 연구자들은 참가자 543명에게 16.19~32.57°C의 다양한 온도에서 수학과 언어 과제를 내주었다. 여자는 따뜻한 온도에서 성과가 잘 나온 데 반해, 남자는 서늘한 온도에서 성과가 잘 나왔다. 하지만 여자의 성과가 향상된 정도가 남자의 성과가 낮아진 정도에 비해 유의미하게 컸다.

온도와 의사 결정

1년 전쯤 나는 얼마간의 돈을 투자할 방법을 정해야 했다. 투자 컨설턴트 사무실에서 몇 가지 선택지를 받아 들고, 무엇이 최선인지 결정하려 했다. 꼼꼼히 따져 봐야 할 부분이 있어서 쉽게 판단이 서지 않았다. 내가 감수할 수 있는 위험이 무엇인지 판단하고, 금융 상품을 이해하고, 적절한 조합과 다양성을 찾아내야 했다. 포트폴리오를 고민해서 결정하고, 최선의 계획을 택해야 했다. 마침 더운 여름이었는데, 컨설턴트는 그날 에어컨이 꺼졌다면서 양해를 구했다. 나는 서류를 보면서 각 계획의 장

단점을 체계적으로 검토하려고 했지만, 불가능한 과제로 느껴졌다. 내게는 두 가지 선택이 있었다. 더운 사무실에서 판단할 수 있는 정보를 토대로 결정할 것인가, 아니면 일단 집에 가서 다른 날 결정할 것인가. 나는 그날은 그냥 돌아가고 아무것도 결정하지 않을 만큼 현명했다.

연구에 따르면 지나치게 따뜻한 곳에서는 복잡한 결정을 위한 모든 조건을 체계적으로 고려하기 어려운 것으로 나타났다. 마케팅 연구자 아마르 치마Amar Cheema와 버네사 패트릭Vanessa Patrick은 참가자들을 두 방에 들여보냈다. 한 방은 적당히 선선한 온도(19℃)였고, 다른 방은 적당히 따뜻한 온도(25℃)였다.[22] 그리고 참가자들에게 두 가지 휴대전화 요금제를 보여주고 최선의 요금제를 선택하라고 요청했다. 요금제는 복잡했다. 요금제를 꼼꼼히 따져서 비용을 계산해 봐야 어느 쪽이 더 좋고, 비용이 덜 들고, 무료 통화 시간을 더 많이 주는지 알 수 있었다. 결과적으로 따뜻한 방의 참가자들이 서늘한 방의 참가자들보다 더 나은 요금제를 훨씬 적게 선택했다. 적당히 따뜻한 온도조차 정신적 기능을 떨어뜨리고 지치게 만들어서 주어진 조건을 모두 고려하기 어렵게 하는 듯하다. 온도가 높으면 정신적 대가를 치른다. 높은 온도에서는 의사 결정과 같은 복잡한 인지 기능에 필요한 정신적 자원이 줄어든다. 그래서 문제의 한 측면만으로 판단해야 할 수도 있다. 한 측면에 집중하는 것이 더 빠르고 쉽지만, 비합리적으로 선택할 수 있다. 수면이 부족하거나 쉬지 않고 일하느라 인지 자원이 고갈될 때도 비슷한 현상이 나타난다.

최선의 업무 수행을 위한 온도, 극단적인 온도는 피하라

업무 공간을 최적 온도로 유지해야 한다(20~22℃). 지나치게 따뜻하거나 추운 공간에서 일하지 않는 것이 좋다. 사무실이 추우면 몸이 불편해서 업무 수행에 영향을 받는다. 사무실이 따뜻하면 아늑하긴 하지만 수행 능력이 떨어지고, 피곤해지고, 문제의 모든 측면을 꼼꼼히 따져볼 수 없어서 결정에 방해가 될 수 있다.

온도와 순응

연구에 따르면 온도는 우리의 판단력과 정서에 영향을 미칠 수 있다. 몸이 느끼는 온기와 사회적 온기 사이에 연관성이 있는 것으로 밝혀졌고, '따뜻한 성격'과 '따뜻한 관계' 같은 은유는 단지 언어를 풍성하게 하는 것 이상의 의미가 있다. 이를테면 권위 있는 학술지 〈사이언스Science〉에 실린, 자주 인용되는 논문에서 마케팅 교수 로런스 윌리엄스Lawrence Williams와 사회심리학자 존 바그John Bargh는 따뜻한 커피가 담긴 컵을 든 사람이 타인을 더 좋고 따뜻한 사람으로 인식하고, 그 자신도 더 친근하고 관대해진다는 점을 입증했다.[23] 따뜻한 물건을 만진 사람이 남을 더 많이 신뢰한다고 밝혀낸 연구도 있다.[24] 그 후 독일의 연구에서는 따뜻한 온도에 있는 사람이 자신이 남들과 더 비슷하다고 느끼는 현상을 발견했다.[25] 따뜻한 온도에서는 사람들의 연결성이 강화되지만,[26] 차가운 온도에서는 외로운 감정이 커진다.[27] 나의 전작 《센세이션》에서 이들의 연구에 관해 논의하면서,[28] 따뜻한 온도에 대한 신체감각이 온화하고 관대한 행동을 끌어내는 기제에 관해서도 설명했다. 이번 책에서는 따뜻하다고 느끼는 신체감각이 비즈니스 세계에서 우리의 행동과 어떻게 연관되는지 알아보고자 한다.

몸에서 온기를 느낄 때 남과 더 비슷하고 가깝다고 느끼는 것이 사실이라면, 더 순응적으로 되는 것도 사실일까? 사람마다 순응하는 정도가 다르다는 것은 잘 알려져 있지만, 방의 온도에 따라서도 달라질까?

중국과 홍콩의 연구에서 이 질문의 답을 찾았다.[29] 연구자들은 일련의 실험에서 따뜻한 방의 사람이 추운 방의 사람보다 남의 의견을 더 타당하다고 받아들이고 그 의견에 더 순응하려 한다는 결과를 얻었다. 한 실험에서는 한 집단을 쾌적하게 따뜻한 방에 들여보내고, 다른 집단을 쾌적하게 선선한 방에 들여보냈다. 각 참가자에게 세 쌍의 물건을 제시했다. 소파 두 개, 자전거 두 대, 휴대용 GPS 장치 두 개였다. 참가자들에게 각 품목의 시장 점유율을 들려주고, 두 가지 중 하나를 선택하게 했다. 둘 중 하나가 시장 점유율이 높고 사람들이 더 많이 구입한다는 뜻이었다. 따뜻한 방의 참가자들은 서늘한 방의 참가자들보다 더 많이 순응하고 사람들이 많이 사는 품목을 선택할 가능성이 컸다.

두 번째 실험에서는 금융시장에서의 순응도를 알아보았다. 연구자들은 MBA 학생들에게 주식 예측 연구라고 알렸다. 참가자들을 쾌적하게 따뜻한 방이나 쾌적하게 선선한 방에 배정했다. 그리고 8개의 기간에 걸친 주가 변동률을 나타내는 그래프 여섯 개를 보여주었다. 그래프는 컴퓨터로 무작위로 추출한 것이다. 연구자들은 참가자들에게 각 주식을 매수할지 매도할지 정하라고 했다. 수익을 올려야 하므로 주가가 다음 기간에 오를 것으로 예상되면 매수하고 다음 기간에 떨어질 것으로 예상되면 매도하라고 알렸다. 그리고 정확히 예측하면 금전적 보상을 받을 거라고도 알렸다.

그리고 연구자들은 참가자의 절반에게 같은 실험의 이전 세션에서 대다수가 어떤 선택을 했는지 보여주었다. 이전 세션의 참가자 대다수는 세 종류의 주식 가격이 상승할 것이고 다른 세 종류의 주식 가격은 하락할 것으로 예측했다고도 알려주었다. 나머지 절반에게는 이전 참가자들의 선택을 알려주지 않았다. 결과는 놀라웠다. 쾌적하게 선선한 방보다 쾌적하게 따뜻한 방에 있을 때 타인의 주가 결정에 더 많이 영향을 받는 것으로 나타났다. 이전 참가자들의 선택을 몰랐던 집단에서는 따뜻한 방이든 선선한 방이든 차이가 없었다. 한편 참가자들에게 경마장에서 말에 돈을 거는 상상을 하게 했을 때도 유사한 결과가 나왔다. 따뜻한 방에 있으면 추운 방에 있을 때보다 자기가 좋아하는 말에 돈을 걸 가능성이 컸다. 연구자들은 따뜻할수록 친밀감이 커져서 순응도도 높아지고, 의사결정에서 타인의 영향을 잘 받는다고 설명했다.

따뜻한 환경에서 소속감을 느끼고 사람들과 친해지고 싶어 하는 마음은 참가자들이 질문지에 답하는 방식에서도 나타난다. 연구에서는 따뜻한 방의 사람들이 자기 생각을 말하기보다는 실험자의 의도라고 짐작되는 대로 답할 가능성이 큰 것으로 나타났다.[30]

따뜻한 온도에서는 이렇게 순응도가 높아질 뿐 아니라 제품에 부여하는 가치도 높아진다.[31] 연구자들은 참가자들을 온도가 다른 두 방에 들여보냈다(18°C와 26°C). 그리고 커피, CD, 세정제처럼 학생들이 많이 사는 제품의 사진을 보여주고 각 제품에 얼마를 매길지 물었다. 온도가 높은 방의 참가자들이 온도가 낮은 방의 참가자들보다 물건에 값을 더 많이 치르려 했다.

사람들이 당신을 좋아하게 만들어라

사람들이 가깝고 친하게 느끼게 해서 당신의 제안이나 결정에 따라올 확률을 높이고 싶다면 실내 온도를 높여라. 따뜻한 방에서는 상대가 당신의 의견에 동의하고 순응해서 협상에 유리할 수 있다. 마찬가지로 물건을 팔 때는 실내를 따뜻하고 쾌적하고 만들어라. 그러면 구매자가 제품을 좋아할 가능성이 커진다.

물리적 온도는 물론 우리의 수행, 특히 복잡한 과제와 결정에 영향을 미친다. 따뜻한 온도는 우리의 자원을 소진하고 문제의 다양한 측면을 모두 고려하거나 집중하지 못하게 한다. 적정 온도 범위(20~22℃)에서는 주관적 느낌이 객관적 느낌보다 더 많이 영향을 미칠 수 있다. 현재 자기가 일하는 사무실의 온도를 조절할 수 있다면, 쾌적하지만 지나치게 따뜻하지 않은 수준으로 맞춰야 한다. 그러나 사무실 온도를 조절할 수 없고 지나치게 춥거나 따뜻하다고 느낀다면, 여분의 옷을 준비해서 스스로 온도를 조절할 수 있다.

온도는 우리의 수행 능력에 영향을 미칠 뿐 아니라 생각보다 더 깊은 심리적 결과를 낳는다. 온도가 순응도를 높이고 소속되고 연결하고 싶은 욕구를 강화하여 결과적으로 의사 결정에 영향을 미칠 수 있다면, 협상과 마케팅과 집단 토론에 직접적인 함의를 갖는 중요한 정보가 될 수 있다. 토론 모임에서 해결책을 찾고 나와 의견이 다른 사람들의 의견을 들어보고 싶다면, 남들이 가볍게 순응하고 자동으로 동의하기를 바라지 않을 것이다. 이럴 때는 적당히 선선한 방이 낫다. 반면에 남들이 내게 동의하고 나와 비슷한 결정을 내리도록 설득하고 싶다면 적당히 따뜻한 방이 낫다. 한편 적당히 따뜻하면 물건을 더 많이 구매할 수 있으므로 앞으로 쇼핑할 때는 조금 따뜻한 느낌이 들면 예상보다 물건을 더 많이 살 수 있다는 점을 명심하라.

● ● ●

사무실 온도와 조명, 배치(폐쇄형인지 개방형인지)와 같은 환경 요인은 업무 공간의 생산성과 행복에 영향을 미친다. 따라서 기업의 성공에 결정적인 요인이 될 수 있다. 직원의 불만이 크면 생산성이 떨어진다. 게다가 물리적 환경은 순응도나 윤리적 행동 외에도 다양한 행동에 영향을 미친다.

따라서 기업은 물리적 환경을 설계하고 외부 온도와 조명을 결정하는 데 심사숙고해야 한다. 이 장에서 소개한 업무 공간의 여러 요인을 고려하면 기업과 직원 모두에게 혜택이 돌아가서 직원의 만족도뿐 아니라 성과도 최대로 끌어낼 수 있다.

직원들은 주변 환경이 자신에게 어떤 영향을 미칠 수 있는지 인지하고 주어진 조건 안에서 최대한 변화를 이루려고 노력해야 한다. 직장에 작은 히터나 선풍기를 가져다놓으면 사무실 환경이 이상적이지는 않아도 일의 능률을 올리는 데는 도움이 될 수 있다. 물리적 환경이 각자의 행동과 협상과 판단력에 미치는 영향도 알아채야 한다. 그리고 자신에게 유리하게 활용해야 한다.

　위와 같은 업무 공간의 물리적 요인에 주목하면, 기업에도 도움이 되고 직원들에게도 유익할 것이다.

4장

사무실 속 자연

초록색과 파란색이 스트레스에 미치는 영향

꽃은 마음 편히 바라볼 수 있다.
꽃에는 감정도 갈등도 없으므로.
_ 지그문트 프로이트 Sigmund Freud

나는 이른 아침이나 퇴근 후 늦은 오후에 해변을 걷는다. 나만 그러는 건 아닌 모양이다. 해변을 거닐면서 푸른 바다와 하얗게 부서지는 파도 소리를 즐기는 사람이 많다. 그리고 많은 사람이 해가 수평선에, 멀리 은은하게 반짝거리는 바다 위에 걸쳐진 광경을 즐긴다. 얼마나 큰 축복인가! 언젠가 바닷가에서 우연히 마주친 동네 사람이 바다를 가리키며 "저게 내 심리치료사예요"라고 말한 적이 있다. 그리고 오랜 세월에 걸쳐 다른 사람, 다른 장소, 다른 시간, 다른 자연환경에서 비슷한 말을 들었다. "이 것 덕분에 온전한 정신으로 살아요"라거나 "이게 최고의 약이에요"라거나 "제가 잘 대처하도록 도와줘요"라는 의미다. 심리학자이자 연구자로서 이런 말을 들으면 생각이 많아진다.

자연 공간이 인간에게 유익하고 좋다는 것은 누구나 잘 안다. 그런데 어떤 식으로 좋을까? 이제 과학이 개입할 때다.

많은 연구에서 자연이 스트레스, 정서, 긍정성, 인지 수행에 미치는 영향뿐 아니라 자연의 회복 효과와 그 밖의 여러 가지 장점을 조사했다.

결과는 명확했다. 이제는 자연이 여러 측면에서 유익하고, 누구나 여러 방식으로 거의 공짜로 쉽게 자연의 장점을 이용할 수 있다고 말할 수 있다. 당장이라도 자연을 접하고 직장에서(집에서) 삶의 질을 높일 수 있다.

나에게 더 좋은 자연을 발견하기

스트레스는 현대 사회에 만연한 현상이고, 일은 성인이 받는 스트레스의 (주된 원인까지는 아니어도) 한 가지 원인이다. 여러 연구에서 스트레스가 우리 삶(몸, 마음, 행동, 외모)에 미치는 해로운 영향이 거듭 확인되었다. 단기간의 스트레스는 두통, 흉통, 근육긴장, 배탈, 불면증, 부정적 정서, 분노 표출, 과식, 약물 남용을 비롯한 여러 문제를 일으킬 수 있다. 세계보건기구World Health Organization, WHO는 스트레스를 '21세기의 유행병'이라고 일컫고, 심혈관계 질환(고혈압, 심장 질환, 부정맥, 심장 발작, 뇌졸중)·우울증·불안·섭식 장애·피부와 머리카락 문제·위장 장애·발기부전을 비롯한 다수의 심각한 질환과 연관이 있다고 보았다.

일과 관련된 스트레스는 중압감과 과도한 요구, 통제력 상실, 동료나 상사와의 긴장 관계, 직업 안정성에 대한 우려, 해고에 대한 두려움을 비롯한 여러 요인에서 발생할 수 있다. 불행히도 이 여러 요인은 오늘날 직장인이 흔히 당면한 문제다. 직장에서 스트레스는 잦은 결근, 집중력 부족, 몸과 마음의 피로, 생산성 저하, 탈진을 유발하는 주된 원인이다. 게다가 WHO는 우울증과 불안증이 생산성 저하로 이어져 연간 1조 달러의 경제적 손실을 유발한다고 추정한다.[1] 스트레스로 인한 결근, 직접적 보상, 보험금(스트레스를 받는다고 보고한 직장인에게 의료비가 더 많이 든다), 스트레스를 받는 직원이 직장에서 능력을 최대로 발휘하지 못한다는 점을 기준으로 산정된 수치다.

지금까지 언급한 내용만으로도 삶에서 과도하게 스트레스에 노출되면 반드시 조치를 취해야 한다는 생각에 이르렀기를 바란다. 흔히 권장하는 스트레스 관리 방법은 명상, 마음챙김, 운동, 충분한 수면, 심호흡, 요가, 전문가의 도움이다. 물론 모두 효과적이고 가치 있는 방법이다. 몇 가지는 나중에 자세히 논의할 것이다. 그러면 많이 들어보지 못했을 방법은 무엇일까? 바로 건강한 정도로 자연을 접하는 방법이다. 여러 연구에서 자연에 머물면 심미적으로 만족할 뿐 아니라 실제로 스트레스도 줄어든다고 과학적으로 입증되었다. 누구나 이용할 수 있는 여러 가지 획기적인 방법이 있다.

자연에서 걷기를 도시에 머물기와 비교하여 심리적·생리적 효과를 검증하려고 시도한 연구가 많다. 일본의 여러 연구[2]에서는 숲과 도시가 스트레스에 미치는 영향을 비교했는데, 특히 '산림욕' 효과를 알아보았다. 산림욕이라는 용어는 1982년에 일본 농림수산부가 숲을 접하고 숲의 공기를 마시는 방법을 설명하기 위해 만든 개념이다. 연구자들은 참가자들을 숲이나 도시로 데려갔다. 그리고 참가자들이 숲이나 도시에 머무르기 전후에 심박수, 혈압, 타액의 코르티솔(스트레스 호르몬으로, 코르티솔 수치가 높으면 스트레스가 심하다는 뜻이다) 농도를 비롯해 몇 가지 생리 요인을 측정한다. 그중에서도 독특한 연구[3]에서는 연구자들이 24곳의 다양한 숲과 도시를 찾아가 참가자 280명을 연구했다. 연구를 진행할 때마다 참가자 12명을 6명씩 두 집단으로 나눠 숲이나 도시로 데려가 하루를 보내게 하고, 둘째 날에는 두 집단이 장소를 바꾸어 머물게 했다. 참가자들을 그 장소로 보내기 전에 스트레스 수준(코르티솔 수치, 심박수, 혈압)을 측정했다. 그 장소에서 15분간 머무른 뒤 다시 스트레스 수준을 측정하고, 16분간 근처에서 걷게 한 뒤 한 번 더 측정했다. 결과적으로 숲에서 스트레스가 감소했다. 숲에서 머무른 참가자는 도시에 머무른 참가자보다 코르티솔 수치와 맥박, 혈압이 낮았다. 숲을 보거나 숲에서 걷기만 해도 스트레스 감소 효과가 나타난 것이다.

중국 쓰촨농업대학교의 연구팀은 2018년의 연구[4]에서 참가자들에게 대나무숲이나 도시에서 15분간 걷게 했다. 그리고 실험 전후에 혈압과 뇌파를 측정하고, 주의력을 알아보는 심리검사를 실시했다. 앞선 연구들과 마찬가지로 대나무숲을 걸은 사람의 혈압이 유의미하게 떨어졌다. EEG로 표시되는 뇌파에도 변화가 나타나서, 숲을 걷는 사이에 정신적으로 이완한 것으로 보였다. 그리고 숲을 걸은 사람은 주의력이 높아졌지만, 도시에서 걸은 사람은 높아지지 않았다. 이런 효과에 관해서는 이 장에서 나중에 더 알아볼 것이다.

스탠퍼드대학교 연구팀은 서부 해안에서 진행한 연구에서 이전의 연구를 반복하여 검증하고 확대했다.[5] 참가자들은 캘리포니아 스탠퍼드대학교 인근의 자연이나 도시에서 50분간 산책하라는 요청을 받았다. 산책하기 전후에 몇 가지 인지 과제를 완성하고 긍정적 감정과 부정적 감정, 그리고 불안과 반추를 비롯한 정서를 측정하는 설문지를 작성했다. 자연에서 걸으면 도시에서 걸을 때보다 유익하다는 결과가 나왔다. 자연에서 천천히 걸은 사람은 도시에서 걸은 사람에 비해 불안감이 감소하고 반추 같은 부정적 정서가 줄었다. 인지 수행과 관련해서는 다수의 인지 과제 수행이 자연에서 걸은 뒤 향상했지만 도시에서 걸은 뒤에는 전혀 나아지지 않았다.

그런데 꼭 숲에 가야만 스트레스가 해소될까? 어떤 자연에 노출되는 것이 중요할까? 자연은 형태도 다르고, '자연성 naturalness'의 정도도 제각각이다. 해변도 있고, 호수도 있고, 산도 있고, 도시 공원도 있다. 모든 환경이 스트레스에 비슷한 영향을 미칠까?

〈국제환경연구및공중보건저널 International Journal of Environmental Research and Public Health〉에 실린 연구[6]에서는 자연과 도시가 스트레스에 미치는 영향을 비교했지만, 이전의 여러 연구와 달리 자연과 도시의 환경을 다양하게 설정했다. 참가자들은 네 가지 장소에 가야 했다. 두 장소는 나무와 식물이 있는 자연인데, 그중 하나는 인간의 손길이 닿지 않은 곳이고 다른 하나는 멀리 건물이 보이는 정도로 인간의 영향을 볼 수 있는 곳이다. 나머지 두 장소는 도시 환경으로, 그중 하나는 건물이 빼곡히 들어선 곳이고 다른 하나는 고도로 발전한 곳이다. 참가자의 스트레스 수준은 타액 표본에서 코르티솔 수치를 측정하고 다양한 스트레스 양상에 대한 자가 보고를 표로 정리한 설문지를 기준으로 평가했다. 여러 차례의 이전 연구 결과와 마찬가지로, 자연을 접하면 스트레스가 감소하는 것으로 나타났다(자가 보고로 주관적인 측면을 측정하고, 코르티솔 농도로는 객관적인 측면을 측정했다). '자연성'의 정도가 다양한 자연의 장소 사이에는 유의미한 차이가 나타나지 않았다. 다시 말해 사무실 부근의 공원에서 산책해도 깊은 숲에서 산책하는 것만큼 스트레스를 견디는 데 도움이 될 수 있다는 뜻이다.

초록의 에너지로 충전하기

자연은 보기에 아름답기만 한 것이 아니다. 흔히 일에서든 일상에서든 스트레스를 많이 받는다. 일하다가 잠깐 쉬면서 자연에서 거니는 것은 정신적 피로를 풀고 업무 성과를 끌어올리는 데 좋은 방법이다. 직장에서 바쁘더라도 잠깐 밖에 나가 걷고, 이왕이면 자연에서 산책해보라. 일부러 숲이나 호수나 해변으로 찾아갈 것 없이 가까운 공원에서 가볍게 걷거나, 나무나 풀이나 꽃이 있는 곳이면 어디서든 걸으면 된다. 지저귀는 새 소리가 들리거나 연못이 보이면 금상첨화다. 사무실로 돌아갈 때 얼마나 마음이 편안해지고 기운이 샘솟는지 알면 놀랄 것이다. 잠깐이라도 자연에서 휴식을 취하면 머리가 맑아지고 배터리가 충전되어 생산성이 높아지고 기분도 좋아진다.

가끔은 파란색도 보아야 한다

자연은 공원, 숲, 삼림지대 같은 초록색 공간만이 아니다. 바다, 호수, 강,

폭포 같은 파란색 공간도 있다. 사람들은 물가에 가서 파도 소리를 듣고 바다를 바라보는 것을 좋아한다. 8~12퍼센트의 비용을 더 부담하고라도 물이 보이는 집을 택하고,[7] 호텔에서도 바다가 보이는 방에 비용을 더 청구한다. 바닷가에서 그냥 파도를 바라보기만 해도 치유되는 것 같다고 말하는 사람이 많다. 자연이 우리의 안녕감에 미치는 영향을 조사한 연구는 주로 초록색 공간을 주목했지만 파란색 공간이 미치는 영향을 들여다보는 연구도 점차 늘어났다.

영국의 한 연구팀은 참가자들에게 자연 지역과 건물이 들어선 지역을 찍은 사진 120장을 보여주었다.[8] 절반의 사진에는 물이 있었다. 초록의 자연이든 건물이 들어선 도시이든 물이 있는 사진이 물이 없는 사진보다 활력을 북돋우고, 참가자들이 더 좋아하고 긍정적인 영향을 미치는 것으로 나타났다. 건물이 들어선 사진이라고 해도 물이 있으면 자연 사진과 비슷한 점수를 받았다. 요컨대 초록색 공간과 파란색 공간이 유사하게 긍정적인 효과를 나타낸 것이다.

여러 나라에서 진행된 연구에서도 파란색 공간 근처에 머물면 스트레스가 감소하고 안녕감과도 양의 상관관계를 보이는 것으로 나타났다. 예로 독일에서 라인강을 따라 위치한 도시 쾰른과 뒤셀도르프에서 진행된 연구에서는, 산책로에서 걸은 사람이 그 장소에 정서적 애착을 보였고 그곳이 스트레스를 줄이는 데 도움이 되었다고 보고했다.[9] 그 밖에도 2019년에 홍콩에서 진행된 연구와 뉴질랜드에서 진행된 연구에서도 유사한 결과가 나왔다. 파란색 공간과 가깝거나 파란색 공간이 보이는 동네에 살면, 또는 파란색 공간에 찾아가면 주관적 안녕감이 높아지는 것으로 나타났다.[10]

스페인의 연구팀은 이런 현상을 일반화하기 위해 체계적인 분석으로 파란색 공간의 영향을 연구한 논문 30편을 검토했다. 실제로 파란색 공간을 접하는 것과 정신 건강이나 안녕감 사이에 양의 상관관계가 나타났다.[11]

영국의 두 연구자는 파란색 공간과 안녕감 사이의 연관성을 독특한 방식으로 밝혀냈다.[12] 그들은 GPS로 사람들의 위치를 추적해서 기록하는 스마트폰 앱을 개발했다. 여러 차례에 걸쳐 참가자들에게 임의의 순간에 접근하여 주관적인 안녕감 설문지를 제시하고, 참가자의 위치를 기록했다. 설문지에는 주어진 순간의 삶의 만족도와 기분, 정서에 관한 질문이 포함되었다. 연구자들은 2만 명 이상의 참가자에게서 100만 개의 답변을 수집했다. 그 결과 자연에 있을 때 도시에 있을 때보다 더 행복하고, 가장 행복한 장소는 바다와 해안가인 것으로 나타났다.

따라서 초록색 공간과 파란색 공간 모두 안녕감과 정신 건강에 기여하는 것으로 보인다. 두 가지 공간 모두 치료에 도움이 되고, 마음의 평온을 유도하고 스트레스와 불안을 줄이는 데 도움이 된다.

파란색을 찾아가라

스트레스가 심하고 불안하다면 바다나 강, 호수 같은 야외의 파란색 공간을 찾아가라. 바다나 강을 따라 걷거나 그냥 앉아서 물을 감상하라. 얼마나 기운이 나고, 평온해지고, 행복해지는지 알면 놀랄 것이다.

풍경이 보이는 사무실

자연을 그저 바라보기만 하는 것은 어떨까? 대한민국의 연구팀이 창문으로 자연이 내다보이는 환경(숲으로 둘러싸인 지역)과 직업 만족도·스트레스의 연관성을 알아보았다.[13] 관리직과 사무직 참가자 931명을 대상으로 했다. 그중 481명은 숲이 보이는 창가 자리에 앉았고, 나머지 450명은 창문으로 숲을 비롯한 자연의 풍경이 보이지 않는 자리에 앉았다. 참가자들은 직업 만족도와 스트레스를 측정하는 몇 가지 설문지를 받았다. 동료나 상사와의 관계, 업무상 불편한 요구(야근, 과도한 업무 등), 불명확한 책임 소재 같은 역할 문제를 비롯한 여러 요인을 알아보는 설문지였다. 결과적으로 뚜렷한 상관관계가 나타났는데, 숲이 보이는 창가 자리의 사람들이 숲이 보이지 않는 자리의 사람들보다 스트레스를 적게 받고 직업에 더 만족했다.

그러나 직장에서 자연을 볼 수 없는 사람들에게도 희망이 있다. 환경 심리학의 선구자인 아네스 반 덴 버그Agnes Van den Berg는 네 가지 환경에서 걷는 것이 스트레스를 줄이고, (크게 떨어진 정서적·인지적 자원을) 끌어올리고 기분을 북돋우는 데 미치는 영향을 비교했다.[14] 다만 이 연구에서는 걷는 과정이 '가상으로' 진행되었다. 참가자들에게 파워포인트 슬라이드를 보여주고 슬라이드의 사진에 집중해서 걷는 장면을 생생하게 상상하라고 주문했다.

실험을 시작하면서 먼저 참가자에게 무서운 영화의 한 장면을 보여주고 스트레스를 유발했다. 그다음에 파워포인트 프레젠테이션으로 네 가지 장면 중 하나를 보여주면서 참가자가 네 가지 다른 환경에서 걷는 장면을 상상하게 했다. 식물이 없는 도시의 거리, 조경이 잘된 공원, 숲속의 공원, 나무가 우거진 야생이었다. 참가자는 산책을 시뮬레이션하기 전후에 기분과 회복 상태를 측정하는 다음과 같은 질문지에 답했다. "내 마음은 스트레스가 심한 생각에 침범당하지 않는다." "내 문제를 생각할 공간을 만들 수 있다." "바쁜 일상에서 시간을 낼 수 있다." "모든 문제를 제쳐둘 수 있다."

실제 걷기에 관한 이전의 연구들과 유사하게, 자연에서 가상으로 걸은 참가자들은 도시에서 가상으로 걸은 참가자들보다 스트레스가 더 많이 풀리고 기분이 나아지고 더 많이 회복되었다고 보고했다. 흥미롭게도 이 세 가지 자연의 자연성이 제각각인데도 효과는 차이가 없었다. 따라서 자연은 구체적인 환경과 상관없이 스트레스를 줄이고, 기운을 회복하고, 기분이 좋아지는 데 긍정적으로 기여한다고 볼 수 있다. 내가 흥미를 느낀 부분은 스트레스를 줄이기 위해 실제로 자연을 찾아갈 필요가 없다는 점이었다. 자연을 보거나 자연에서 걷는 장면을 상상하기만 해도 된다.

따라서 '밖에 나갈 시간을 내지 못하면 어쩌지?'라거나 '자연이 전혀 보이지 않는 콘크리트 숲 한복판에서 일하는데 어쩌지?'라고 걱정할 필요가 없다. 시간이 없거나 근처에 자연이 없어서 잠시 쉬면서 자연에서 걸을 수 없다고 해도, 자연을 담은 사진을 보거나 자연에서 걷는 장면을 상상하면 된다. 인터넷으로 '가상 하이킹'을 검색하면 당장 '모든 것에서 벗어나' 스트레스를 줄이고 건강을 회복할 수 있다.

자연의 소리

자연을 보거나 자연에서 걷거나 자연을 상상해야만 스트레스가 줄고 건강해지는 것이 아니다. 자연의 소리를 듣는 것도 도움이 된다. 스웨덴의 한 연구[15]에서는 다양한 소리가 스트레스를 해소하는 데 미치는 영향을 조사했다. 우선 참가자들에게 스트레스를 일으키는 복잡한 계산 문제를 내주고, 심리적으로 스트레스에서 회복되는 정도를 나타내는 생리적 지표인 피부 전도 수준Skin Conductance Level, SCL과 심박 변이도Heart Rate Variability, HRV를 측정했다. 스트레스가 풀리면 SCL이 감소하고 HRV가 상승한다. 참가자들은 우선 스트레스를 유발하는 과제를 받고, 그 후 회복 기간에 연구자들이 제작한 네 가지 소리를 들었다. 새들이 지저귀는 소리와 분수 소리가 담긴 자연의 소리, 음량이 큰 도로의 차 소리, 음량이 작은 도로의 차 소리, 한적한 뒤뜰의 주변 소음(배경에서 가정용 환기구가 웽웽거리며 돌아가는 소리가 들린다)이었다. 그 결과 참가자들이 자연의 소리를 들으면 나머지 세 가지 도시의 소리를 들을 때보다 SCL이 감소했다. 자연의 소리를 들을 때 스트레스 회복 속도가 가장 빨랐다는 뜻이다(HRV는 모든 조건에서 유의미한 차이를 보이지는 않았다). 결과적으로, 스트레스가 심한 상황을 겪고 나서 자연의 소리를 들으면 생리적 회복 속도가 더 빨라진다는 뜻이다.

펜실베이니아주립대학교 연구팀은 그 후의 다른 연구[16]에서 소리가 스트레스 회복과 기분 향상에 미치는 영향을 조사했다. 이번에는 실험 조건에 미묘한 차이를 주었다. 먼저 참가자들에게 수술 장면을 클로즈업한 영상을 보여주어 불편함과 부정적 정서를 유발했다. 참가자들은 영상을 보기 전에 정서 상태를 측정하는 간편 기분내성법척도Brief Mood Introspection Scale, BMIS를 받았다.[17] '활기찬', '피곤한', '행복한', '평온한', '정력적인', '슬픈'과 같은 정서에 관한 단어 16개를 4점 척도로 평가하는 검사다. 1점은 '그렇지 않다'이고, 4점은 '매우 그렇다'이다. 그리고 충격적인 영상을 보고 나서 다음의 네 가지 오디오 시나리오 중 한 가지를 들었다. 새소리와 바스락거리는 나뭇잎 소리가 들리는 자연의 소리, 배경에 차 소리가 들리는 자연의 소리, 배경에 사람들 말소리가 들리는 자연의 소리를 들었고, 통제 집단은 아무 소리도 듣지 못했다. 다음으로 BMIS 질문지를 다시 작성하여 기분과 정서 상태를 평가했다. 순수한 자연의 소리를 들은 참가자는 모든 집단에서 기분이 가장 많이 좋아지고, 스트레스에서 가장 많이 회복되는 경험을 했다.

요즘은 이어폰과 휴대전화만 있으면 당장 자연의 소리가 주는 혜택을 누릴 수 있다. 해변의 파도 소리, 열대우림 소리, 시냇물이 흐르는 소리, 밀림의 소리를 끊임없이 들려주는 팟캐스트와 오디오 클립이 많다. 따라서 스트레스가 심하거나 안 좋은 일을 겪은 뒤에 스트레스를 줄이고 기분이 좋아지게 하려면 자연의 소리를 들으면 된다.

자연이 스트레스를 줄인다는 사실은 과학적으로도 입증되었다. 자연에서 걷거나, 자연을 보거나, 가상으로 자연에서 산책하면서 효과를 누릴 수 있다. 비용이 들지 않고, 저마다의 방식으로 접할 수 있다. 스트레스가 만연한 사회에서 자연의 장점을 각자의 방식으로 삶에 끌어들이는 것은 정신 건강에 좋다.

인지 과부하, 정신적 피로, 회복

일하든 공부하든 에세이나 논문을 쓰든 장기간 고단한 정신적 과제를 수행할 때, 어느 지점에 이르면 더 힘들고 효과가 떨어지는 느낌이 든다. 그냥 제자리걸음을 하는 듯한, 모든 노력이 쓸모없어지는 지점에 이르는 것이다. 정신적으로 지친 상태라서 일단 회복해야만 제때 만족스러운 상태로 과제에 복귀할 수 있다.

이상적인 세계에서는 다시 힘을 내기 위해 필요한 만큼 시간을 쓸 수 있다. 그러나 현실 세계에서는 정신적으로 피로하고 주의력이 떨어지면 큰 대가를 치를 뿐이다. 이를테면 직장에서 중대한 실수를 저지르고 생산성이 떨어지면 직장까지 잃을 수 있다. 어떻게든 기운을 차려야 한다. 시간이 마냥 주어지는 것이 아니다.

누구나, 특히 직장에서 중요한 프로젝트를 진행할 때 정신적 피로를 느낀다. 누군가에게는 정신적 피로가 일상이고, 특히 집중력이 필요한 일에서는 피로가 더 심하다. 정신적 피로에 시달리면 집중력과 주의력과 수행 능력이 떨어지므로 반드시 회복해야 한다. 이럴 때 자연은 언제나 접할 수 있고 효과도 좋은 치료제다. 다음에 소개할 연구에서 밝혀냈듯이, 자연은 어떤 형태로든 정신적 피로를 더 빨리 회복시켜주고 생산력을 되찾게 해준다.

여기서 잠깐 주의력 회복 이론Attention Restoration Theory, ART을 소개하고자 한다. 이 이론은 자연이 주의력에 어떤 회복 효과를 갖는지, 자연을 접하면 정신적 피로가 어떻게 회복되는지 설명한다.[18]

ART에 따르면, 뇌의 다양한 기능에 따라 주의력의 두 유형('하위 체계')

이 있다고 한다. 자발적이고 계획적인 '지향적' 주의력directed attention과 수동적이고 자유의지가 필요 없는 '비지향적' 주의력undirected attention 이다. 지향적 주의력은 노력이 들어가야 하므로 한계가 있다. 지향적 주의력을 요구하는 인지 과제를 수행할 때는, 어느 시점에 이르면 정신적으로 피로해지고 주의력이 크게 떨어진다. 기운이 고갈되면 휴식이 필요하다.

그리고 비지향적 주의력이 있다. 깨어 있는 시간에 들어오는 자극을 별다른 노력 없이 흡수하는 능력이다. 자연은 그렇게 하는 데 최적의 조건이 되어준다. 자연은 우리에게 석양과 산과 호수 같은 매혹적인 장면을 보여주어 우리가 별다른 노력을 하지 않아도 비지향적 주의력으로 넘어가게 만든다. 그러면 과부하에 걸린 정신이 꼭 필요한 휴식을 취할 수 있다.

반면에 도시에는 좋든 싫든 지향적 주의력을 끌어내는 자극이 널려 있다(차도 피해야 하고, 신호등도 살펴야 하고, 공격적인 광고에 눈길을 주거나 무시해야 하고, 사이렌 소리와 공장 소음을 들어야 한다).

다음에 소개하는 여러 연구에서는 자연의 다양성이 정신적 피로를 풀어주고, 인지력과 회복력을 끌어올려 주는 측면에 관한 흥미로운 통찰을 제공한다.

미시간대학교와 스탠퍼드대학교의 연구팀은 두 가지 실험을 통해 자연을 접하면 인지 수행에 어떤 영향을 받는지 알아보았다.[19] 첫 번째 실험에서는 대학생 32명에게 숫자를 주고 거꾸로 반복해서 읽게 했다. 강력한 지향적 주의력이 필요한 과제다. 그리고 정신적 피로를 유발하는 과제를 추가로 내주었다. 그런 다음 캠퍼스 근처의 공원이나 앤아버 시내에서 50분간 산책하게 했다. 산책 후 숫자를 거꾸로 읽는 과제를 다시 내주었다. 그 결과 자연에서 산책한 뒤에는 수행 능력이 향상되었지만, 도시에서 걸은 뒤에는 향상되지 않았다.

비슷한 두 번째 실험에서는 참가자들에게 걸으라고 하지 않고 자연이 찍힌 사진과 도시가 찍힌 사진을 보여주었다. 사진을 보기 전후에 몇 가지 인지 과제를 내주었다. 그중 일부는 지향적 주의력을 요구하는 과제였다. 자연 사진을 본 학생들은 수행 능력이 향상된 반면, 도시 사진을 본 학생들은 수행 능력이 향상되지 않았다. 두 실험의 결론은, 어떤 식으로든 자연을 접하면 지향적 주의력이 필요한 인지 과제에서 수행 능력이 향상된다는 것이다.

환경심리학 분야의 유명한 연구자 리타 베르토Rita Berto는 이와 유사한 연구에서 참가자들에게 반응에 대한 지속 주의력 과제Sustained Attention to Response Task, SART를 내주었다. 컴퓨터 화면에 반복해서 숫자가 뜨면 정해진 숫자 이외의 다른 숫자가 보일 때마다 버튼을 누르는 과제다(예컨대 3을 제외한 숫자가 뜨면 스페이스바를 누른다).[20] 이 과제는 지향적 주의력을 요구하고, 정신적 피로를 일으킨다. 참가자들은 SART를 수행한 뒤 사진을 25장 보았다. 참가자의 절반은 호수와 숲 같은 자연의 사진을 보고, 나머지 절반은 자연이 없는 사진을 보았다. 사진을 보고 나서 다시 SART를 수행했다. 결과는 선명했다. 자연 사진을 본 참가자만 두 번째 실험의 SART에서 좋은 수행 결과를 보였다. 자연 사진을 본 사람만 주의력이 회복되고 정신적 피로를 극복한 것이다. 정신적 피로를 풀어주는 자연의 힘을 확인할 수 있다.

초록색 정원을 보기만 하면 된다…
그런데 얼마 동안?

'자연의 휴식'으로 효과를 보려면 시간을 얼마나 들여야 할까? 오스트레일리아의 연구팀이 학생 150명에게 앞서 언급한 지루한 SART 과세를 내주었다.[21] 그리고 과제를 수행하는 동안 단 40초간 쉬면서 도시 장면을 보게 했다. 참가자의 절반은 콘크리트 지붕이 있는 장면을 보았고, 나머지 절반은 꽃이 핀 초록의 옥상을 보았다. 옥상 정원을 본 학생들은 같은 시간만큼 콘크리트 지붕을 본 학생들보다 후반부 과제에서 유의미하게 수행 능력이 향상되었다. 잠깐만 보고도 정신적 피로가 회복되었다는 뜻이다.

이러한 결과에 따르면, 1분도 안 되는 짧은 시간이라도 자연을 보기만 하면 주의력이 향상될 수 있다. 생각해보면 무척 놀라운 일이다.

생각에 초록 등을 켜라

일하면서 오래 쉴 형편이 안 되면, 단 몇 분이라도 짬을 내어 초록색 표면을 찾아보라. 창밖 풍경도 좋고(풀·나무 등), 사무실의 화분도 좋고, 사진도 좋다. 그리고 다시 업무로 돌아오면 집중력이 높아지고 수행 능력이 향상될 것이다.

식물의 효과

장식용으로 책상이나 바닥에 식물을 놓아둔 사무실이 많다. 식물이 칸막이 기능을 하기도 한다. 하지만 장식이나 공간 구분을 넘어서는 다른 기능도 있을까? 사무실의 식물이 직원들에게 자연을 직접 접하는 것만큼 영향을 미치는지 알아본 연구들이 있다.

노르웨이와 스웨덴의 연구팀은 참가자들을 두 집단으로 나누고, 한 집단은 식물 네 개가 있는 사무실에 앉히고 다른 한 집단은 같은 사무실에서 식물을 없애고 앉혔다.[22] 우선 참가자들에게 읽기폭 검사reading span test를 실시했다. 96개 문장이 네 개나 여섯 개씩 묶여서 컴퓨터 화면에 뜨면 각 문장의 마지막 단어를 기억하는 과제다. 주의력의 용량을 측정하는 검사다. 첫 번째 검사에서는 두 집단 간에 차이가 없었다. 실험 전에는 식물이 있는 사무실 집단과 식물이 없는 사무실 집단에 차이가 없다는 뜻이다. 따라서 첫 번째 검사가 공통의 기저선 역할을 했다. 그다음으로 참가자들에게 어려운 교정 과제를 내주어 정신적 피로를 유발하고, 이어서 다시 읽기폭 검사를 실시했다. 식물이 있는 방의 참가자들은 두 번째 검사에서 수행 결과가 향상된 반면에 식물이 없는 방의 참가자들은 수행 결과가 향상되지 않았다. 여기서 달라진 변수는 사무실에 식물이 있는지 없는지였다. 그 결과 물리적 공간에 식물이 있으면 정신적으로 피로한 인지 과제를 수행한 뒤 주의력이 회복되는 것으로 나타났다.

노르웨이의 한 연구에서는 실내의 식물이 업무 스트레스와 생산성, 병가에 미치는 영향을 알아보았다.[23] 연구자들은 직원들이 식물을 가져다 놓든 말든 각자가 원하는 대로 공간을 꾸밀 수 있는 사무실 세 곳을 찾아냈다. 그리고 사무실에 있는 식물에 관해 물었다. 업무 중에 보이는 식물이 몇 개이고, 그들의 자리에서 식물이 얼마나 가까이 있는지와 같은 질문이었다. 그리고 직장에서 받는 스트레스, 병가 일수, 지각된 생산성에 관해서도 물었다.

> 1. 업무의 질에 만족하는가?
> 2. 업무의 양에 만족하는가?
> 3. 업무에 대한 책임감을 보여주는가?
> 4. 업무에서 창의성과 문제 지향적인 태도를 보이는가?

결과적으로 직원들과 가까이 있는 식물의 수는 병가 일수가 감소하고 생산성이 높아지는 현상과 작지만 유의미한 연관성을 보였다(다만 지각된 스트레스와는 연관성이 없었다). 그리고 연구자들은 창문이 없는 사무실의 직원들이 창문이 있는 사무실의 직원들보다 식물을 훨씬 더 많이 가져다 놓았다는 사실도 발견했다. 또 창문이 없는 사무실의 직원들은 창문이 있는 사무실의 직원들보다 자연을 찍은 사진을 3배 더 많이 벽에 걸었다. 우리가 자연에 느끼는 친밀감을 보여주는 증거다.[24]

대만의 한 연구[25]에서는 창문으로 보이는 각기 다른 조망(도시나 자연)과 실내 식물이 생리적·심리적 반응에 미치는 영향을 조사했다. 참가자들에게 창문 조망과 실내 식물을 다양하게 조합한 여섯 가지 사무실 사진을 보여주었다. ① 창문이 없고 식물도 없는 사무실, ② 창문이 없고 식물은 있는 사무실, ③ 창문으로 도시가 보이고 식물은 없는 사무실, ④ 창문으로 도시가 보이고 식물이 있는 사무실, ⑤ 창문으로 자연이 보이고 식물이 없는 사무실, ⑥ 창문으로 자연이 보이고 식물이 있는 사무실. 사진마다 15초씩만 보여주었다. 참가자들에게 사진을 보여준 뒤 다양한 검사로 생리 반응을 측정했다. 뇌파를 측정하는 EEG, 이마의 안면 근육을 추적·관찰하는 EMG, 스트레스에 대한 교감신경계 각성 상태와 심혈관계 반응을 측정하는 맥박도Blood Volume Pulse, BVP로 측정했다. 그리고 일정 기간에 불안을 측정하는 상태 불안 검사state anxiety inventory를 실시했다.

결과적으로 사진마다 다른 생리 반응과 불안 상태를 유발하는 것으로 나타났다. 자연이 보이는 창문과 실내 화분이 조합된 사진이 가장 유익한 효과를 보여주었다. 자연이 보이는 조건이 도시가 보이는 조건보다 유익한 것으로 입증되었다. 불안과 스트레스는 창밖 풍경이 없고 실내 식물이 없는 사무실 사진 조건에서 가장 높았다.

실내 식물의 효과에 관한 연구 결과는 일관되지 않고, 실제 자연의 효과만큼 확실하지도 않다. 대개는 사무실에 식물을 가져다 놓는 것이 긍정적인 효과를 나타냈다. 다만 명확한 결론을 얻으려면 더 많은 연구가 쌓여야 한다. 그래도 정신적으로 고된 업무를 하는데 사무실에 식물이 없다면 화분을 몇 개 가져다 놓아보라. 업무 성과가 좋아지고 스트레스가 줄어들 뿐 아니라 공간도 아름다워질 것이다.

제2의 자연을 만들어라

업무 공간에 자연을 가능한 한 많이 들여놓아라. 식물이 가장 좋고, 자연 풍경이 찍힌 사진도 좋다. 이어폰을 꽂고 은은한 자연의 소리를 들어도 좋다. 그러면 스트레스가 줄고 마음이 느긋해질 것이다. 생산적이고 명료하게 사고하기 위한 공간을 조성하기에 좋은 방법이다. 직접적으로 느껴지지 않더라도 분명 효과가 있을 것이다. 자연을 접할 때 가장 좋은 상태인 것은 어찌 보면 당연하다. 진화의 관점으로 보면, 우리는 자연에서 왔고 자연이 우리의 '본거지'이기 때문이다.

이런 결과에는 중요한 함의가 있다. 스트레스가 심하고 능력을 크게 소진할 수 있는 일을 할 때 자연이 스트레스를 줄여준다는 사실이 과학적으로 입증된 것이다. 앞서 보았듯이, 자연에서 걸으면 큰 효과를 볼 수 있다. 창문으로 자연이 보이기만 해도 회복 효과가 커지고 인지 수행과 안녕감이 향상될 수 있다.

따라서 일하다가 시간을 내어 자연에서 걷고 창밖에 자연이 보이는 사무실에서 일하는 것이 최선일 것이다. 물론 현실적으로 누구에게나 가능한 건 아니다. 하지만 각자 업무 공간에 식물과 평화로운 사진을 가져다 놓고 자연의 소리를 듣기만 해도 매일 효과를 볼 수 있다.

개인으로서도, 그리고 기업에도 중요한 방법이다. 고용주는 직원들이 잠시 밖에 나가 산책을 하게 하거나 사무실에 식물을 가져다 놓게 해서 생기는 긍정적 효과를 고려하면 이득이 될 것이다. 그러면 앞서 여러 연구에서 보았듯이 병가가 줄어들고 직원의 생산성과 직업 만족도와 안녕감이 높아질 것이다. 직원들의 생산성과 직업 만족도가 높아지고 더 많이 출근하면 기업의 이익이 눈덩이처럼 불어날 수 있다.

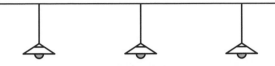

2부

팀에서의 보이지 않는 힘

함께 일하는 방식을 바꾸는 놀라운 단서

Whatever Works

5장

무언의 소통

미묘한 몸짓이
많은 메시지를 전한다

집주인의 악수가
구운 고기 맛에 영향을 준다.
_ 벤저민 프랭클린Benjamin Franklin

우리는 보통 남들과 소통하면서 곧바로 인상을 형성한다. 취업 면접이나 협상 자리에서 처음 보는 사람과 마주 앉을 때 상대를 여러 면에서 평가한다. 말로 주고받는 대화는 그중 한 가지일 뿐이다. 실제로는 입을 열기도 전에 순간적으로 상대를 평가한다. 연구에 따르면 사람들은 만난 지 몇 초 만에 상대가 어떤 사람인지에 관한 인상을 형성한다고 한다. 특히 '10분의 1초' 만에 상대의 진실성에 대한 평가가 끝난다고 주장하는 연구도 있다.[1] 진화적으로 일리 있는 결과다. 어쨌든 나쁜 의도로 다가오는 적을 만나면, 상대의 공격 가능성을 '말해주는 신호'를 재빨리 읽고 현장을 떠나야 살아남을 수 있기 때문이다. 상대의 말이나 다른 메시지를 기다려서 그 만남이 안전한지 판단하는 사람은 해코지당하거나 살해당하기 쉽다.

말은 인간 의사소통의 작은 일부라는 사실은 오래전부터 알려졌다. 다른 비언어적 요인이 상당 부분을 차지한다. 다른 요인으로는 표정, 신체 언어, 눈 맞춤, 음성의 질, 복장, 매력도, 키 등이 있다. 이 요인 중 몇 가지를 나중에 살펴볼 것이다. 우선 여기서는 흔히 간과되지만 중요한 요인에 관해 알아본다. 말하지 않고도 소통하는 방식이다.

손을 잡고 흔든다는 것

다수의 연구에서 초기의 인상이 매우 중요하고 취업 면접에 영향을 미치는 것으로 나타났다. 면접관은 대개 만난 지 몇 분 만에 결정을 내린다.[2] 악수는 취업 면접자나 고객, 협상 상대에게서 받는 첫인상이다.

인터넷에서 악수의 중요성을 검색해보면 100만 건에 가까운 결과가 나오고 면접장에서 제대로 악수하는 법에 관한 조언도 나온다. 취업 면접이나 협상 자리의, 또는 새로운 사람을 만날 때의 악수 요령을 제안하는 사이트도 많다. 주로 악수할 때는 손에 적당히 힘을 주되 너무 세게 잡지는 말아야 하고, 2초에서 5초 정도 유지해야 한다고 제안한다.[3]

면접관 중에는 지원자에게 악수를 청하는 사람도 있지만 그러지 않는 사람도 있다. 지원자가 먼저 악수를 청하는 예도 있다. 손에 적당히 힘을 주는 악수는 취업 면접과 사회생활에서 큰 영향을 미친다고 여겨진다. 얼마 전에 나는 어떤 회사의 CEO 후보 면접위원회에 참가했다. 우리는 후보 몇 사람을 면접했는데, 우리 중 누구도 먼저 악수를 청하지 않았다.

그냥 자리에 있었다. 후보 중에서는 두 사람이 우리 모두에게 악수를 청했고, 나머지는 악수를 하지 않았다.

그 행동이 우리에게 영향을 주었을까? 악수를 청한 행동이 내 판단에 영향을 주었을까? 또 후보가 내 손을 잡고 흔드는 방식이 내게 영향을 주었을까?

좋은 악수가 면접 성공에 중요하다는 데는 거의 동의하는 듯하다. 하지만 과학적 연구 결과를 살펴보자.

아이오와대학교, 텍사스 A&M대학교, 네브라스카 크레이튼대학교의 연구팀은 면접 지원자의 악수와 면접관 평가의 연관성을 알아보았다.[4] 학생들이 인사 전문가의 모의 면접에 참가했다. 그리고 제3의 평가자들이 면접 전후에 학생들과 악수하고 악수의 강도를 평가했다. 이어서 학생들은 성격 질문지를 작성했다. 면접이 모두 끝나면 면접관이 추천서를 작성했다. 그 결과 악수의 강도와 면접관 평가에 양의 상관관계가 나타났다. 손을 단단히 잡고 상대의 눈을 보는 사람은 추천서를 더 좋게 받았다. 연구자들은 이런 결론에 이르렀다. "상대의 손을 힘 있게 잡고 눈을 맞추는 등 악수의 일반적인 처방을 잘 따르는 사람이 면접관에게 채용 적절성 면에서 높은 점수를 받는다."

악수로 상대의 성격에 관해 믿을 만한 정보를 얻을 수 있을까? 두 가지 연구에서 힘 있는 악수는 외향성·우월성과 연관되고, 힘없는 악수는 내향성·신경증·수줍음과 연관되는 것으로 나타났다.[5] 한 연구에서는 참가자 112명에게 네 유형의 성격 질문지를 작성하게 했다. 질문지마다 다른 실험자가 다른 방에서 실시했고, 실험자는 참가자를 만날 때마다 악수를 청했다. 실험자는 손을 잡는 방식, 강도, 시간, 힘, 손을 잡는 행위의 완결성, 눈 맞춤을 비롯한 여러 가지 차원에서 참가자의 악수를 평가했다. 모든 차원은 서로 상관성이 높고, 모든 차원이 모여서 '힘 있는 악수'를 이룬다. 더 힘 있게, 더 오래 악수하는 참가자들은 성격 질문지를 기준으로 볼 때 더 외향적이고 경험에 개방적이고 수줍음을 덜 타고 덜 예민하다.

그런데 악수는 면접에서만 영향을 미치는 것이 아니다. 한 가지 흥미로운 연구[6]에서는 몇 가지 검사를 통해 악수가 거래 성사에 미치는 영향을 조사했다. 우선 협상을 시작할 때 악수하면 우호적인 행동이 늘어나고 협상 결과에도 영향을 미치는 것으로 나타났다. 미드웨스턴U.S.경영대학원의 연구에서는 협상 강의 두 개를 수강하는 학생들을 두 명씩 짝지어서 채용 제안의 세부 사항에 관해 협상하게 했다. 한 학생에게는 상사 역할을 맡기고, 다른 학생에게는 지원자 역할을 맡겼다. 상사와 지원자는 임금, 업무 시작일, 사무실 위치의 세 항목에 관해 의논하고 합의에 이르러야 했다. 마지막으로 참가자들은 협상을 시작할 때 악수할지를 선택해야 했다. 악수를 한 팀이 공동의 이익에 더 잘 맞는 합의에 이르렀다.

추후 연구에서 둘씩 짝을 지어서 비슷한 협상을 벌이게 했지만, 이번에는 참가자에게 악수할지에 관한 선택권을 주지 않았다. 참가자 절반에게는 협상 전에 악수하라는 지침을 주었고, 나머지 절반에게는 악수하지 말라는 지침을 주었다. 이번에도 악수한 팀이 악수하지 않은 팀보다 더 많이 합의에 이르렀고, 협상하는 내내 열린 자세로 임했다. 악수가 협조의 신호를 보내서 협상 과정과 결과에 영향을 미치는 것으로 보인다.

"인간-로봇 소통에서 악수의 힘"이라는 흥미로운 연구에서는 악수할 수 있는 로봇을 설계했다.[7] 참가자가 로봇을 소개받으면 로봇이 참가자에게 악수하거나 악수하지 않았다. 참가자와 로봇에게는 공동의 과제가 주어졌다. 과제의 어느 단계에서 로봇은 장애물을 통과하기 위해 도움을 받아야 했다. 로봇과 악수를 한 참가자가 악수하지 않은 참가자보다 로봇을 더 많이 도와서 장애물을 치워주었다.

　두 편의 연구에서 두 사람의 악수가 어떤 영향을 미치는지 제3의 관찰자가 지각하고 판단하게 했다. 한 연구[8]에서는 참가자들에게 만화로 그려진 인간 형상 둘이 비즈니스 장면에서 한쪽은 '주인'이고 한쪽은 '손님'으로 처음 만나는 영상을 보여주었다. 일부 소통에서는 주인이 활기차고 친근한 행동(접근 행동)을 보였다. 특히 주인이 두 팔을 벌리고 웃으면서 손님에게 다가갔다. 나머지 소통에서는 주인이 기운 없이 행동하고(회피 행동), 뒤로 물러나고 팔짱을 끼고 웃지도 않았다. 소통의 절반에서는 주인이 악수를 청하고, 나머지 절반에서는 악수를 청하지 않았다. 이어서 참가자들은 사업의 신뢰성과 흥미 면에서 주인을 평가했다. 그 결과 소통을 시작할 때 짧은 악수만으로도 신뢰성에 대한 평가와 사업을 계속 이어가고 싶은 의지가 높아진 것으로 나타났다. 그리고 회피 행동 조건의 소통에서는 악수가 부정적인 효과를 감소시키는 것으로 나타났다. 악수라는 한 가지 변수만 조작했는데도 악수의 상징적인 효과가 확인된 것이다.

　이후 연구자들은 다른 연구[9]에서 같은 유형의 실험을 실시하면서 이번에는 애니메이션에 나오는 인물의 인종과 성별을 조작하여 참가자의 인종과 성별 요인을 고려했다. 악수가 소통을 평가하는 데 미치는 영향은 백인이 동아시아인보다 더 긍정적으로 보였다. 북아메리카에서는 동아시아보다 문화적으로 악수를 더 많이 하고 인정해주기 때문인 것으로 보인다. 남성 참가자들은 주인이 여자일 때보다 남자일 때 악수의 효과가 더 긍정적이었다. 반면에 여성 참가자들에게서는 이런 차이가 없었다.

이상의 연구에서 악수는 첫인상에 영향을 미치고 면접 평가와 여타의 소통에도 영향을 미칠 수 있다는 점을 알 수 있다.

간혹 악수가 개인의 성격에 대한 지각에도 큰 영향을 미친다. 2004년 오스트레일리아의 선거에서 유명한 사례가 나왔다. 노동당 당수 마크 레이섬Mark Latham은 당시 총리였던 존 하워드John Howard를 이기기 위한 노동당의 희망이었다. 하지만 선거 전날 레이섬과 하워드가 시드니의 한 방송국 앞에서 악수하는 장면이 영상에 찍혔다. 레이섬이 하워드를 자기 쪽으로 끌어당겨서 키가 작은 상대를 내려다보는 자세가 되었다. 이 영상이 언론에 들어가 대대적으로 보도되었다. 레이섬의 악수는 "공격적이고" "약자를 괴롭히고" "위협적"이라고 보도되었다. 자유당의 선거 책임자 브라이언 러프넌Brian Loughnane은 선거 기간에 이 사건으로 다른 어떤 일보다 많은 피드백을 받았고, 이 사건이 "유권자들이 마크 레이섬에게 느끼던 모든 의구심과 망설임을 끌어냈다"라고 말했다. 레이섬은 이 사건의 영향에 관해 이렇게 일축했다. "우리가 바짝 붙어 있었던 건 맞지만 그 외에는 남자들이 악수하는 식으로 했을 뿐입니다. 그것 때문에 우리가 표를 잃었다는 건 터무니없는 소리입니다. 제 득표수는 투표 마지막 밤에 치솟았습니다."

악수의 상징성에 관한 더 흥미로운 사례는 도널드 트럼프Donald Trump 전 미 대통령의 악수다. 트럼프는 그만의 '악수 기술'을 개발한 모양이다. 친근한 악수로 우월감을 과시하는 트럼프의 악수법은 특히 각국 수

반들과의 악수에서 예측 불가능했다. 일본의 아베 신조安倍晋三 전 총리는 백악관에 초대 받았을 때 트럼프와 장장 19초 동안의 악수로 극진한 대접을 받았다. 트럼프는 네 번 흔들고, 세 번 손등을 쓰다듬고, 괴로울 정도로 오래 손을 잡으며 상대를 꼼짝하지 못하게 했다. 어느 무술 학원에서는 트럼프의 악수에 방어하는 방법에 관한 장난스러운 지침서를 내놓기도 했다.[10] 트럼프와 프랑스의 에마뉘엘 마크롱Emmanuel Macron 대통령의 몇 번의 악수는 많은 이목을 끌었다. 프랑스에서 열린 회담에서 마크롱은 트럼프를 국빈으로 맞아 수행하면서 29초간의 주도권 싸움에 돌입했다. 양쪽 다 절대적인 권력을 잡은 사람들이었다. 마크롱은 주최자이자 홈경기장인 프랑스의 수반이고, 트럼프는 세계 최강국의 지도자였다. 두 남자가 악수하는 내내 자신의 남성성을 과시하면서 반복해서 손을 흔들고, 상대의 손등을 쓰다듬고 손을 놔주지 않고 물러나지 않으려 하고, 그러면서도 얼굴에서 미소가 떠나지 않는 모습은 굉장한 볼거리였다.

확실히 악수에는 두 사람이 손을 맞잡은 것 이상의 의미가 있다!

흔들어라

취업 면접에 가기 전에 친구와 악수 연습을 해보라. 손에 힘을 주되, 너무 세게 잡지는 말아야 한다. 양쪽이 손을 흔드는 강도가 정확히 일치하는 것이 최선이다. 그러면 심리적으로 공감하면서 연결된다. 친구의 피드백을 경청하라. 연구에 따르면, 악수는 남들이 나를 어떻게 판단하고 평가하는지에 영향을 미친다. 얼굴의 형태나 목소리의 고저는 조절할 수 있는 여지가 많지 않지만, 악수법은 전적으로 스스로 조절할 수 있으

소속감, 연결, 카멜레온 효과
: 남들을 모방하면서 어울리기

함께 대화를 나누는 상대가 당신을 따라서 행동하는 것을 본 적이 있는가? 당신이 다리를 꼴 때 상대도 다리를 꼬았는가? 당신이 얼굴을 만질 때 상대도 얼굴을 만졌는가? 상대가 노골적으로 따라 하지 않는 한 곧바로 알아채지는 못했을 것이다. 그러나 연구에 따르면, 사람들은 흔히 무의식중에 상대의 자세나 몸짓이나 표정이나 버릇을 모방해서 실제로 똑같이 행동하기까지 한다고 한다. 모방은 사회적 상황에서 다양한 이유로 자연스럽게, 자동으로, 무의식중에 드러나는데, 모든 소통의 30퍼센트 정도에서 나타난다. 이것을 카멜레온 효과chameleon effect라고 하며 의도하거나 의식하지 않은 채로 남을 모방하는 현상을 의미한다.

나도 남들처럼 의식하지 못한 채 다른 사람의 행동을 모방할 때가 있었을 것이다. 그러나 나는 이런 현상과 그 결과를 알기에 내가 소통할 때 남을 모방하고 때로는 남들이 나를 모방한다는 것을 알아차렸다. 더 나아가 실생활뿐 아니라 텔레비전 인터뷰에서도 사람들의 모습에서 카멜레온 효과를 알아차렸다. 사람들은 서로의 행동을 따라 하고, 다리를 꼬거나 얼굴을 만지거나 상대의 말을 반복하는 식으로 상대를 모방했다.

20년 전에 이 현상을 처음 연구한 연구자가 둘 있다. 현재 예일대학교의 저명한 사회심리학 교수인 존 바그와 현재 듀크대학교 교수인 타냐 처트런드Tanya Chartrand가 뉴욕대학교에 있을 때 함께 연구를 진행했다.[11] 두 연구자는 참가자 두 사람에게 서로 소통해야 하는 공동의 과제를 내주고 반응을 관찰했다. 그런데 사실 '참가자' 한 명은 연구팀의 연구조교로, 고개를 끄덕이거나 얼굴을 문지르는 등의 행동과 버릇을 보이기로 했다. 연구자들도 참가자들을 녹화했고, 영상에서 무의식중에 상대를 모방하는 행동이 뚜렷이 드러났다. 연구조교가 얼굴을 만지거나 발을 떨면 상대 참가자도 같은 행동을 보였다.

이렇게 자동적이고 무의식적인 행동이 우리의 판단과 행동에 생각보다 큰 영향을 미치는 것으로 나타났다. 여러 연구에서 모방하면 친밀감과 공감[12]과 신뢰[13]가 높아지는 것으로 나타났다. 예를 들어, 바그와 처트런드의 연구에서 연구조교는 참가자의 절반을 모방하고 나머지 절반은 모방하지 않았다. 연구조교가 모방한 참가자들은 모방하지 않은 참가자들보다 상대 '참가자(연구조교)'를 더 좋아한다고 보고했고, 둘의 소통이 원만하다고 생각했다.[14] 한편 참가자가 가상현실에서 컴퓨터 아바타와 소통하는 다른 연구에서도 유사한 결과가 나왔다. 참가자들은 자기를 모방하는 아바타를 모방하지 않는 아바타보다 더 좋아했다.[15]

모방하면 친밀감이 높아진다. 어떤 상황에서는 이것이 실질적인 보상으로 돌아온다. 이를테면 종업원이 고객의 주문을 다시 말해주면 팁을 더 많이 받는다.[16]

모방은 소속감이나 관계와 관련 있다. 사람들은 누군가와 어울리고 관계를 형성하고 싶으면 무의식중에 그 사람을 모방한다.[17] 한 연구에서는 참가자들을 둘씩 짝짓고 한 사람에게는 취업 지원자 역할을 주고, 다른 사람에게는 면접관 역할을 주었다. 3분의 1의 지원자에게는 면접관을 모방하라고 지시했다(면접관은 몰랐다). 다른 3분의 1에는 반대로 면접관에게 지원자를 모방하라고 지시했다. 나머지 3분의 1에는 모방하라는 지시를 내리지 않았다. 결과적으로 모방하라는 지시를 받은 집단이 보고한 관계의 수준이 유의미하게 높았고, 지원자는 더 좋은 평가를 받았다. 이 결과는 실제 면접에서도 직접적인 함의가 있다. 보통 면접관은 비교적 일찍 판단을 내리고, 지원자가 유쾌하고 신뢰할 만한 사람인지 아닌지에 대한 육감을 발휘한다.

때로는 기존의 관계를 망칠까 봐 새로운 유대나 친밀감을 원하지 않을 수도 있다. 이를테면 연애 중인 남녀는 독신보다 매력적인 이성을 덜 모방한다.[18] 연애하는 사람들은 현재의 관계를 지키고 싶어서 무의식중에 매력적인 이성을 덜 모방함으로써 일정한 거리를 유지하고 싶어 하는 듯하다.

모방이 소속감과 관계를 강화한다면, 배제당한 느낌이 들어서 소속감과 관계를 맺고 싶은 욕구가 강할 때는 모방 행동이 더 많이 나타나야 한다. 그런데 실험실에서 배제당하는 상황을 어떻게 설정할까? 외면의 효과에 주목한 사회심리학자 킵 윌리엄스Kip Williams가 개발한 온라인 게임이 자주 사용된다.[19]

윌리엄스는 어느 날 공원에 앉아 있다가 프리스비에 등을 맞았다. 돌아보니 두 남자가 프리스비를 던져주기를 바라는 눈빛으로 그를 보고 있었다. 그가 프리스비를 던져 주자 뜻밖에도 그들이 '그에게' 다시 프리스비를 던졌다. 그는 그들에게 다가갔고 셋이 삼각형을 이루어 같이 놀았다. 몇 분 정도 그렇게 놀고는 두 사람이 그에게 프리스비를 던지지 않았다. 윌리엄스는 그런 식으로 배제되자 얼마나 괴로워지는지에 스스로 놀랐다고 한다.[20] 그리고 이 경험을 바탕으로 실험실에서도 유사한 상황을 만들자는 생각이 떠올랐다. 처음에는 마주 보고 공을 던지는 게임을 제작했다가 나중에 사이버볼Cyberball이라는 가상의 공 던지기 게임을 개발했다.

이 게임에서 참가자들은 다른 두 명의 플레이어와 가상의 캐치볼을 한다고 생각하지만 실제로 다른 플레이어는 존재하지 않는다. 컴퓨터 프로그램이 공 던지기를 제어하는 것이다. 실험자가 참가자에게 공을 몇 번 던질지 정해두어 배제나 수용의 조건을 설정했다. 실제 실험에서 처음 몇 번만 참가자들에게 공을 던지다가 나중에 게임에서 배제하자 참가자들이 불쾌해지고 소속감에 위협을 느끼는 것으로 나타났다. 사이버볼 게임은 외면 현상을 다루는 100편이 넘는 연구에서 사용되었다.

한 연구팀은 사이버볼 연구를 발전시켜서 배제당한 사람들이 소속감을 느끼고 싶은 욕구 때문에 모방 행동을 더 많이 하는지 알아보았다.[21] 이 연구에서 남녀 참가자들은 사이버볼 게임을 하면서 다른 두 사람과 함께 게임을 한다고 믿었다. '수용 조건'에서는 '다른 두 참가자'만큼 공을 받았다. '배제 조건'에서는 게임이 시작될 때 몇 번만 공을 받고 그 후에는 '다른 두 참가자'가 공을 던져 주기를 기다렸다. 다음으로 참가자들에게 별개의 다른 실험이라면서 사진 몇 장을 다른 참가자에게 설명하게 했다. 여기서 상대 참가자는 연구팀의 연구조교였다. 연구조교는 계획대로 소통하는 내내 발을 움직였다. 앞서 사이버볼 게임에서 배제 조건의 참가자들은 수용 조건의 참가자들보다 연구조교의 행동을 더 많이 모방하면서 발을 더 많이 움직였다. 이 실험의 결과에서 사람들이 배제당한 느낌을 받으면 그 후에 소통하는 다른 사람과 더 많이 연결되고 소속감을 느끼고 싶어 해서 무의식중에 모방 행동을 보인다고 유추할 수 있다.

두 번째 실험에서 연구자들은 모방이 선택인지, 말하자면 자신의 사회집단에서 배제당하는 것이 모방하려는 경향에 영향을 미치는지 알아보고 싶었다. 이 질문의 답을 찾기 위해 여자가 다른 여자들(자기 집단의 구성원)이나 남자들(자기 집단이 아닌 사람)에게 배제당하는 상황을 설정했다. 첫 번째 실험과 마찬가지로 연구자들은 사이버볼로 배제와 수용 조건을 만들었지만, 이번에는 참가자들(모두 여자)에게 다른 두 '참가자'의 성별을 알렸다. 사이버볼 게임이 끝난 뒤 여자들은 남자나 여자 연구조교와 소통했다. 그 결과 다른 여자들에게 배제당한 후 여자 연구조교와 소통한 여자들이 모방 행동을 가장 많이 보였다. 다시 말해, 사람들은 자기 집단의 구성원에게 배제당할 때 소속감에 더 큰 위협을 느낀다. 그래서 다시 소속감을 느끼고 싶은 욕구에 이끌려 자기 집단의 구성원을 더 많이 모방한다.

모방 행동은 우리를 다시 연결해줄 뿐 아니라 위협당하는 느낌을 줄여준다. 네덜란드의 연구에서는 스트레스 호르몬인 코르티솔 수치가 모방되지 않은 참가자 집단에서 상승했고, 모방된 집단에서는 상승하지 않는다는 결과를 얻었다.[22] 모방되지 않은 참가자들은 스트레스를 더 많이 느낀 것이다.

모방하라, 모방하라

면접을 보거나 승진이나 임금 인상 문제로 상사와 협상할 때, 얼굴을 만지거나 다리를 뻗거나 하는 상대의 행동을 신중하고 은밀하게 모방하라. 이렇게 노골적이지 않게 모방하면, 상대에게 호감을 사는 데 도움이 된다. 그러나 과도하게 모방하면 안 된다! 앞으로 살펴보겠지만, 우호적이지 않은 상황에서 모방하면 오히려 분위기가 냉랭해지고 소외감이 들 수 있다.

○ **모방과 설득**

모방은 호감, 유대감과 연결된 느낌을 키워줄 뿐 아니라 상대의 결정과 행동에 영향을 미치고 설득 능력을 끌어올린다. 다들 알다시피 판매원의 행동이나 말투, 미소 짓고 경청하는 태도가 고객인 우리의 결정에 영향을 미친다. 그런데 판매원이 우리의 비언어적·언어적 행동을 모방하기만 해도 우리의 구매 결정에 영향을 받는다고 하면 믿겠는가? 몇몇 연구에서 이 사실을 확인했다. 미국과 네덜란드의 연구자들이 모인 마케팅 연구팀이 학생들을 마케팅 연구에 참가시켜서 새로운 스포츠 음료를 소개했다.[23] 한 집단에서는 실험자가 참가자의 언어적·비언어적 행동을 모방하지만, 통제 집단에서는 실험자가 참가자를 모방하지 않았다. 실험자가 모방한 집단은 모방하지 않은 집단보다 그 음료를 더 마음에 들어하고, 살 거라고 말하고, 잘 팔릴 것 같다고 생각했다.

실제 매장에서 진행된 연구도 있다.[24] 연구자들은 MP3 플레이어에 관심을 보이는 고객들을 주목하고 판매원 네 명에게 고객의 언어적·비언어적 행동을 모방하거나 모방하지 말라고 주문했다. 판매원이 모방한 고객은 모방하지 않은 고객에 비해 MP3 플레이어를 사는 비율이 높았고,

판매원과 매장을 더 긍정적으로 평가했다.

○ 모방과 도움

일련의 연구에서 모방은 남을 도우려는 마음을 끌어내는 것으로 나타났다. 한 연구[25]에서는 참가자들에게 광고 몇 편에 관한 의견을 물었다. 참가자들은 의견을 듣는 과정이 실험의 핵심이 아니라는 것을 몰랐다. 참가자들이 의견을 말하는 동안 연구자가 참가자의 절반에게는 그들의 몸짓과 자세를 모방했다. 그런 다음 '우연히' 펜 여섯 개를 떨어뜨렸다. 연구자가 모방한 참가자 집단에서는 허리를 숙여 펜을 주워 줄 가능성이 더 컸다. 이와 유사한 다른 흥미로운 연구에서는 연구자가 모방한 참가자들은 그들을 모방한 연구자가 아니라 실험을 진행하는 다른 연구자의 펜을 주워 주었다.

다른 실험에서는 펜을 떨어뜨리는 실험과 거의 유사하게 우선 참가자들에게 다양한 광고에 관한 의견을 물었다. 그리고 참가자의 절반에게는 다리와 팔과 몸의 자세(앞으로 숙이거나 똑바로 앉아 있는 자세)를 모방했다. 결과는 놀라웠다. 연구자가 모방한 참가자의 76퍼센트가 돈을 기부했지만, 모방하지 않은 참가자들은 43퍼센트만 기부했다.

이상의 결과를 종합해보면 모방은 부지불식간에 우리의 결정과 판단에 영향을 미치고, 남들이 우리를 어떻게 판단하는지에 유리한 쪽으로 영향을 미치는 것을 알 수 있다. 그리고 모방은 사람들과 좋은 관계를 맺어야 하는 다양한 소통의 상황과도 관계가 있어 보인다. 예로 취업 면접, 집단토론, 함께 힘을 합쳐서 문제를 해결해야 하는 상황, 새로운 프로젝트나 투자를 시작할지 판단해야 하는 상황이 있다. 누구나 자기를 모방해주는 사람을 좋아하고, 그 사람과 더 연결된 느낌을 받고, 그 사람을 더 긍정적으로 평가한다. 동료나 상사에게 당신의 아이디어를 말하거나 승진이나 임금에 관해 협상할 때는 이 점을 명심하라. 소통하는 상대를 모방하되, '아주 미묘하게' 시도해야 한다. 상대가 똑바로 앉아 있으면 같이 똑바로 앉는다. 상대가 팔짱을 끼거나 다리를 꼬면 역시 같은 자세를 취한다. 질문을 받고 답할 때 질문에 나온 단어 몇 개를 섞어서 말한다. 다만 모방이 역효과를 낼 수도 있으니 과장하지 말고 신중해야 한다.

카멜레온 효과가 역효과를 낼 때

이렇게 물을 수도 있다. 모방이 좋은 관계를 형성한다면 사회적 상황에서 일부러 모방의 힘을 남용하지 않을까? 답은 복합적이다. 모방은 양날의 검이어서 어떤 때는 효과적이지만, 또 어떤 때는 오히려 역효과를 낼 수도 있다.

모방의 영향은 상황에 따라 다르다. 특히 친근한 상황인지 공적인 상황인지에 따라 다르다. 연구자들은 이 점을 알아보기 위해 여자 실험자에게 연구의 가설을 알리지 않고 친절하고 비공식적인 태도로 참가자들을 맞이하거나, 아니면 정중하고 전문가다운 태도로 참가자들을 맞이하라고 지시했다.[26] 실험자는 미묘한 단서를 통해 참가자와 유대감을 갖고 싶은 마음을 드러내거나, 아니면 오직 연구를 제대로 진행하는 데만 관심이 있다는 태도를 드러냈다. 참가자와 소통하는 내내 같은 태도를 유지했다. 두 조건 모두에서 실험자는 참가자의 자세와 몸짓과 비언어적 버릇을 모방하거나 모방하지 않았다. 참가자가 실험자의 모방 행동을 의식적으로 알아채지 못하게 하려고 미묘하게, 그리고 일부러 부정확하게 했다(2~4초 뒤에 모방했다).

나중에 참가자들은 기분이 어땠는지 평가하고, 신체적으로 얼마나 춥거나 따뜻하다고 느꼈는지 답했다. 친근하고 비공식적인 실험자와 소통한 참가자들은 모방된 사례보다 모방되지 '않은' 사례에서 더 추웠다고 보고했다. 반면에 공식적이고 집중하는 실험자와 소통한 참가자들은 정반대 양상을 보였다. 모방될 때 더 춥게 느끼고, 모방되지 않을 때 더 따뜻하게 느낀 것이다. 따라서 사람들은 소통의 방식이 친화적인지 아닌지에 따라 상황에 맞지 않는 수준의 모방을 접하면 실제로 더 춥게 느끼는 것으로 나타났다. 결론적으로, 친밀하지 않은 상황에서 모방하면 의심이 생기고 어색한 감정이 일어난다. 따라서 직장에서 누군가를 의식적으로 모방하여 관계를 형성하고 싶다면, 먼저 적절한 시기인지, 이를테면 덜 공식적인 상황인지부터 판단해야 한다.

한편 여러 연구에서 면접을 참관하는 제3의 참관인들이 지원자를 평가할 때 모방을 기준으로 평가하는 것으로 나타났다. 친근하지 않은 면접관을 모방하는 면접자는 면접관을 모방하지 않는 면접자보다 덜 유능하다고 평가받았다.[27] 하지만 친근한 면접관일 때는 다른 결과가 나왔다.

타냐 차트런드와 존 바그를 비롯한 미국과 네덜란드의 연구자들은 모방이 부적절할 때는 뭔가 이상하다는 신호를 보낸다고 설명했다.[28] 어떤 사람이나 상황이 불편할 때 갑자기 등골이 서늘해지거나 소름이 돋을 수 있다. 하지만 우리는 의식적인 차원에서는 상대 때문에 그렇게 느끼는 것을 알아채지 못할 수 있다. 상대와의 소통 자체는 완벽하게 정중하거나 일상적이거나 심지어 유쾌하기까지 하기 때문이다. 오싹한 기분이 드는 것은 바로 조화롭지 않은 상황 때문이다.

잘못된 사회적 상황에서는 모방이 우리의 수행에 부정적인 영향을 미칠 수도 있다. 한 연구[29]에서는 참가자들을 연구의 공모자(같은 참가자인 척하는 연구조교)가 모방하는 집단이나 모방하지 않는 집단에 무작위로 배정했다. 두 명으로 한 조를 만들고 각 조에 공동의 과제를 내준 뒤 임의로 각각 지도자나 노동자의 역할을 맡게 했다. 두 사람 사이에 힘의 역학을 조작하기 위한 장치였다. 그리고 집중력이 필요한 과제를 내주었다. 결과는 흥미로웠다. 지도자 역할을 맡은 참가자는 모방되지 않을 때보다 모방될 때 집중력 과제에서 더 좋은 수행 능력을 보였다. 반면에 노동자 역할을 맡은 참가가는 모방될 때보다 모방되지 '않을' 때 더 좋은 수행 능력을 보였다.

이 결과를 이해하기 위해 사회적 규범을 생각해보자. 보통은 노동자가 지도자를 모방하지, 지도자가 노동자를 모방하지는 않는다. 모방은 사회적 규범과 일치할 때 효과적이고, 사회적 규범을 거스를 때는 역효과를 내는 듯하다.

● ● ●

호감은 직장에서 성공하는 데 매우 중요한 요인이다. 아직 말단이지만 기업의 사다리를 오르고 싶은 젊은 사람들에게는 호감이 특히 중요하다. 사람들과 나누는 대화에서 모방을 찾아보라. 상대가 당신의 몸짓을 모방하거나 당신이 하는 말을 반복해서 말한다면 그가 당신을 좋아하고 관계를 맺고 싶어 한다는 뜻으로 해석할 수 있다. 당신의 행동에 좋은 신호이자 단서가 될 수 있다. 또 힘 있는 악수는 예로부터 성공의 열쇠로 여겨졌다. 이는 연구에서도 입증되었다.

특히 개인에게는 비언어적 의사소통이 동료나 상사에게 하는 말만큼이나 중요할 수 있다. 당신이 보내거나 받는 메시지를 섬세하게 알아차려라.

6장

대화가 필요해
때로는 감정이
최선의 결과를 만든다

두려움 때문에 협상하지 말자.
그렇다고 협상을 두려워하지도 말자.
_존 F. 케네디 John F. Kennedy

앞 장에서는 의사소통이 악수나 모방 같은 미묘하고 비언어적인 의사소통에 영향을 받는 것을 알아보았다. 어떤 소통은 다소 노골적으로 보이지만, 이럴 때도 미묘한 단서가 작용한다! 이 장에서는 협상과 선물을 중심으로 살펴보고자 한다. 우리는 일상적으로 근무 조건과 임금 인상, 중요한 비즈니스 거래에 관해 협상한다. 이런 협상에서는 아무리 사소해 보여도 우리가 가진 도구를 총동원해야 한다. 다른 조건이 모두 같을 때 지극히 사소한 차이가 커다란 능력으로 작용하여 협상을 유리하게 이끌 수 있다. 어조나 감정을 때맞춰 표현하는 식의 미묘한 단서가 어떻게 협상에서 우리를 유리하게 이끌어주는지 알아본다. 이런 때는 '뭐든 통하는 방법'을 써먹어야 한다.

그리고 일반적인 고용주-피고용인의 소통(예컨대 명절 기념 선물이나 그 밖의 포상 방식)에 관해 살펴본다. 이때도 미묘한 단서가 작용한다. 간단한 조작을 통해 사려 깊게 나눠 준 선물의 대가로 직원들의 만족감과 생산성을 최대로 끌어올릴 수 있다.

협상

우리는 일상적으로 협상을 벌인다. 연인과도, 자녀와도, 부모와도, 친구와도 협상한다. 자녀와는 귀가 시간을 협상하고, 가족과는 가사 분담을 협상한다. 게다가 물건을 사거나 팔 때, 특히 집이나 자동차 같은 고가의 재산을 거래할 때 협상한다. 물론 직장에서 임금, 계약, 승진, 대출 조건, 합병, 그 밖의 중요한 사업 거래에 관해서도 협상한다.

따라서 협상에서 유리한 기회를 최대로 끌어올리는 요인이 무엇인지 궁금해하는 것은 당연하다. 협상 요령에 관한 책이나 기사에서는 상대의 요구가 어떻게 충족될지 보여주고, 시간 압박에 굴하지 않고, 언제든 자리를 박차고 나올 준비를 하고, 협상에 철저히 대비하는 방법에 관하여 훌륭한 전략을 제시한다. 중요한 협상에서 최선의 결과를 얻기 위한 새로운 전략과 전술을 조명한 학술 연구도 많다.

연구자들은 지난 10년간 협상할 때의 행동만이 아니라 감정에도 주목했다. 한때는 감정을 드러내지 않고 포커페이스를 유지하는 것이 표준이었지만, 지금은 어떤 상황에서는 감정(분노뿐 아니라 실망, 슬픔, 시기, 행복, 흥분까지)을 드러내는 것이 효과적인 협상 전략임을 입증한 연구가 점차 늘어나고 있다.

언뜻 보기에는 부정적인 감정보다 긍정적인 감정으로 협상에 임해야 좋은 결과가 나올 것 같다. 하지만 항상 그럴까? 협상 분야의 앞서가는 연구자인 셜리 코펠먼Shirli Kopelman의 연구팀은 세 가지 실험으로 감정을 전략적으로 표현하는 방법이 협상에 미치는 영향을 알아보았다.[1] 첫 번째 실험에서는 학생들을 긍정적 감정과 부정적 감정, 중립 감정의 세 조건으로 나눴다. '긍정적 감정' 조건의 학생들에게는 협상할 때 긍정적 감정을 표현하고, 적대감을 피하고, 상대를 기분 좋게 만들어주라고 지시했다. '부정적 감정' 조건의 학생들에게는 협상에서 열성과 끈기를 보여주고, 세게 나가라고 지시했다. '중립 조건'의 학생들에게는 논리적으로 사고하고, 이성적으로 판단하고, 감정을 절제하라고 지시했다.

참가자 각자에게 맞는 지시 사항을 전달한 뒤 다른 참가자와 짝을 지었다. 그리고 하청 작업의 비용에 관해 개발자와 하청업자가 벌이는 협상 상황에서 각자에게 역할을 배정했다. 양쪽 모두에게 논쟁을 해결하면 다음에 다른 프로젝트에서도 함께 일할 수 있다고 알렸다. 반대로 합의하지 못하면 하청업자는 파산하고 양쪽이 함께 일할 기회는 사라질 거라고 알렸다. 참가자들은 서로를 소개받은 후 협상 시간으로 한 시간을 받았다. 그 결과 긍정적 감정을 드러내는 전략을 채택한 참가자들이 나머지 두 집단보다 장기적으로 비즈니스 관계를 확보할 가능성이 큰 것으로 나타났다. 예상에서 크게 빗나가지 않은 결과다.

다음으로 연구자들은 다른 협상 상황, 이를테면 최후통첩을 날리는 상황에서 긍정적 감정을 드러내는 전략의 효과를 검증했다. 한쪽에서 '최후의 제안이니, 받아들이든가 아니면 떠나라'는 식으로 나오는 상황이다.

우선 참가자들에게 결혼식을 앞두고 출장 뷔페 사업자를 만나는 역할을 맡겼다. 그리고 상대가 이전에 서비스 비용으로 1만 4000달러의 견적을 냈다고 알렸다. 그리고 그 업자가 비용을 1만 4000달러에서 1만 6995달러로 올리면서 '받아들이든지 말든지 결정하라'고 밀하는 영상을 보여주었다. 업자는 다른 예비 신혼부부가 같은 날 같은 시간에 자신의 출장 뷔페를 원한다고도 말했다. 그리고 계약을 밀어붙이면서 참가자에게 계약할지 말지 당장 결정하라고 요구했다. 연구자들은 세 가지 다른 영상을 찍어서 세 개의 참가자 집단에 보여주었다. 영상마다 제안은 일치하지만 업자의 어조와 표정으로 긍정적 감정이나 부정적 감정이나 중립 감정을 전달했다. '긍정적 조건'에서는 업자가 친근하고 유쾌한 어조로 말하면서 자주 웃었다. '부정적 조건'에서는 업자가 위협적이고 적대적으로 말했다. '중립 조건'에서는 단조롭게 말하면서 감정을 드러내지 않았다. 참가자들은 영상을 본 뒤 1만 6995달러가 적힌 계약서를 받고 계약할지 거절할지 결정하라는 요청을 받았다. 부정적 감정의 영상을 본 참가자들은 긍정적 조건이나 중립 조건의 참가자들보다 업자의 제안을 받아들일 가능성이 작았다. 역시나 (그리 놀랍지 않게) 부정적 감정을 표출하는 것은 '받아들이든지 말든지 결정하라'는 협상 상황에서 바람직하지 않았다.

세 번째 실험에서 참가자들은 앞의 실험과 같은 영상을 보았다. 이번에는 상대의 제안을 곧바로 받아들이거나 거부하지 않고 수정안을 제안할 수 있었다. 역시나 상대가 부정적 감정을 표현한 조건에서 결과가 좋지 않았다. 말하자면 부정적 감정이 화를 북돋워서 참가자는 애초의 제안보다 오히려 '더 낮은' 가격을 제시했다.

종합하면 일반적인 예상대로 입증되었다. 긍정적 감정을 표현하고 친근하게 다가가고 미소를 지으면 협상이나 최후통첩 상황에서 합의를 끌어내는 데 가장 효과적이었다. 모든 연구의 결론이 이치에 맞아 보인다. 그리고 긍정적 분위기를 조성하는 방법의 장점을 제시한다.

그런데 협상을 벌이다 보면 분노와 실망 같은 부정적 감정이 일어나서 협상이 난관에 봉착할 때도 있다. 상대가 터무니없는 제안이나 요구를 하거나 당신의 '합리적인' 제안을 대놓고 거부하거나 화를 돋우는 말을 꺼낼 수 있다. 상대가 외곬으로 꿈쩍도 하지 않고 도통 설득당할 기미가 보이지 않을 수도 있다. 이럴 때는 속에서 분노와 좌절이 쌓이는 느낌이 든다. 여기서 중요한 질문이 제기된다. 이런 감정을 표현해야 할까, 아니면 숨겨야 할까? 냉정하게 판단하면 어느 쪽이 원하는 결과를 끌어낼까?

연구에 따르면 답은 상황에 따라 다르다. 놀랍게도(화끈한 사람들에게는 반갑게도) 어떤 상황에서는 부정적 감정을 드러내는 것이 협상에서 더 효과적이며, 상대에게서 양보를 받아내고 더 유리하게 거래를 성사할 수 있다.

○ **누가 힘을 가졌는가?**

아리스토텔레스는 2000년도 더 전에 이렇게 말했다. "누구나 화낼 수 있다. 화내는 건 쉽다. 하지만 적절한 상대에게, 적절한 만큼만, 적절한 때에, 적절한 목적을 위해, 적절한 방식으로 화내는 것은 누구에게나 가능하지도 않고 그리 쉽지도 않다."

협상에서 화를 내면 어떻게 될까? 연구에 따르면 한쪽이 감정을 표현하면 상대에게도 유사한 감정이나 상보적인 감정이 일어난다. 예를 들어 한쪽이 화가 나면 상대도 화가 날 수 있다. 이것을 감정의 상호 교류라고 한다. 반면에 상보적인 감정이 일어날 수도 있다. 한쪽의 분노가 상대에게 공포를 일으키는 것이다.

분노가 상호 교류 반응을 자극하는지 상보적인 반응을 자극하는지에 따라 협상의 운명이 결정된다. 화를 낼 때 상대도 화를 내면 긴장이 쌓이고, 열이 나고 과열되다 보면 회유하는 분위기가 조성될 수도 있다. 반면에 화를 낼 때 상대가 겁을 먹으면 상대에게서 양보를 끌어낼 수 있다. 화를 낼 때 상대에게 공포를 자극해서 양보를 끌어낼지, 아니면 상대도 불같이 화를 내게 만들지는 협상의 각 당사자에게 얼마나 '힘'이 있느냐에 달려 있다. 협상에서 '힘'은 원하는 것을 얻기 위한 대안이 있는지에 달려 있다. 이를테면, 어떤 판매원이 반드시 거래를 성사해야 한다면(다른 제안이 부족하거나 할당량을 채워야 해서) 힘을 잃는다. 그러면 그는 분노에 취약해지고 양보하게 된다. 이런 그가 협상에서 과감히 화를 낸다면, 보통은 상대도 (판매원의 신체 언어와 어감과 그 밖의 단서에서 취약점을 포착해서) 화로 맞받아친다. 반면에 판매원이 다른 회사로부터 일자리 제안이 충분히 들어오는 것을 아는 채로 물건을 팔려고 할 때는, 힘이 생기고 사실상 분노 표현에 면역된다. 그러면 상대의 분노 표현에 과감히 받아치고 양보하지 않는다.

파리 ESSEC경영대학원의 마르완 시나세우르Marwan Sinaceur와 스탠퍼드대학교의 라리사 티엔덴스Larissa Tiedens는 몇 가지 실험으로 협상의 이런 측면을 연구했다.[2] 우선 학생 157명에게 기술 장비를 파는 회사에 취업해서 장비의 보증 기간에 관해 잠재 고객과 협상하는 상황을 상상하게 했다. 참가자들을 두 조건으로 나눴다. 자유로이 활용할 수 있는 대안이 많은 조건과 대안이 몇 가지 없는 조건이었다. '대안이 적은' 조건의 학생들에게는 회사가 어렵고 이번 거래를 성사하지 못하면 다른 기회를 찾기 힘들 거라고 알렸다. '대안이 많은' 조건의 학생들에게는 회사가 잘나가고 있고 다른 거래가 대기 중이라고 알렸다. 모든 참가자에게 협상의 대화를 들려주고 논의된 여러 조건에서 어느 조건에 합의할지 물었다. '대안이 많은 집단'의 절반과 '대안이 적은 집단'의 절반은 협상 당사자가 화를 내는 대화를 들었고, 두 집단의 나머지 절반은 대화 내용은 같지만 화를 내지 않는 대화를 들었다.

결과적으로 대안이 적은 집단의 참가자들은 화를 내지 않는 상대보다 화를 내는 상대에게 더 많이 양보하는 것으로 나타났다. 대안이 많은 집단의 참가자들에게는 테플론 효과teflon effect가 나타났다. 협상자가 화를 내든 말든 양보하는 정도에 차이가 없었다. 따라서 대안이 많아서 힘이 있는 협상자는 실제로 분노 표현에 면역력이 생기고 양보할 가능성이 작았다. 반면에 거래가 성사되지 않을까 봐 두려워하는, 힘이 약한 협상자는 분노에 취약하고 더 많이 양보했다.

분노가 이익이 되는 상황

다음에 협상할 때는 어느 쪽에 힘이 있는지(일반적으로 상대가 될 필요한 쪽이 어디인지) 자신에게 물어보라. 당신이 힘이 있는 쪽이라면 협상의 어느 지점이나 행동에 화가 날 때 화를 내라. 더 나은 결과를 얻어내는 데 도움이 될 것이다. 반면에 당신이 힘이 약한 쪽이라면 화가 나도 참는 수밖에 없다. 화를 내면 기대한 결과를 얻지 못할 것이다.

○　　　　　　　　　　　　**분노의 표적, 사람인가 제안인가?**

협상 중에 화가 나면 상대에게 화내거나 상대의 제안에 화낼 수 있다. 네덜란드 라이덴대학교와 틸뷔르흐대학교의 연구자들로 구성된 연구팀은 분노의 표적이 상대의 양보를 끌어내는 데 영향을 미치는지 알아보았다.[3] 연구자들은 참가자들에게 휴대전화 판매원 역할을 맡기고 구매자와 몇 차례에 걸쳐 휴대전화의 가격과 보증 기간에 관해 협상하게 했다. 참가자들은 구매자가 다른 방에 있는 줄 알았지만, 사실은 컴퓨터 프로그램이 여러 가지 제안을 내놓은 것이었다. 신체 언어와 어조 등에 따른 혼란 변수를 제거하기 위해서였다. 협상의 특정 지점에서 참가자들에게 '구매자'의 생각과 감정을 알려주었다. 부정적 감정으로 분노와 실망 두 가지를 제시했다. 참가자 절반은 제안에 대한 감정을 받았고(예컨대 "이 '제안'에 화가 난다"거나 "이 '제안'이 실망스럽다"), 절반은 사람을 향한 감정을 받았다(예컨대 "이 '사람'한테 화가 난다"거나 "이 '사람'이 몹시 실망스럽다").

이 실험에서는 사람이 아니라 '제안'에 화를 낼 때 상대가 거래 실패를 우려하여 합의해줄 가능성이 큰 것으로 나타났다. 하지만 사람에게 화를 내면 상대가 냉담해져서 제안을 받아들이지 않으려 했다. 그에 반해 실망을 표현하는 경우에는 '제안'보다 '사람'에게 실망을 표현할 때 훨씬 더 효과적이었다. 연구자들은 사람을 향한 실망감이 상대에게서 '타당한' 기대를 충족시키지 못했다는 죄책감을 자극해 태도를 누그러뜨리고 더 많이 양보할 가능성이 커진다고 추론했다.

상의할까, 끝낼까?

협상에서 정말로 화가 나더라도 상대하게 직접 화풀이해서는 안 된다! 분노를 제안으로 돌려야 한다. 그러면 훨씬 좋은 결과를 얻을 것이다. 어떤 제안에 실망하고 화가 났다고 말해야지, 상대에게 화가 났다고 말해서는 안 된다.

계획을 추가하라

때로는 처지가 바뀌어 우리가 분노나 실망의 표적이 되기도 한다. 설상가상으로 협상에서 힘이 약한 처지(대안이 있다고 해도 몇 가지 없는 경우)로 시작한다면 어떻게 해야 할까?

독일 자를란트대학교 연구팀의 흥미로운 연구에서는 목표를 정하고 계획을 세워서 협상에 들어가면, 화내는 상대를 만나도 덜 양보한다는 것을 밝혀냈다.[4] 목표를 정해야 하지만, 목표만으로는 충분하지 않을 때가 많다. 목표를 달성할 방법을 알아야 한다. 그리고 사전에 계획을 세우면 목표에 도달하는 방법을 알 수 있다.

예를 들어 차분히 상대에게 흔들리지 않겠다는 목표를 정하고 협상에 들어갈 수도 있다. 그러나 인간인 이상 잘못 자극을 받으면 순식간에 평정심을 잃을 수 있다. 상대의 분노에 공포나 불안으로 반응하거나 분노로 받아칠 수 있다. 평정심을 잃고 이성적인 자아에서 멀어지는 것이다.

이럴 때 사전에 계획을 세우면 목표를 달성하기 위해 정확히 어떻게 할지 구체적인 상황이 그려져서 완충 효과를 볼 수 있다.

자를란트대학교의 연구에서는 학생 94명에게 스마트폰 구매자가 되어 판매자와 가격, 보증 기간, 다운로드 크레디트에 관해 흥정하게 했다. 이번에도 협상 상대는 컴퓨터 프로그램이었다. 여섯 차례에 걸친 협상에서 구매자(참가자)와 '판매자(컴퓨터)'가 서로 문자 메시지로 제안하고 역제안을 했다. 세 가지 분노 조건 집단과 한 가지 통제 집단으로 나눴다. 세 조건 모두 "상대가 당신의 제안에 화가 났다! 진지하게 더 나은 제안을 내놓지 않으면 양쪽 모두 소득 없이 협상이 끝날 것이다"라는 메시지를 받았다. 첫 번째 조건의 참가자들은 사전에 아무 말도 듣지 못했다. '목표가 있는 분노' 조건의 두 번째 참가자들은 일반적인 목표, 특히 '나는 상대에게 영향을 받지 않고 끈질기고 침착하게 협상에 임할 것'이라는 목표로 협상에 임하라는 지시를 받았다. '분노, 목표, 계획' 조건의 세 번째 참가자들은 같은 목표를 받았지만, 목표를 이루기 위한 계획도 받았다. 목표는 '상대가 요구하거나 화를 내면 내가 상대에게 의존하는 만큼 상대도 나한테 의존한다는 사실을 기억하고 내 제안을 고수할 것이다'였다. 계획이 추가되어 목표를 달성하기 위한 단순한 접근법이 주어진 것이다. 내게 상대가 필요한 만큼 상대에게도 내가 필요하다는 사실에 주목한 것이다.

예상대로, 그리고 다른 연구와 유사하게 사전 준비 없이 화내고 위협하는 상대를 만난 참가자들이 가장 많이 타협했다. 말하자면 더 많이 양보하고 판매자의 조건에 더 많이 동의해준 것이다. 일반적인 목표만으로 협상에 임한 참가자들이 그 뒤를 이었다. 반면에 계획을 세우고 분노를 마주하는 조건에서는 부정할 수 없는 효과가 나타났다. 실제로 계획이 있는 조건에서는 통제 집단(분노와 마주하지 않은 집단)과 유사하게 최고의 성과를 얻었다. 여기서 핵심은 계획을 세운 참가자들은 감정을 조절하여 목표를 향해 차분히 나아갈 수 있었다는 것이다.

계획은 협상을 시작할 때 중요한 도구다. 분노가 표출되지 않은 협상에서도 마찬가지다. 특히 계획은 힘이 약한 처지일 때 취약성을 줄여 준다.

계획이 힘이 약한 협상자에게 미치는 영향을 알아보는 실험을 같은 연구자들이 진행했다.[5] 앞서 보았듯이 힘이 약한 처지에서는 더 많이 양보하게 된다. 임금 협상뿐 아니라 구매자나 판매자와의 거래에서도 마찬가지다. 임금 협상 자리에서 자기가 회사에 중요한 가치를 기여한다는 사실을 알면, 자기 자신이나 회사나 자신의 역할을 대체할 사람이 있다는 것을 알아서 자기 쪽의 힘이 약한 경우보다 힘이 강한 위치에 선다. 연구자들은 힘이 약한 처지라도 계획이나 목표가 있으면 계획이나 목표가 없는 통제 집단보다 협상에서 더 많이 얻어낸다는 결과를 얻었다.

연구자들은 여기서 더 나아가 힘이 약한 처지라도 목표나 계획이 있으면 상대보다 열등한 상황을 개선할 수 있는지도 알아보았다. 참가자들에게 취업 지원자의 입장에서 고용주와 임금, 휴가 일수, 업무 시간을 협상하라고 요청했다. 참가자들을 컴퓨터 앞에 앉히고 '고용주'가 다른 방에 있다고 알렸다. 역시나 상대는 혼합 변인을 제거하기 위해 컴퓨터가 맡았다. 이번에는 참가자들을 네 집단으로 나눴다. ① 힘이 있는 집단, ② 힘이 약한 집단, ③ 힘이 약하고 목표가 있는 집단, ④ 힘이 약하고 계획이 있는 집단.

힘이 약한 처지와 힘이 강한 처지는 몇 가지 요소로 결정되었다. 힘이 약한 조건에 배정된 참가자들은 대안이 거의 없는 취업 지원자 역할을 맡았다. 또 손을 허벅지 밑에 넣고 다리를 오므려 앉아서 협상에 임하라는 지시를 받았다. 이 자세는 과거의 연구들에서 힘에 대한 지각을 감소시키는 것으로 밝혀졌다.[6] 반면에 힘이 강한 조건의 참가자들은 대안을 많이 들고 있고, 협상할 때 다리를 뻗고 깍지를 껴서 뒤통수에 대라는 지시를 받았다. 힘이 강한 상태와 연관된 자세를 취하게 한 것이다. 게다가 힘이 약한 조건의 참가자들은 힘이 약한 협상자의 낮은 지위를 더 공고히 하기 위해 '고용주'에게 시장의 경쟁이 심하다는 언질을 받았고, 협상 중에 같은 자리에 지원한 사람들이 더 있다는 문자 메시지도 받았다.

결과는 명확했다. 힘이 약한 참가자들은 힘이 강한 참가자들보다 낮은 수준의 제안을 받았다. 흔히 자기에게 대안이 거의 혹은 전혀 없다는 사실을 알면 낮은 수준의 제안을 받아들인다는 점에서 놀라운 결과는 아니다. 그에 비해 힘이 약하더라도 목표나 계획을 세우고 협상에 들어가면 힘이 약하고 목표나 계획도 없는 참가자들보다 유의미하게 나은 조건을 제안받았다. 힘이 약해도 계획이 있으면 힘이 강한 협상자와 유사한 수준으로 제안을 받는다는 점이 놀랍다.

준비하라

협상에 들어가기 전에 더 나은 결과를 얻기 위한 계획을 세워라. 상대가 내놓는 제안에 어떻게 반응할지, 상대가 화를 내면 어떻게 반응할지 생각해보고, 그 밖에도 가능한 상황을 미리 생각하라. 그러면 철저히 준비

되어 있어서 마음이 놓일 것이다. 이는 협상에 임하는 훌륭한 자세이고, 태도와 힘에 긍정적인 영향을 미치는 전략이다.

○ **분노가 항상 진짜일까?**

나는 몇 년 전에 내가 몸담은 대학의 위원회에 있었다. 의견이 갈리고 주장이 오가면서 회의가 격해질 때가 많았다. 특히 한 교수가 주먹으로 테이블을 내리치는 등 분노와 짜증을 떠들썩하게 표출하곤 했다. 소문에 교수가 되기 전에 배우를 꿈꾸던 사람이라고 했다. 다른 위원들은 그 소문을 듣고 그의 분노를 진심으로 받아들이지 않았고, 결과적으로 그 사람 역시 힘이 빠졌다. 그 교수가 화를 내는 척한다는 느낌이 든 뒤로는 그가 아무리 화를 내도 아무도 겁내지 않았다.

이렇게 거래를 유리하게 이끌기 위해 화난 척할 때가 있다. 이런 질문이 떠오른다. 가장된 분노도 진정한 분노만큼 효과를 거둘까? 아니면 거짓 책략이 간파당할까? 토론토대학교의 유명한 감정 연구자인 스테판 코테Stéphane Côté가 암스테르담대학교의 교수들과 함께 구성한 연구팀은 몇 가지 실험에서 협상자가 거짓 분노를 표출할 때의 효과를 알아보았다.[7] 연구팀은 그렇게 화가 나지 않는데도 분노를 표출하는 사례와 중립적인 감정을 보이거나 진정한 분노를 표현하는 사례를 비교하고자 했다.

연구자들은 한 실험에서 대학생 140명에게 '학생'이 중고차 홍보에 보이는 반응을 담은 90초짜리 영상을 보여주었다. 학생 협상자는 그 차에 관심을 보인 뒤 판매 가격인 3500달러를 내지 못한다면서 2400달러를 제안했다. 참가자의 3분의 1은 학생 역할을 맡은 연기자가 아무런 감정을 드러내지 않는 영상을 보았다. 다른 3분의 1은 연기자가 다소 과장되게 눈을 부릅뜨고 노려보고 이를 악물면서 화를 내는 척하는 영상을 보았다. 나머지 3분의 1은 연기자가 진짜로 화가 난 모습이 담긴 영상을 보았다(현실에서 화가 났던 일을 떠올리고 그때의 강렬한 감정을 가져오게 하는 메소드 연기 기법을 통해서). 참가자들은 영상을 보고 나서 학생-구매자의 강인성과 진정성을 평가하고 차에 대해 역제안을 내놓아야 했다.

그 결과 분노를 가장한 사례에서는 역효과가 나타났다. 연기자가 화가 난 척하는 영상을 본 참가자들은 중립적인 감정의 영상을 본 참가자들보다 높은 가격을 제시하며 속임수에 대응했다. 가장한 감정을 간파하고 결과적으로 협상 상대의 '신뢰성과 진실성에 대한 믿음을 잃은' 듯했다. 그래서 요구 조건을 낮추기보다는 더 높여서 불렀다. 반면에 고객이 진심으로 화가 난 장면을 본 참가자들은 상대를 강한 협상자로 평가하고, 세 집단 중 가장 낮은 가격을 제안했다. 진실처럼 보이는 분노는 겁을 주는 효과가 있고, 속임수로 보이는 분노는 오히려 반감을 불러일으켜 역효과를 낳은 것이다.

격분하지 않고 분노를 표현하기

협상에서 분노를 표현하려면 얼마나 열을 내야 할까? 얼마나 강렬해야 할까? 분노를 적당히 표현해야 할까? 아니면 소리를 지르고 주먹으로 테이블을 치는 식으로 격렬하게 표출하는 편이 나을까? 두 가지 표현 방식의 효과가 다를까? 연구자들은 실험으로 이 질문을 검증하여 이런 결론에 이르렀다. "다른 조건이 모두 같다면, 협상에서 적당히 화를 내는 것이 화를 내지 않는 것보다 효과적이다."[8] 강도 높게 화를 내는 방법은 효과적이지 않고, 적당히 화를 낼 때보다 상대에게서 양보를 적게 끌어낸다. 연구자들은 비즈니스 협상에서 격하게 분노를 표출하는 방법은 규범에서 벗어나고 적절하지 않다고 여겨지므로 격분한 협상자가 협상에서 얻는 지위와 효과가 떨어진다고 말한다.

참을성을 잃으면 진다

앞서 보았듯이 협상에서 정말로 화가 나면 화내는 것이 유리할 때도 있다. 그러나 절대로 큰소리를 내서는 안 된다. 그러면 '진다.' 거래에서 당신의 지위와 입지만 불리해질 뿐이다. 분노는 항상 말로 표현해야 하고, 사람이 아니라 '제안'을 향해야 한다.

협박은 어떤가?

분노는 협박의 의미를 담고 있지만, 완전한 협박은 아니다. 솔직히 화가 났다고 말하거나 비언어적 소통으로 분노를 표현할 수도 있고, 제안이 받아들여지지 않으면 어떻게 될지 알리는 식으로 협박을 표현할 수도 있다. 연구자들은 몇 가지 실험으로 분노와 협박 중 어느 쪽이 협상에서 더 효과적인지 알아보았다. 분노가 나을까, 협박이 나을까?[9] 연구자들은 "나 정말 화가 났다. 이건 내 신경을 건드린다"라는 식으로 분노를 표현하는 협상과 "진지하게 제안을 재고하지 않으면 대가를 치르게 될 것이다. 당신에게 달렸다"라는 식으로 협박하는 협상을 비교했다. 결과적으로 협박의 뜻을 차분히 전달하면 분노보다 더 효과적인 것으로 나타났다. 다시 말해 협상에서 극적인 감정을 드러내지 않고 차분하게 협박의 뜻을 전하면, 화를 낼 때보다 더 유리한 결과를 더 효과적으로 얻어낼 수 있다.

여자, 남자, 감정

안타까운 현실이지만 분노의 효과는 남자가 표현하는지, 여자가 표현하는지에 따라 다르다. 사회적 역할 이론에 따르면 남자와 여자는 성 역할이 다르고 각자의 역할에 따라 행동할 것으로 기대된다.[10] 관습적인 역할을 거스르면 제재를 당하는 일이 많다. 여자는 남자보다 감정적이라고 인식되면서도 상냥하고 화를 잘 내지 않을 것으로 기대된다. 실제로 분노는 여자보다 남자가 더 많이 표출할 것으로 간주되는 감정 중 하나다. 많은 연구에서 여자가 성 역할에 대한 기대를 거스르면 부정적인 반응과 평가를 받고, 남자가 표현하는 분노와 여자가 표현하는 분노가 다르게 인식되는 것으로 나타났다.

예일대학교와 노스웨스턴대학교의 연구자들이 진행한 연구에서는, 남녀의 분노 표현과 지위와 임금과 지각된 능력 사이의 관련성을 알아보았다.[11] 남녀 참가자들에게 남녀 배우가 낮은 지위의 비서직 수습사원이나 고위급의 CEO에 지원한 면접자 역할을 맡아서 연기하는 영상을 보여주었다. '분노 조건'에서는 지원자를 연기하는 배우가 어떤 질문에 답하면서 적당한 수준으로 화를 냈다. '감정이 없는 조건'에서는 '지원자'

가 감정을 표현하지 않았다. 참가자는 지원자의 영상을 보고 그 지원자가 받아야 할 지위와 임금에 관해 답하고, 그 지원자의 능력을 평가했다. 결과는 상당히 놀라웠다. 여자들은 지원하는 직책의 서열과 무관하게 화를 내면 낮은 지위를 받았다. 반면에 남자들은 서열을 기준으로 지위를 부여받고, 분노를 표현하든 말든 상관이 없었다. 임금 면에서 참가자들은 서열과 상관없이 화를 내는 여자보다 감정을 드러내지 않은 여자에게 임금을 더 많이 주고 싶어 했다. 역시나 남자 지원자의 경우에는 분노 표현이 임금에 영향을 주지 않았다. 또 참가자들은 화를 내는 여자 CEO의 능력을 다른 모든 지원자보다 낮게 평가했다.

연구자들은 사람들이 화내는 여자를 보면(기대에 맞게 행동하지 않는 모습을 보면) 분노의 이유를 내적 원인, 곧 그 여자의 성격에서 찾으려 한다고 설명한다. 반면에 남자가 화를 낼 때는 분노의 이유가 상황과 관련이 있다고 보고 외부에서 찾는다. 따라서 여자가 대화에서 화를 내면 자제력이 떨어지고 높은 직책에 적합하지 않다는 의미로 받아들이는 것이다.

애리조나주립대학교의 제시카 살레르노Jessica Salerno가 이끄는 연구팀의 두 가지 연구에서도 유사한 결과가 나왔다. 한 연구에서는 집단토론(모의 배심원단)에서 여자가 화를 내면 사람들에게 영향력을 잃지만, 남자가 화를 내면 영향력을 얻는 것으로 나타났다.[12] 두 번째 연구에서는 법정에서 남자 변호사와 여자 변호사가 화를 내면 평가자들에게 어떤 영향을 미치는지 알아보았다.[13] 참가자들은 남자 변호사나 여자 변호사가 화를 내는 어조나 중립적인 어조로 최종 변론하는 장면을 보았다. 그리고 그 변호사를 고용할지, 그 변호사에게 어떤 인상을 받았는지 답했다. 참가자들은 화를 내지 않는 여자보다 화를 내는 여자에게 '덜 호의적으로' 반응했다. 반면에 화를 내지 않는 남자보다 화를 내는 남자에게 '더 호의적으로' 반응했다. 참가자들은 화내는 남자 변호사를 고용하는 이유로 힘이나 확신 같은 분노의 긍정적인 측면을 들었고, 화를 내는 여자 변호사를 고용하지 않으려는 이유로 불쾌함 같은 분노의 부정적인 측면을 들었다. 참가자들은 모두 같은 최종 변론을 들었다. 그리고 똑같은 감정을 표현했는데도 여자는 잃고, 남자는 얻었다.

따라서 여자가 화내면 성 역할에 대한 기대를 거스른다는 점에서 여러모로 불리해지는 듯하다. 남자가 화내면 성 역할에 어울린다고 여겨져서 불리해지지 않고, 때로는 포상까지 받는다. 협상에서 화를 낼지 말지 고민할 때 유념할 문제다.

○   **협상에서의 성별**

물론 성 역할은 분노 표현에만 국한되지 않는다. 여자의 성 역할에는 협조적이고, 타인의 안녕을 걱정하고, 남을 잘 돕고, 온화하고, 관계를 지향하는 성격이 있다. 남자의 성 역할에는 야망과 자기주장, 능력, 과제를 지향하는 성격이 있다. 실제로 금융 협상에서는 자기주장이 강하고 야망이 크고 경쟁적인 성향이 성공하는 예가 많고, 이는 바로 남자의 성 역할과 일치하는 성향이다. 다시 말해 협상자의 역할은 여자의 성 역할과 어울리지 않고 남자의 성 역할과 맞는다. 사실 성별에 대한 사고방식과 기대는 1980년대에 역할 이론이 처음 나온 이래로 변화해왔다. 현재는 많은 여자가 과거에는 남자의 영역으로 여겨지던 직장에서 일하며 관리직에 오른다. 그러나 안타깝게도 여전히 낡은 가치관을 고수하며 여자는 자기주장이 강하거나 야망을 드러내서는 안 된다고 생각하는 사람도 많다.

협상에서는 여자가 태생적으로 불리하다고 보는 것도 일리가 있다. 실제로 많은 연구에서 이런 현상을 밝혀냈고, 이런 고정관념이 성별에 따른 임금 격차에 작용한다고 설명한다.[14]

독일의 한 연구팀이 경제 분야 협상 결과에서 성별에 따른 차이를 알아보기 위한 메타분석을 실시했다.[15] 총참가자 1만 888명을 대상으로 한 연구 51편을 분석해서 남자가 여자보다 협상에서 유리한 위치에 있다는 결과를 얻었다. 그러나 이 연구에서는 협상에서 성별에 따른 차이는 협상의 맥락과 상황에 영향을 받는다고 지적했다. 이를테면 여성 역할에 더 적합한 협상(여자가 타인을 위해 협상할 때)에서 남성의 이점이 감소하거나 아예 사라진다. 이 연구에서는 또 실제 협상 경험이 많을수록 성별에 따른 격차가 줄어든다는 결과를 얻었고, 여자가 남자보다 협상 훈련을 훨씬 더 많이 받아야 한다고 지적했다.

구체적인 질문을 제기한 연구도 있다. 여자들은 임금이나 보수, 그 밖의 업무 조건이나 환경을 개선하기 위한 자원(예컨대 넓은 공간, 연구비, 비서 지원)에 관한 협상을 먼저 제안하기만 해도 불리해질까? 하버드대학교와 카네기멜런대학교의 연구팀은 먼저 협상을 제안하는 남자와 여자에 대한 각기 다른 평가를 살펴보았다.[16] 한 실험에서는 참가자들에게 회사의 고위급 관리자 역할을 주고 이력서와 면접 기록을 기준으로 지원자를 평가하게 했다. 참가자 모두에게 똑같은 이력서와 기록을 제공했다. 다만 일부 참가자에게는 지원자가 보수에 관한 협상을 먼저 제안했다고 알리고, 일부 참가자에게는 지원자가 협상을 먼저 제안했다고 알리지 않았다. 협상을 먼저 제안한 지원자가 그렇지 않은 지원자보다 덜 호의적인 평가를 받았지만, 그 효과는 여자가 남자보다 2배나 컸다. 다시 말해 임금 협상을 먼저 제안한 여자 지원자는 같은 행동을 한 남자 지원자보다 불리한 처지에 놓인 것이다. 게다가 함께 일하고 싶은 대상으로 협상을 먼저 제안한 지원자를 선호하지 않는 것으로 나타났고, 역시나 여자에게만 해당했다.

세 번째 연구에서는 참가자들이 지원자가 임금 제안을 수용하거나 협상을 제안하는 영상(대화록이 아니라)을 보았다. 여자 참가자들은 협상을 먼저 제안하는 남녀 지원자 모두에게 점수를 적게 주었다. 반면에 남자 참가자들은 협상을 먼저 제안하는 여자 지원자에게 더 불리한 점수를 주었다. 따라서 여자는 협상을 먼저 제안하면 남자보다 불리한 위치에 놓일 수 있다. 그러면 실제로 직장에서 여자가 남자보다 협상을 먼저 시작할 가능성이 작을까? 2018년의 한 메타분석에서 이 질문을 확인했다.[17] 연구자들은 1977년부터 2016년까지의 연구를 검토해서 실제로 여자가 남자보다 협상을 먼저 제안할 가능성이 작다는 결과를 얻었다. 그러나 앞서 소개한 메타분석과 마찬가지로, 성별의 차이는 상황에 따라 다른 것으로 나타났다. 상황이 모호하고 협상이라고 명확히 정의되지 않을 때는 여자들이 성 역할에 맞게 행동해야 한다고 생각하지 않고 협상을 먼저 제안할 가능성도 컸다. 게다가 전형적인 여성의 성 역할에 부합하는 상황에서는, 이를테면 경쟁보다는 협조가 중요한 상황에서는 성별의 차이가 줄었다. 이상의 여러 연구에서 전반적으로 여자가 경제 관련 협상에서 불리한 위치에 놓이고, 보수와 임금에 관한 협상을 먼저 제안할 가능성이 작은 것으로 나타났다. 결과적으로 여자들의 이런 불리한 처지가 임금 인상과 승진에 대한 전망을 떨어뜨린다.

그러니 협상을 먼저 제안하면 안 된다는 뜻이 아니다. 협상하지 않으면 소득에 심각하게 불리한 영향을 받을 수 있고, 사실 그것이 인사 담당자들이 바라는 바다. 다만 고용주가 협상하려는 직원들에게 어떻게 반응하는지에 관한 학술 연구의 결과를 알아둘 필요는 있다.

그나마 희망적인 결과는 연구에서 성별의 차이가 해마다 줄어든 것으로 나타났다는 점이다(1977년부터 2016년 사이에). 언젠가는 차이가 완전히 사라져 과거의 일이 되기를 바란다.

실망

협상의 감정 팔레트에는 분노나 긍정적인 감정만 있는 것이 아니다. 앞에서 이미 협상자들이 실망도 표현할 수 있다고 언급했다. 라이덴대학교의 게르트얀 레리벨트Gert-Jan Lelieveld 교수는 협상에서 실망을 표현하는 것에 관해 연구했다.[18] 레리벨트와 동료들은 협상에서 실망을 표현하는 효과의 핵심은 죄책감 자극 여부에 있다는 가설을 세웠다. 실망을 드러내어 잘 되면, 상대에게서 더 큰 양보와 더 너그러운 제안을 얻어낼 수 있다. 반대로 실망을 표현하다가 약점이 노출되면, 상대가 약점을 잡고 오히려 낮춰서 제안할 수도 있다.

실망이 죄책감을 자극하는지를 결정하는 두 요인은 협상 상대와의 관계, 상대와 동일시할 수 있는 정도. 양쪽 협상자 사이에 공통점이 있으면 암묵적인 '연대 의식'이 중요해진다. 예를 들어 직원이 상사에게 임금 인상을 요구하는데, 상사가 훨씬 낮은 액수를 제안한다고 해보자. 두 사람 사이에 좋은 관계가 형성되어 있는 상태에서 직원이 진심에서 우러난 실망을 표현한다면 상사가 죄책감을 느끼고 더 나은 제안을 할 가능성이 커진다.

레리벨트와 동료들은 학생들을 두 명씩 짝지어서 협상하게 했다. 절반은 같은 대학 학생과 짝이 되었고, 나머지 절반은 다른 대학 학생과 짝이 되었다. 두 조건 모두에서 참가자들에게 짝이 된 학생을 직접 만나게 하지 않고 신원 정보만 보여주었다. 짝이 바로 옆 방에 있다고 알렸다. 사실 짝이 된 학생은 존재하지 않았다. '소통'을 유도하기 위해 참가자들에게 흥정 행동에 관한 여섯 가지 진술, 이를테면 "협상 중에 나 자신의 결과가 중요하다"라는 식의 진술에 동의하는지 물었고, 진술이 상대 '학생'에게도 전달된다고 알렸다. 잠시 후 실험자는 참가자들에게 '상대 학생'의 반응이라면서 분노나 실망감을 표현한 서면 반응을 전달했다.

결과는 명료했다. 상대의 실망을 전달받은 참가자들은 다른 대학 학생에게는 같은 대학 학생에게만큼 너그럽지 않았다. 여기서 조작한 변인은 상대가 다니는 대학밖에 없다는 점을 기억하자(같은 대학에 다니는지, 다른 대학에 다니는지). 연구자들은 이 실험의 결과를 일반화하여 내집단內集團의 구성원이, 이 실험에서는 같은 대학 학생이 실망감을 표현할 때 죄책감을 자극해서 더 높은 금액을 제안하게 만든다는 결론에 이르렀다. 반면에 외집단 구성원이 실망감을 드러낼 때는 죄책감을 덜 느껴서 낮은 금액을 제안한다.

지금까지 고용주와 직원의 협상, 고객과의 협상, 팀원들 사이의 협상에서 감정 표현이 어떤 영향을 주는지 살펴보았다. 그러나 고용주와 직원 사이에는 다른 방식의 소통도 일어난다. 고용주가 수고했다는 표시로 직원에게 선물을 주어서 직업 만족도와 생산성을 끌어올리는 방법이다. 여기서는 가장 좋은 선물이 무엇이고, 직원들의 만족도와 동기와 감사하는 마음을 유지하기 위한 미묘한 단서(선물의 가치 이외의 단서)를 비롯해 선물을 전달하는 좋은 방법이 무엇인지가 중요하다.

정말로 중요한 것은 생각이다
: 직원들의 동기를 끌어내는 선물

직원들은 경영자가 진정으로 그들에게 관심을 보인다고 생각하면 더 헌신하고, 더 열심히 일해서 성과를 내고 싶어 한다.[19] 갤럽이 전 세계의 직원과 관리자를 대상으로 한 대규모 설문조사에 따르면 경영자가 한 인간으로서 자기에게 관심을 둔다고 느끼는 직원은 직업 만족도를 높게 보고하고, 직장을 그만둘 가능성이 작고, 열심히 일하려는 동기가 높았다. 이런 질문이 따라올 수 있다. 직원에게 어떤 선물을 주어야 할까?

물질적인 선물, 이를테면 커피잔이나 실용적인 장치처럼 계속 쓸 수 있는 물건을 주어야 할까? 아니면 여행이나 콘서트, 공연 티켓처럼 체험하는 선물을 주어야 할까? 더 나아가 물질적인 선물을 주기로 했다면, 돈으로 주어야 할까 아니면 다른 선물을 주어야 할까? 모든 가능한 선물 유형 중에서 직원들이 더 고마워하고 더 열심히 일하고 싶게 만드는 선물은 무엇일까?

자연스러운 업무 환경에서 실시한 독일의 흥미로운 연구에서는 여러 가지 선물 유형(금전과 비금전)과 직원 생산성의 연관성을 알아보았다.[20]

연구자들은 우선 도서관에서 장서를 정리할 직원을 모집했다. 각자의 책상과 컴퓨터 앞에 앉은 직원들에게 책을 잔뜩 나눠 주고 책마다 제목과 저자와 출판사와 출판연도를 전자 데이터베이스에 입력하게 했다. 참가자들이 작업을 시작하기 전에 임금에 더해 선물(돈이나 보온병)을 주겠다고 알렸다. 한 집단에는 7유로를 줄 거라고 알렸다. 다른 집단에는 예쁘게 포장한 보온병(똑같이 7유로의 가치가 있다)을 줄 거라고 알렸다. 세 번째 집단에는 선물이 없다고 알렸다. 생산성은 데이터베이스에 입력된 글자의 총수를 계산하여 수량화했다.

어떤 선물을 받을 때 생산성이 높아졌을까? 돈이나 같은 금액의 선물 중에서 선택한다면 당신은 어느 쪽을 고르겠는가? 경제학 관점에서 합리적이고 안전한 선택은 돈이다. 돈을 받으면 같은 선물이나 더 마음에 드는 다른 선물을 직접 살 수 있기 때문이다. 그러나 결과는 꽤 명료했다. 돈을 받은 참가자의 생산성은 기저 조건보다 5퍼센트만 증가했는데, 보온병을 받은 참가자의 생산성은 무려 25퍼센트나 증가했다. 그러나 결론을 도출하기 전에 한 가지 반박 의견이 떠오른다. 직원들이 보온병 가격이 7유로보다 높을 거라고 기대하지는 않았을까? 연구자들은 이런 위험을 피하고자 후속 실험에서 새로운 조건을 추가했다. 보온병에 다른 참가자들이 받은 돈과 같은 금액인 '7유로'라는 가격표를 붙였다. 이렇게 새로운 조건을 추가했는데도 직원들은 보온병을 받은 후 글자를 21퍼센트나 더 많이 입력해서 앞의 실험과 비슷한 효과를 보였다.

다음으로 연구자들은 직원들이 돈보다 물건으로 된 선물(가치가 알려진)을 더 원하는지 알아보았다. 사실 돈을 받으면 다른 수많은 물건(같은 선물을 포함하여)을 살 기회가 생기는데도 돈이 아닌 선물을 받고 싶어 하는지 알아본 것이다. 그래서 조건을 하나 더 추가했다. 직원들에게 현금으로 7유로를 받을지 7유로짜리 보온병을 받을지 '선택권'을 준 것이다. 선택권이 주어지자 직원의 80퍼센트 이상이 돈을 선택했다! 하지만 놀랍게도 생산성이 현금 조건의 기저선보다 25퍼센트나 증가했다. 같은 돈을 받지만, '선물을 선택할 권리가 없는 조건'보다 생산성이 훨씬 높아진 것이다. 어떻게 된 걸까?

이상의 결과에서 진실을 추적하다 보면 이런 통찰에 이른다. 직원에게 중요한 요인은 고용주가 선물을 고르는 데 들인 '노력'이었다. 대대수가 돈을 받고 싶어 하면서도 고용주가 직원에게 쓸모 있는 물건을 고르느라 고심한 점을 높이 산 것이다. 그리고 진심으로 고마운 마음이 들 때 더 열심히 일했다.

연구자들은 정말로 선물에 들어간 시간과 노력이 중요한 요인인지 확인하기 위해 추가로 '종이접기' 조건을 넣었다. 5유로짜리 지폐로 종이접기를 하고 2유로짜리 동전을 엽서에 붙여서 직원들에게 주었다. 이전의 모든 금전 조건과 같은 금액인 7유로를 준 것이다. 이번에는 직원들이 고용주의 시간과 노력이 들어간 창조적인 종이접기 선물에 감동해서 고마움을 표현하고 더 열심히 일하는 것으로 보답했다. 이번에는 생산성이 거의 30퍼센트나 상승했다!

오래되고 진부한 말이어도 진정한 지혜를 담고 있으면 살아남는다. 이상의 놀라운 연구 결과를 종합해보면, '정말로 중요한 것은 마음'이라는 통찰이 생긴다. 고용주가 시간과 노력을 들여서 감사한 마음을 가시적으로 보여주면, 직원들은 그 마음을 알아채고 보답으로 생산성을 높인다. 그만큼 진심으로 마음을 써주거나 적어도 마음을 쓴다는 것을 표현하는 것이 중요하다.

선물을 주면 훨씬 더 많이 돌아온다

선물을 돈으로 받으면 좋아하지 않을 사람이 없다. 그러나 의외의 측면
이 있다. 직원이나 팀원들의 동기를 최대로 끌어내는 선물이 꼭 돈은 아
니다. 일반적으로 시간을 들여 고르느라 고심하고 노력한 흔적이 선물
에서 엿보일 때 직원들이 더 만족하고 동기부여가 된다. 고용주가 직원
들을 아끼고 한 인간으로서 존중한다는 의미가 고스란히 전달되기 때
문이다. 동료나 직원이나 팀원들에게 동기를 부여하면서 동시에 사회에
보탬이 되고 싶다면, 보너스로 자선단체에 기부할 수 있는 선택권을 줘
라. 그러면 직원들은 보너스를 받으면서 남에게 베푸는 가치까지 얻을
수 있다. 고용주와 직원과 사회, 모두가 이기는 방법이다. 당신이 투자한
생각과 노력이 충성심과 직업 만족도와 생산성의 측면에서 최고의 이익
을 가져다줄 것이다.

사회적 보너스: 기부

직원들에게 돈을 주고 남에게 기부할 수 있게 해주면 실적이 향상될까?
영국의 두 연구자는 그렇다는 결론을 얻었다. 그들은 금전적 보너스와
사회적 보너스가 실적에 미치는 영향을 알아보았다.[21] 참가자들에게 저
자명, 제목, 페이지 번호, 출판연도를 비롯한 학술 출판물의 서지 정보를
컴퓨터에 입력하게 했다. 한 집단에는 일반적인 보너스를 주었고, 다른

집단에는 사회적 보너스를 주었다. 보너스를 자선단체에 기부하도록 선택권을 준 것이다. 흥미롭게도 돈으로 받는 보너스와 기부 모두 직원들의 실적을 끌어올렸고, 두 조건 사이의 차이는 유의미하지 않았다. 보너스를 받으면 생산성이 높아진다는 사실은 물론 놀랍지 않다. 그러나 사회적 보너스(가치 있는 자선단체에 기부하기)가 실적을 끌어올린다는 결과는 윤리적으로 새롭고 고무적이다. 고용주라면 이런 유형의 선물도 고려해야 한다. 직원의 이름으로 가치 있는 자선단체에 기부하는 방법은 고용주와 직원 모두의 마음에 고상한 선율을 울린다.

○ **물질적 선물과 경험적 선물**

몇 년 전에 딸이 나를 위해 생일파티를 열어주었다. 멋진 파티였고, 요즘도 잘 쓰는 가방과 보석과 옷과 같은 근사한 선물도 받았다. 이런 선물을 '물질적 선물'이라고 한다. 그리고 다른 선물도 두 가지 받았다. 친구가 나를 스파에 데려가 점심도 사주고, 함께 즐거운 한때를 보냈다. 다른 친구에게는 내가 좋아하는 필하모닉 콘서트 티켓 두 장을 받았다. 이런 선물을 '경험적 선물'이라고 한다.

그러면 어떤 선물이 더 기분 좋을까? 와인잔일까, 아니면 와인 시음 행사일까? 어떤 밴드의 공연 티켓일까, 아니면 그 밴드의 최신 앨범일까? 2005년부터 다수의 연구에서 어떤 선물이 사람들을 더 행복하게 하는지 알아보았다. 물질적 선물일까, 경험적 선물일까? 유명한 사회심리학자이자 코넬대학교 교수인 토머스 길로비치Thomas Gilovich가 다양한 연구를 진행했다. 그리고 사람들은 대체로 경험적 선물에서 더 큰 만족감과 행복을 느낀다는 결론에 이르렀다.[22] 예를 들어, 한 연구에서는 참가자들에게 물건과 사회적 경험이라는 두 가지 구매 유형 중 하나를 선택하게 했다. 참가자들은 사회적 경험을 유의미하게 많이 선택하면서, 그 선택을 하면 더 행복해질 것 같다고 말했다.[23] 다른 연구에서는 최근에 100달러 이상을 쓴 물건이나 경험을 떠올리고 각 구매에서 얻은 즐거움의 정도를 생각하라고 요청했다.[24] 참가자들은 경험을 구매할 때 더 즐거웠다고 보고했다. 다른 연구에서는 참가자들에게 구체적으로 어떤 물건을 구매한 기억이나 경험을 구매한 기억을 떠올리게 하고, 기분을 평가하는 질문지를 주었다. 참가자들은 물건을 구매한 기억보다 경험을 구매한 기억을 떠올릴 때 기분이 더 좋았다고 보고했다. 카터와 길로비치는 다른 유사한 연구에서 참가자들에게 50달러 이상의 물건이나 경험을 구매한 기억을 떠올리게 했다.[25] 구매할 때는 물건이든 경험이든 만족감에 차이가 없었다. 그러나 나중에는 경험을 구매한 기억에 더 만족했다. 길로비치와 동료들은 경험 구매나 경험 선물이 보석이나 장치 같은 물건 구매보다 더 오래 행복하게 해준다는 결론에 이르렀다.[26] 물건을 사고 후회할 때가 많지만, 경험에 관해서는 가지 못한 여행이나 표를 구하지 못한 공연처럼 놓친 경험을 후회한다. 경험에 대한 기대는 물건이 배달되기를 기다릴 때보다 우리를 더 행복하고 신나게 한다.

한편 경험 선물이 여러 참가자에게서 사회적 관계를 개선한다는 것을 밝혀낸 연구도 있다. 사회적 관계는 조직이 원활히 굴러가는 데 중요한 요인이므로 고용주는 가끔 직원들을 위해 야유회와 같은 경험 선물로 보상해야 한다. 따라서 선물에 할당된 예산에 맞춰 주요 공연 티켓이나 근사한 리조트의 주말권과 같은 경험 선물을 선택하는 것이 좋다.

○ ○ ○

협상에서 감정을 표현하는 방법은 제안과 역제안이라는 건조한 표현 이상으로 중요한 역할을 한다. 대개 협상에서 일어나는 감정은 최종 결과에 큰 영향을 미칠 수 있다. 이 장에서는 다양한 연구를 통해 최선의 결과를 끌어낼 기회를 최대로 높이는 방식으로 감정을 표현하는 시기와 방법을 알아보았다.

앞서 보았듯이 필요하면 분노를 적절히 표현해도 괜찮다. 그러나 힘이 약한 처지에서 협상을 시작한다면 미리 계획을 마련해야 한다. 계획이 있으면 더욱 탄탄한 기반 위에서 불안이 해소되고, 격분하거나 발끈해서 생각지도 못한 반응을 보이는 대신 영리하고 논리 정연한 제안이나 역제안을 철저히 준비할 수 있다.

감정은 직원에게 주는 선물이나 보너스에도 작용한다. 돈으로 보너스를 주면 실적이 향상된다. 다만 사람들이 현금을 받고 싶어 하는 것으로 흔히 알려져 있지만, 사실 선물에 담긴 마음도 중요하게 생각한다. 직장에서는 한 개인으로서 회사에 기여한 공을 인정받는 느낌만큼 마음을 울리는 것도 없다. 고용주로서 최선이자 비용 면에서 가장 효율적인 방법은 선물과 함께 진심 어린 칭찬을 적어서 간단한 메모를 동봉하는 것이다. 기업으로서는 조직에서 행복하고 인정받는다는 느낌으로 동기가 충만한 직원보다 더 나은 자산은 없다.

이 장에서는 어렵지만 일상적인 직장의 의사소통에 관해 알아보았다. 다음 장에서는 직원이 잘못 행동할 때처럼 윤리적으로 까다로운 상황에서 작용하는 미묘한 힘에 관해 알아본다.

7장 비윤리적 행동의 조건
과로한 직원은 취약하다

직장의 비윤리적인 행동이 뉴스거리가 될 수도 있다. 엔론Enron 재무제표 사기 사건이나 웰스 파고Wells Fargo가 고객의 동의 없이 유령 계좌를 개설한 사건을 떠올려 보라. 이런 사건은 뉴스에도 나오고 사람들의 이목을 끈다. 유망한 기업에서 발생한 대대적인 스캔들이기 때문이다. 엔론 사건은 막대한 피해를 초래했고, 주주들은 주가가 추락한 뒤 400억 달러 규모의 소송을 제기했다. 웰스 파고 사건에서는 은행의 수많은 일반 고객(우리와 같은)이 모르는 사이에 계좌를 도용당했다. 이런 사기 사건을 보면 무섭기도 하고, 우리가 정교한 도둑질에 얼마나 취약한지 깨닫게 된다. 소비자만 당하는 건 아니다. 양쪽 모두가 영향을 받을 수 있다. 기업과 기관도 부정한 직원에게 희생당할 수 있다. 사실 주요 매체의 헤드라인을 장식할 만한 사건이 아니어도 (도둑질하고, 무책임하게 절차를 무시하고, 무단결근하고, 실적을 내지 못하는 식으로) 조직의 근간을 무너뜨리고 기업 문화를 훼손할 수 있다.

뉴스에까지 나오지는 않아도 관리자와 직원이 직장에서 잘못 행동하는 사건이 일상적으로 무수히 발생한다. 어느 직장이든 일주일에 며칠은 몰래 일찍 퇴근하거나, 상사가 보지 않을 때 슬쩍 들어오는 식으로 밥 먹듯이 지각하거나, 동료의 공을 가로채거나, 동료에게 거짓말을 하거나, 업무 시간에 인터넷 서핑이나 하면서 회사의 시간을 축내거나, 펜이나 노트 같은 회사 물품을 집으로 가져가거나, '병가'를 내고 영화관이나 해변으로 놀러 가는 사람이 있다(내 친구는 큰 부서의 책임자로 있는데, 사무실에 들어갈 때마다 비서가 일을 하지 않고 컴퓨터 게임을 하는 게 보인다고 했다). 이런 비윤리적 행동은 직장에서 일상적으로 일어나는 사건으로, 조직에 매년 수십억 달러의 비용을 초래한다.

물론 남보다 정직하고 도덕관과 기준이 높은 사람도 있다. 남보다 덜 이기적인 사람도 있고 남보다 자제력이 강한 사람도 있다. 조직의 윤리적 분위기와 문화도 중요하다. 성공만이 아니라 윤리를 기업의 중요한 원칙으로 삼으면, 직원들의 행동에도 영향을 줄 수 있다. 같이 일하는 동료들도 서로에게 영향을 미치고 기준이 되어준다. 게다가 잘 알려지지 않은 다른 상황 요인들도 우리의 행동에 영향을 줄 수 있다. 이 장에서는 바로 이런 요인들을 알아본다. 우리의 행동에 영향을 미치는 통제 가능한 상황 요인을 이해하면, 관리자와 감독관과 기업과 조직이 비용을 절감하고 더 나은 분위기를 조성할 수 있다.

불안

존은 얼마 전에 들어간 대형 광고회사에서 새롭고 창의적인 아이디어를 내야 했다. 그는 자기 아이디어가 별로라서 직장을 잃을까 걱정하며 스트레스를 받았다. 그에 비해 동료 데이비드는 훨씬 느긋했다. 그는 존만큼 부담을 느끼지 않았다. 두 사람 모두 비윤리적으로 행동할 기회가 있었다. 이를테면 남의 아이디어를 도용하거나 병가를 낼 수 있었다. 존이 스트레스를 더 많이 받고 불안감에 시달리므로 비윤리적인 행동을 하게 될까?

존이 어떻게 할지는 몰라도, 연구에 따르면 불안은 실제로 비윤리적 행동과 연관이 있다.

불안이 심할수록 윤리적으로 행동할 가능성이 떨어질까? 윤리적 행동을 주로 연구하는 노스웨스턴대학교의 매리엄 쿠차키Maryam Kouchaki 와 노스캐롤라이나대학교의 스리드하리 데사이Sreedhari Desai 교수가 이 질문을 확인했다.[1] 두 연구자는 위협과 불안에 시달리는 사람이 덜 윤리적으로 행동하는지 알아보는 실험을 몇 가지 진행했다. 첫 번째 실험에서는 참가자들에게 음악을 들으면서 질문에 답하게 했다. 그리고 참가자 절반에게는 불안을 증폭하는 것으로 유명한 영화 〈사이코Psycho〉의 사운드트랙을 들려주었고, 나머지 절반에게는 게오르크 프리드리히 헨델Georg Friedrich Händel의 아리아를 들려주었다. 참가자들은 음악을 들으면서 비윤리적 행동을 다룬 시나리오를 읽었다. 그리고 시나리오의 행동에 대한 호감도를 1점부터 7점까지 점수로 매겼다. 예로, 한 시나리오에서는 직원이 사무실에 혼자 있는데 마침 집에 복사 용지가 떨어진 걸 생각하는 상황을 묘사했다. 참가자들은 복사 용지를 집으로 가져갈 것이냐는 질문을 받았다. 이 실험에서는 불안을 유발하는 음악을 들은 참가자들이 평온한 클래식을 들은 참가자들보다 비윤리적 행동에 가담할 가능성이 큰 것으로 나타났다.

두 번째 실험에서는 불안 상황이 비윤리적으로 행동할 가능성만 키우는 것이 아니라 실제 행동으로 이어지는지 알아보았다. 우선 두 집단의 참가자들에게 영상을 보여주었다. 한 집단에는 등반 사고를 담은, 불안 유발 영상을 보여주었고, 다른 집단에는 물고기에 관한 중립적인 영상을 보여주었다. 다음으로 간단한 과제(화면에서 점이 왼쪽에 더 많은지 오른쪽에 더 많은지 알아내기)를 주고 정답을 맞히면 상금을 주었다. 그리고 참가자에게는 아무도 알아채지 못한다고 믿게 하고 잘못된 행동을 할 기회를 주었다. 불안한 상태의 참가자는 중립적인 영상을 본 참가자보다 잘못된 행동을 더 많이 했다.

세 번째 실험에서는 참가자를 다시 '불안 유발 조건'과 '중립 조건'으로 나눴다. 불안 조건의 참가자에게는 사람들이 많이 쓰는 치약 제품에 니코틴 성분이 다량 들어 있다는 것을 밝혀낸 연구를 들려주었다. 중립 조건의 참가자에게는 지역 발전에 도움이 될 것으로 기대되는 공원에 관해 들려주었다. 다음으로 유명한 미디어 기업에 입사한 샘의 처지가 되어보게 했다. 9주간의 수습 기간이 지나면 경영진이 샘을 정규직으로 채용할지 결정할 거라고도 말해주었다. 다음으로 샘의 상사가 사장에게 제출할 보고서를 샘에게 작성하도록 지시했다고 말해주었다. 상사는 샘에게 보고서에 실제로는 열리지 않은 다른 회사와의 회의를 넣으라고 요구했다. 상사가 샘에게 부정행위를 저지르게 한 것이다. 불안 집단의 참가자들은 중립 집단의 참가자들보다 조작된 회의를 보고서에 넣을 가능성이 더 큰 것으로 나타났다.

연구자들은 실험실이 아닌 실제 업무 현장에서도 연구를 진행했다. 직원들에게 업무 중에 얼마나 긴장되고 불안한지 물었고, 상사에게는 부하 직원의 비윤리적 행동을 1점에서 7점까지 평가해 달라고 요청했다. 예를 들어 고객이나 동료 직원들에게 거짓을 말하거나 업무 시간을 속여서 보고하는 행동에 관해 물었다. 그 결과 불안하고 위협을 느끼는 상태와 비윤리적 행동 사이의 상관관계를 발견했다. 그러나 상관관계가 있다고 해서 인과관계가 성립되는 것은 아닐 수도 있다. 말하자면 비윤리적 행동을 하는 사람이 더 불안한 것일 수도 있다. 그래도 세 차례의 실험실 실험에서는 불안한 사람이 비윤리적 행동에 더 자주 관여한다는 것이 명백히 드러났다.

이상의 결과에서는 기업과 조직에 관해 직접적인 함의가 드러난다. 앞에서 불안하고 스트레스가 심할수록 생산성이 떨어지고 실적에 영향을 받는 것을 보았다. 그러나 고용주든 직원이든, 불안이 비윤리적 행동과도 연관되는지는 몰랐을 것이다. 따라서 기업은 직원의 불안과 스트레스를 줄이기 위해 돈과 노력을 아끼지 말아야 한다.

시간대

하루의 시간대가 윤리적 행동에 영향을 미칠까?

윤리적 행동은 개인의 가치관과 관련 있다. 앞에서 남보다 정직하지 못한 사람이 있다는 것은 알아보았다. 그러나 사실 윤리적 행동은 자제력과도 관련이 있다. 사무실에서 종이를 가져가도 아무에게도 들키지 않을 줄 알면서도 유혹을 떨쳐낼 수 있다면, 부정한 행동을 하지 않을 것이다. 문제는 하루의 시간대에 따라 자제력이 약해지느냐는 것이다. 예를 들어 체중 조절을 할 때 케이크 한 조각을 더 먹으면 안 된다는 것을 알고 자제력이 있다면, 유혹을 떨쳐낼 것이다. 하지만 자제력이 그렇게 강하지 않을 때가 있다. 그냥 케이크를 더 먹어버리는 것이다. 연구에 따르면 자제력에는 용량이 있다. 피곤할 때는 유혹을 떨쳐내고 윤리 기준에 귀를 기울이는 자제력이 떨어진다.

휴식 시간을 두어라: 모든 일에는 중간 휴식이 필요하다

연구에 따르면 신체 운동을 하면 몸 상태만 좋아지는 것이 아니라 스트레스와 불안이 감소하고 기민성과 집중력도 커진다. 5분이나 10분만 운동해도 불안이 감소한다. 기업은 직원들에게 운동을 권장해야 한다. 회사 건물에 체육관이 없으면 헬스클럽 회원권을 끊어줘도 되고, 업무 중 한 시간 정도를 운동 시간으로 허락해도 된다. 에어로빅이나 필라테스, 요가 강사를 회사로 초빙하여 강습 시간을 마련할 수도 있다. 요가는 스트레스와 불안을 해소하는 데 도움이 된다고 입증된 몸과 마음의 운동이다. 이런 강습과 헬스클럽 회원권에 들어가는 비용은 기업에도 좋은 투자다. 불안과 스트레스가 실적과 생산성 저하와 관련이 있어서만이 아니라, 연구에서 밝혀냈듯이 불안은 속임수와 도둑질 같은 비윤리적 행동과 연관되기 때문이다.

불안의 또 한 가지 원인은 업무 중 자녀에 대한 걱정이다. 회사의 보육 시설이 불안을 줄이는 데 도움이 될 수 있다. (아이들이 어릴 때는 우리 대학에 보육 시설이 없었다. 늘 걱정에 사로잡힌 나는 퇴근하면 급하게 집으로 달려갔다. 요새는 우리 대학도 보육 시설을 제공한다. 근무 중에도 잠깐 들러서 창밖에서 아이들이 노는 모습을 들여다볼 수 있다. 후배들이 부럽다!)

기업이 불안을 줄이는 데 투자하면 궁극적으로는 생산성이 향상되고 윤리적 행동이 늘어나는 식으로 이익이 돌아온다. 모든 일에는 중간 휴식이 필요하다.

매리엄 쿠차키는 하버드대학교 사프라윤리학연구소Safra Center for Ethics 의 연구원일 때 이 문제를 연구했다.[2] 쿠차키 연구팀은 아침의 윤리적 행동과 저녁의 윤리적 행동을 비교했다. 실험에서 참가자들은 부정한 행위를 쉽게 저지를 수 있는 과제를 받고 아무에게도 들키지 않을 거라고 믿었다. 삼각형 두 개와 점 20개를 보고 왼쪽 면에 점이 많은지 오른쪽 면에 점이 많은지 버튼을 눌러 표시하는 과제였다. 한 집단은 아침에 실험실에 오고, 다른 집단은 오후에 왔다. 결과적으로 오후 참가자들이 아침 참가자들보다 부정행위를 더 많이 저질렀다. 연구자들은 사람들이 하루를 마무리할 때 더 피곤하고 기운이 떨어진다면서, 이렇게 절제력이 급격히 떨어지면 비윤리적 행동으로 이어질 수 있다고 설명했다. 사람들이 고된 하루를 보내고 피로에 지치면 행동에 대한 통제력이 떨어져 비윤리적으로 행동하고 싶은 유혹에 더 쉽게 빠질 수 있다. 이런 연구 결과에서 하루가 끝날 때 자제력이 급격히 떨어지므로 유혹적인 상황을 피하려고 노력해야 한다는 것을 알 수 있다.

좀 더 복잡한 다른 연구에서는 도덕성이 하루의 시간대와 연관이 있지만, 그 사람이 아침형인지 저녁형인지에 달려 있다는 결과를 얻었다.[3] 연구자들은 참가자들을 아침형, 중간형, 저녁형으로 나눴다. "아침에 눈을 뜨고 처음 반시간 사이 얼마나 정신이 맑습니까?"라는 질문에 대한 답변을 기준으로 집단을 나눴다. 그리고 참가자들에게 아침과 저녁에 부정행위를 저지를 기회를 주었다. 저녁형은 아침에 더 많이 부정행위를 저질렀고, 아침형은 저녁에 더 많이 저질렀다.

자제력

나는 심리학과 학과장을 맡았을 때 개인적으로 힘든 상실의 시기를 보냈다. 평소대로 학과를 운영하려고 해봤지만, 사람들을 만나면서 여러 사안과 회의에 집중하기가 힘들었다. 속마음을 드러내지 않으려고 갖은 애를 써야 했다. 그러던 어느 날 동료가 내 사무실에 와서 나를 몹시 화나게 한 사건이 있었다. 여느 때라면 화가 나도 조용히 대답할 만큼은 자제력이 있었을 것이다. 사실 전에는 아무리 화가 나도 직장에서 큰소리 한 번 낸 적이 없었다. 하지만 그때는 자제력이 없었다. 온종일 감정과 슬픔을 누르고 다른 일들에 신경 쓰느라 자제력이 소진되었다. 나는 자제력을 잃고 그 동료에게 소리를 지르고, 그 사람에 관해 오래전부터 생각했지만 입 밖에 꺼낸 적이 없던 말을 쏟아냈다.

사람들은 자제력이 있으면 유혹에 굴복하지 않고, 비윤리적으로 행동하지 않고, 업무 시간을 늘려 보고하지도 않고, 부적절한 언어를 쓰지도 않는다. 그러나 자제력은 무한하지 않다. 하루 중 언제라도 자제력이 떨어지고 피곤해질 수 있다. 스스로 행동이나 감정을 조절하거나 인지 과제에 집중하느라 애쓰다 보면 다른 무관한 일에는 인내심이 떨어질 수도 있다. 남에게 잔소리를 늘어놓거나, 집중하지 못하거나, 유혹을 떨쳐내지 못하고 비윤리적으로 행동할 수 있다. 특정 상황에서 자제력이 약해져 비윤리적인 행동으로 이어질 수 있다.

하버드대학교의 수상 경력이 있는 교수이자 싱커스50 Thinkers50 재단이 세계에서 가장 영향력 있는 경영 사상가 50인으로 선정한 프란체스카 지노 Francesca Gino 교수의 연구팀이 자제력에 관해 몇 가지 실험을 했다.[4] 지노 연구팀은 사람들이 특정 과제에 공을 들이고 자제력을 발휘할 때 부정행위를 더 많이 저지르는지 알아보았다. 한 실험에서는 참가자들에게 컴퓨터로 영상을 보게 했다. 화면 아래로 여러 가지 무관한 단어가 지나갔다. '고갈되지 않은 조건'의 참가자에게는 화면 아래로 지나가는 단어에 관해 언급하지 않고, '고갈된 조건'의 참가자에게는 지나가는 단어를 보거나 읽지 않기 위해 특별한 노력을 기울이라고 지시했다. 그다음으로 참가자들에게 문제 해결 검사의 수행 결과를 과장해서 보고하는 식으로 부정행위를 저지를 기회를 주었다(부정행위를 저지른 사실은 아무도 알아낼 수 없다고 믿게 했다). 고갈되지 않은 조건보다 고갈된 조건에서 더 많은 참가자가 부정행위를 저질렀다. 말하자면 단어를 보지 않으려고 특별히 신경 써야 하는 상황에서는 그쪽에 에너지를 쓰느라 유혹을 견디는 자제력이 떨어진 것이다.

과부하에 걸려 방전되면 부정행위에 취약해질 뿐 아니라 규칙을 따를 가능성도 줄어든다. 한 연구팀이 3년에 걸쳐 미국의 병원 35곳에서 의료인 4157명의 손 씻는 습관을 관찰했다.[5] 다수가 간호사이고, 나머지는 전문 간병인과 의사, 치료사였다. 연구팀은 의료인들이 오후가 될수록 손을 적게 씻고, 정해진 절차를 따르지 않고, 업무 강도가 높을수록 손 씻는 횟수가 크게 줄어든다는 것을 알아냈다. 이 결과는 피곤하고 기운이 빠질 때는 자제력이 줄고 규칙을 따를 가능성도 줄어든다는 것을 보여준다. 이런 결과가 그리 놀랍지 않을 수도 있지만, 매우 중요한 사실이고 경각심을 불러일으킨다. 손 씻기는 감염을 줄이는 것으로 입증된 습관이므로 이런 중요한 규칙을 따르지 않으면 감염률이 높아질 수 있다.

수면과 비윤리적 행동

대기업의 중간급 관리자인 루스는 친절하고 예의 바른 사람이다. 무례한 행동을 하지 않고 대체로 남을 배려한다. 그러나 최근 들어 루스가 무례해지고 간간이 동료들에게 소리를 지르는 모습이 눈에 띄었다. 동료들은 루스의 신상에 무슨 일이 생겼거나, 아니면 무슨 일로 단단히 화가 났다고 생각했다. 그런데 알고 보니 루스는 화가 난 게 아니라 요즘 들어 밤마다 외출했다가 새벽 2시에나 들어와서 수면 시간이 평소보다 크게 줄어든 것이 문제였다. 잠이 부족해서 루스의 행동이 달라진 것이다. 수면 부족이 수행 능력과 기분에 영향을 미친다는 사실은 잘 알려져 있지만, 여기서는 자제력에 주목한다. 장시간 근무로 피곤하면, 인지력이 떨어져서 자제력도 잃을 수 있다. 실제로 수면 부족은 비윤리적 행동과 연관이 있다.[6] 한 연구에서는 참가자들이 전날 밤에 잠을 많이 잤을수록 시험에서 부정행위를 덜 저지르는 것으로 나타났다. 다른 연구에서는 참가자들에게 이전 석 달의 수면을 평가하게 하고, 감독관에게 '다른 사람의 업무를 자기 공으로 돌린다'는 식의 문항으로 직원들의 윤리적 행동을 평가하게 했다. 그 결과 수면이 부족하면 비윤리적 행동도 늘어나는 것으로 나타났다.

● ● ●

이런 결과가 시사하는 바는 크다. 앞서 논의한 요인으로 자제력이 떨어지면 비윤리적 행동으로 이어질 수 있다는 점을 고려해야 한다. 우리가 할 수 있는 일 중 하나는 휴식을 취하면서 '배터리'를 충전하는 것이다. 기업으로서는 직원들이 휴식을 취하게 해주고, 한가한 시간을 주고, 되도록 수면을 방해하는 시간대에 근무하라는 요구를 하지 말아야 한다. 과도하게 지치고 방전되면 성과에 영향을 받는다는 것은 누구나 안다. 그러나 앞서 소개한 연구에서는, 과로한 직원은 중요한 규칙을 깨트릴 위험이 있다는 것도 밝혀졌다.

윤리적인 행동은 조직이 제대로 작동하고 동료들 사이에 좋은 관계가 유지되는 데 매우 중요한 요소다. 그리고 이런 가치관은 위에서 내려와야 한다. 다시 말해 경영진이 기조를 정하고 직원이 따라야 한다. 이 장의 서두에서 언급했듯이, 기업은 직원들의 비윤리적 행동으로 큰 비용을 치를 수 있다. 윤리적인 문화를 옹호하는 조직은 이런 손해를 최소로 줄일 것이다.

물론 부정한 행동을 삼가는 것 외에도 윤리적으로 다른 많은 측면이 있다. 좋은 관행을 적극적으로 구축하는 노력도 필요하다. 벤틀리대학교의 연구[7]에 따르면 밀레니얼 세대(1980년대 초반부터 2000년대 초반까지 출생한 세대 – 옮긴이)의 86퍼센트가 윤리적이고 사회적 책임이 있는 기업에서 일하는 것을 중요하게 고려한다고 답했다. 〈가디언 The Guardian〉은 "밀레니얼 세대는 가치관과 윤리를 중시하는 기업에서 일하고 싶어 한다"라는 제목의 기사에서 영국에서 2000명을 대상으로 실시한 설문조사를 소개했다.[8] 응답자의 무려 44퍼센트가 남을 돕는 직업이 고액 연봉을 받는 직업보다 중요하다고 생각했고, 36퍼센트가 사회에 유익한 기업에서 더 열심히 일할 거라고 답했다. 요즘 젊은 세대에게는 사회적 가치관과 윤리가 중요한 듯하다. 가치 있는 일에 기부하고, 공정한 문화를 조성하는 기업에서 일하고 싶어 하고, 그런 조직에 속할 때 열정을 느끼는 것이다.

더 나아가 윤리적 가치관은 단순히 도둑질이나 거짓말이나 사기 같은 명백한 문제 행동에만 관여하는 것이 아니다. 윤리적 가치관은 직원을 존중하고 공정하게 대하는 태도와 다양성(인종, 성별, 배경) 같은 사회적 문제에도 관여한다. 다음 장에서는 다양성의 중요성을 알아본다.

8장 업무 현장의 다양성
다름은 새로운 효율성이다

다양성,
따로 또 같이 생각하는 기술.
_ 맬컴 포브스Malcolm Forbes

요즘은 업무 공간에 다양성이 필요하다는 인식이 더 널리 퍼졌다. 여기서 다양성이란 어떤 집단이 얼마나 다양한 사람으로 구성되는지, 특히 인종·성별·민족·문화적 배경을 비롯한 요소가 얼마나 다양한지를 의미한다.

기업은 다양한 직원을 고용하려고 노력하지만, 아직은 갈 길이 멀다. 우리 대학의 최고경영진을 예로 들어보자. 지난 10년간 총장과 학장과 사무국장이 모두 남자였고, (때에 따라) 여자 학과장이 한두 명 정도 있었을 뿐이다. 당연히 성별 다양성과는 거리가 멀었다. 그러나 많은 기업이 변화를 거치고 있고, 현재는 최고경영진과 이사회에 여성과 유색인종이 늘어났다.

연구에 따르면 업무 공간의 인종과 성별 다양성이 단지 도덕적·정치적 올바름의 문제일 뿐 아니라 실질적인 이익도 가져다주는 것으로 나타났다. 다양성은 기업의 실적에 긍정적인 영향을 미친다. 다수의 연구에서 남녀가 고루 섞인 조직이나 기업의 실적이 더 나은 것으로 나타났다. 예를 들어보자.

- 2008년 보고서에서는 〈포천Fortune〉 500대 기업 가운데 여성 임원이 많이 포진한 기업이 재무 성과 면에서 유의미하게 좋은 결과를 얻은 것으로 나타났다.[1]
- 오스트레일리아와 영국, 말레이시아의 연구자들은 최고경영진이나 이사회에 여성이 많은 기업일수록 재무 성과가 더 좋다는 결과를 얻었다.[2]
- 크레디트스위스리서치연구소Credit Suisse Research Institute, CSRI의 연구자들은 2360개 기업을 조사해서 이사회에 여자가 한 명 이상 포함된 기업의 실적이 여자가 한 명도 없는 기업의 실적보다 좋다는 결과를 얻었다. 따라서 경영진이나 이사회에 여성의 비율이 높을수록 재무 실적이 좋다는 결론에 이르렀다.[3]
- 2019년에 베트남에서 진행된 연구에서는 이사회의 여성이 베트남 주식시장에 상장된 비금융권 기업 170개의 실적에 미치는 영향을 조사했다. 결과적으로 이사회의 여성 수가 기업 실적과 양의 상관관계를 보였다.[4]
- 다른 연구에서는 최고경영진에 여자가 많을수록 실적이 향상되긴 하지만, 혁신에 집중하는 기업에 국한된 결과라는 것을 밝혀냈다.[5]

다양성은 물론 성별만의 문제가 아니다. 인종 다양성도 유사한 영향을 미친다. 예를 들어 텍사스와 캘리포니아의 연구자들이 국립은행 177개를 조사했다.[6] 연구자들은 은행의 재무 실적과 인종 다양성, 혁신에 집중하는 정도에 관한 데이터를 받았다. 결과적으로 혁신에 집중하는 은행에서는 인종 다양성이 실적과 양의 상관관계를 보였다. 인종이 다양할수록 실적도 좋았다.

한편 인종 다양성이 배심원의 성과에 미치는 영향을 조사한 연구도 있다.[7] 참가자들은 성폭력 사건 모의재판의 배심원으로 참여했다. 6명으로 구성된 배심원단에 들어갔는데, 한 집단은 전원이 백인이고, 다른 집단은 백인 4명과 흑인 2명으로 구성되었다. 다양성 집단에서는 사건을 신중히 심의하면서 전원 백인 집단보다 부정확한 진술을 적게 하고 정보를 폭넓게 교환했다.

다양성 집단의 장점은 과학적으로도 입증되었다. 하버드 경제학과의 리처드 프리먼Richard Freeman 교수는 박사과정 학생인 웨이 황Wei Huang과 함께 과학 학술지의 논문 250만 편에서 저자의 민족 정보를 분석했다.[8] 권위 있는 학술지인 〈네이처Nature〉에 발표된 이 연구에서는 다양한 민족으로 구성된 저자들의 논문이 같은 민족으로 구성된 저자들의 논문보다 더 많이 인용된 것으로 나타났다. 일반적으로 자주 인용된 논문일수록 더 탄탄하고 영향력도 크다.

맥킨지McKinsey 보고서에서는 성별과 국적의 다양성이 기업의 재무 실적에 미치는 영향을 조사했다.[9] 연구자들은 2008년부터 2020년까지 프랑스, 독일, 영국, 미국의 180개 기업의 이사회 구성을 조사했다. 결과는 명확했다. 이사회의 구성이 다양한 기업이 다양하지 않은 기업보다 재무제표상 유의미하게 더 성공했다. 이상의 연구에서는 다양성이 기업에 혜택을 주고 실적을 끌어올리는 것으로 나타났다. 이유는 자명하다. 구성원의 배경이 다양하면 각자의 입장과 지식과 관점 또한 다양하기 때문에 혁신과 창조성으로 이어질 수 있다. 의견이 다른 사람들이 모이면, 의사 결정 과정이 복잡해지고 구성원이 더 다채로운 정보를 고려하게 된다. 다양한 관점과 입장에 관해 들을수록 더 바람직한 해결책을 찾고, 혁신과 창조성이 향상될 가능성이 커진다.

〈사이언티픽아메리칸Scientific American〉에 실린 "다양성이 우리를 얼마나 더 똑똑하게 만들어주는가?"라는 기사에서 업무 공간의 다양성 연구 분야의 선구자인 컬럼비아경영대학원의 캐서린 필립스Katherine Phillips는 다양성 집단의 성과가 더 좋은 이유를 추가로 제시했다. 동질성 집단의 구성원은 서로 입장이 엇비슷해서 쉽게 합의에 이를 것으로 생각한다. 반면에 다양성 집단의 구성원은 서로의 차이로 인해 자연히 의견 충돌이 생길 것으로 예상한다. 결과적으로 다양성 집단의 구성원은 합의에 이르기 어려울 거라고 예상하기에 더 열심히 일하고 더 철저히 대비한다. 구성원들이 이렇게 열심히 일하는 덕에 더 나은 결과가 나오는 것이다.[10]

그러면 집단에 인종이 다른 구성원 한 명을 넣으면 다른 구성원들이 그 사람의 의견이나 생각을 몰라도 집단의 실적에 영향을 미칠 수 있을까? 다음에 소개하는 흥미로운 연구에서는 그렇다는 결과가 나왔다.

연구자들은 인종 다양성이 금융 트레이더의 의사 결정과 실적에 미치는 영향을 알아보았다.[11] 우선 연구자들은 금융계에 종사하는 사람들에게 주식의 본질 가치true value를 계산하는 법을 훈련시켰다. 그리고 동질

성 집단과 다양성 집단(인종이나 민족이 다른 구성원이 한 명 이상 포함된 집단)
으로 나눴다. 연구는 북미 시장과 동남아시아 시장에서 진행되었다. 북
미에서는 동질성 집단이 백인 트레이더로만 구성되고, 다양성 집단에는
아프리카계 미국인 한 명과 라틴계 한 명이 포함되었다. 동남아시아에서
는 동질성 집단이 중국인으로만 구성되고, 다양성 집단에는 말레이계와
인도계가 포함되었다.

믿기지 않는 결과가 나왔다. 다양성 집단의 참가자들이 동질성 집단
의 참가자들보다 주가를 유의미하게 더 정확히 책정했다. 실제로 자산
의 가격을 본질 가치에 가깝게 책정한 비율이 58퍼센트 더 높았다. 동질
성 집단은 다양성 집단에 비해 주식의 본질 가치에서 멀어져 비합리적이
고 지나치게 높은 가격을 책정하는 경향을 보였다. 다시 말해 동질성 집
단은 다민족의 트레이더가 거래할 때보다 위험한 버블을 형성할 가능성
이 높았다는 뜻이다. 강력한 여파를 남길 만한 놀라운 결과다. 집단 안의
소수의 구성원이 남다른 정보를 내놓는 것도 아니고 특별한 기술을 가진
것이 아닌데도, 다양성의 유익한 효과가 나타난 것이다. 연구자들은 "(소
수민족의) 존재만으로도 모든 트레이더의 의사 결정 방향이 바뀌었다"[12]
라고 설명했다.

집단 안에 다른 민족 구성원이 섞여 있기만 해도 전체 구성원이 터무
니없는 가격으로 거래하지 않고, 더 분석적이고 비판적으로 사고하고 더
합리적으로 행동하는 것으로 보인다. 이 연구는 금융시장만이 아니라 전
반적인 직업 세계에 중요한 함의를 갖는다. 집단이나 조직에 다양한 민
족을 포함하면 더 나은 결정에 도달할 가능성이 커지는 것으로 보인다.
집단에 다수민족과 소수민족이 모두 포함되는 경우에도 마찬가지다.

이상의 연구 결과를 보면, 다양성이야말로 기업과 조직이 윤리적으로 나 실질적으로나 추구할 목표가 되어야 한다.

이상의 연구를 보면 주어진 과제에 따라 구성원을 적절히 조합하는 것이 얼마나 중요한지, 또 우리가 인지하지 못하는 요인들이 우리의 행동과 결정에 얼마나 영향을 미치는지 알 수 있다.

모국어와 외국어의 영향

기업이 다른 국가의 직원을 채용하는 세계화 시대에 우리는 전 세계의 사업체와 자주 소통한다. 수많은 사람이 중요한 대화나 협상에서 적어도 한쪽은, 대개는 양쪽 모두 영어가 모국어가 아니어도 영어를 가장 편리한 대화 수단으로 선택한다.

연구에 따르면 외국어로 진행하는 의사 결정 과정은 모국어로 진행하는 의사 결정 과정과 다르다. 그리고 의외로 결정뿐 아니라 윤리적 판단도 모국어가 아닌 다른 언어에 영향을 받는다. 유명한 심리학자이자 경제학자인 대니얼 카너먼Daniel Kahneman은 의사 결정과 판단에 관한 연구로 노벨 경제학상을 받았다. 카너먼의《생각에 관한 생각Thinking, Fast and Slow》에는 수십 년의 연구가 담겨 있고, 대부분의 연구는 친구이자 동료 연구자인 에이머스 트버스키Amos Tversky와 함께 진행되었다(두 사람은 영어와 히브리어로 소통하면서 공동으로 연구했다). 안타깝게도 트버스키는 노벨 위원회가 상을 주기 전에 세상을 떠났다. 카너먼은 결정과 추론에는 두 가지 주요 과정이 개입한다고 말한다. 분석적이고 체계적인 과정과 직관적이고 어림짐작heuristics하는 과정이다.[13] 직관적 결정은 감정에 더 많이 의존하고 편향에 치우치기 쉬우므로 잘못된 결정, 때로는 비논리적인 결정에 이를 수 있다. 이런 인지적 편향은 우연히 발생하지 않는다. 일상에서 자주 '어림짐작'하는 인간의 본질적 성향에서 나온 결과다. 어림짐작은 단순하고 효율적인 규칙으로서 우리가 일상에서 판단하고 결정할 때 자주 의지하는 방법이다. '마음의 지름길'이나 '엄지의 법칙'이나 간단히 '상식'에 비유할 수 있다. 어림짐작할 때는 주로 '복잡한 문제의 한 가지 측면에만 집중하고 나머지는 무시한다.'

실제로 우리는 편향되고 비합리적인 결정을 내릴 때가 많다. 그중에 '프레임 편향framing bias'이라는 현상이 있다. 우리는 흔히 선택이 손실로 표현되는지 이익으로 표현되는지에 따라 다르게 결정한다. 연구에서 자주 예시하는 다음의 문제를 보자.

최근에 위험한 신종 질병이 유행하고 있다. 치료제가 없으면 60만 명이 사망할 것이다. 사람들을 살리기 위해 두 가지 치료제가 개발되고 있다.

여기서 이익을 중심으로 문제를 표현하면,

A 약을 선택하면 20만 명이 살아남는다. B 약을 선택하면 60만 명이 살아남을 확률이 33.3퍼센트이고, 아무도 살아남지 못할 확률이 66.6퍼센트다.

반면에 손실을 중심으로 문제를 표현하면,

A 약을 선택하면 40만 명이 죽는다. B 약을 선택하면 아무도 죽지 않을 가능성이 33.3퍼센트이고, 60만 명이 죽을 확률이 66.6퍼센트다.

보다시피 수치는 같다. 하지만 첫 번째 예문에서는 문제를 긍정적인 이익을 중심으로 제시하여 얼마나 많은 사람이 살아남을지 보여준다. 두 번째 예문에서는 손실을 중심으로 문제를 제시하여 얼마나 많은 사람이 죽을지 보여준다. A 약은 확실한 선택으로 제시된 데 반해, B 약은 좀 더 위험해 보인다. 연구에 따르면 우리는 손실을 싫어하는 성향이 있어서 부정적인 결과에 중점을 둔다. 따라서 사람들은 문제가 제시되는 방식에 따라 다르게 결정한다. 문제를 손실 중심으로 제시하고 죽음까지 언급하면 사람들은 좀 더 위험한 쪽으로 가서 B 약을 선택하고 싶어 한다. 반면에 문제를 이익과 긍정적 결과 위주로 제시하면 사람들은 보수적으로 되어 덜 위험한 A 약을 선택한다.

한편 협상과 의사 결정에 관해 다양한 연구를 진행한 시카고대학교의 보애즈 키사Boaz Keysar 교수의 연구팀은 문제를 외국어로 제시할 때와 모국어로 제시할 때 어떻게 달라지는지 알아보았다.[14] 몇 가지 실험에서 세 집단에 문제를 제시했다. 영어가 모국어이고 일본어를 외국어로 구사하는 집단, 한국어가 모국어이고 영어를 외국어로 구사하는 집단, 영어가 모국어이고 프랑스어를 외국어로 구사하는 집단이었다. 모든 참가자가 똑같은 문제를 받았지만, 일부는 모국어로 받고 일부는 외국어로 받았으며, 또 일부는 이익을 중심으로 받고 일부는 손실을 중심으로 받았다.

결과적으로 문제를 참가자의 모국어로 제시할 때 프레임 효과가 나타났다. 이익을 중심으로 제시할 때(얼마나 살아남을 것인가) 참가자가 좀 더 확실한 방법을 선택할 가능성이 높았고, 손실을 중심으로 제시할 때(얼마나 죽을 것인가)는 좀 더 위험한 쪽을 선택할 가능성이 높았다. 그러나 참가자들이 외국어로 결정할 때는 프레임 효과가 '사라졌다.' 프레임이 결정에 영향을 미치지 않았다. 모국어가 아닌 언어는 체계적인 과정을 증가시키고 편향을 줄이는 것으로 보인다. 편향의 다른 예를 보자.

매장에서 125달러에 재킷 한 벌과 15달러에 계산기 한 대를 사고 싶다고 해보자. 판매원이 차로 20분 거리에 있는 다른 매장에서 같은 계산기를 10달러에 살 수 있다고 말해준다. 다른 매장으로 가겠는가?

그럼 이제 다음의 문제를 보자.

매장에서 15달러에 재킷 한 벌과 125달러에 계산기 한 대를 사고 싶다고 해보자. 판매원이 다른 매장에서는 같은 계산기가 120달러이고, 그 매장은 차로 20분 거리에 있다고 말한다. 그 매장으로 가겠는가?

두 경우 모두 할인 금액이 5달러라고 생각하는가? 맞다. 첫 번째 사례에서는 할인 금액이 15에서 5이고 두 번째 사례에서는 125에서 5이지만, 둘 다 정확히 같은 금액이 할인된다. 따라서 어떤 결정을 내리든, 고가의 물건으로 할인받는지 저렴한 물건으로 할인받는지에 영향을 받아서는 안 된다. 그러나 대다수는 125달러에서 5달러 할인받을 때보다 15달러에서 5달러 할인받을 때 다른 매장까지 이동하기로 선택한다. 금액의 3분의 1을 할인받을 때는 이동할 가치가 있지만, 4퍼센트만 할인받을 때는 그만한 가치가 없다고 판단하는 것이다. 프레임 효과의 예다. 연구자들은 외국어가 이런 결정에 영향을 미칠지 알아보았다.[15] 스페인어를 쓰는 참가자 두 집단에 이 두 가지 문제를 제시했다. 한 집단에는 모국어인 스페인어로 문제를 제시하고, 다른 한 집단에는 영어로 문제를 제시했다. 프레임 효과는 모국어로 문제를 제시할 때 훨씬 강하게 나타났다. 다시 말해 문제를 스페인어로 제시하자 참가자들이 125유로에서 할인받을 때보다 15유로에서 할인받을 때 다른 매장으로 이동하겠다고 답할 가능성이 높은 것으로 나타났다. 반면에 영어로 문제를 읽은 참가자들에게서는 프레임 효과가 감소했고, 15유로에서 5유로를 절약하기 위해 이동하겠다고 답한 참가자와 125유로에서 5유로를 절약하기 위해 이동하겠다고 답한 참가자 사이의 차이가 훨씬 좁혀졌다.

거짓말이 좋을 때

이렇게 해보라. 외국어를 유창하게 구사하는 사람이라면, 결정할 일이 생길 때 외국어로 심사숙고해보라. 그리고 모국어로 결정할 때의 능력과 외국어로 결정할 때의 능력을 비교하여 평가해보라. 외국어로 내린 결정에 기분 좋게 놀랄 것이다. 더 합리적이고 덜 편향적으로 결정했을 것이기 때문이다! 팀으로 일할 때는 외국어를 말하는 사람을 팀에 포함하고, 가능하면 회의를 그 언어로 진행해보라. 더 합리적이고 덜 편향적인 결정을 내릴 가능성이 커진다.

팀원 대다수가 외국어를 유창하게 말하지 못한다면, 외국어를 구사하는 팀원에게 그 언어로 결정하게 하고 당신이 미처 생각하지 못한 지점이 있는지 알아보라.

이상의 실험에서 의사 결정을 외국어로 할 때는 편향될 가능성이 줄어드는 것으로 나타났다. 외국어로 결정할 때는 좀 더 직관적이고 편향적인 모국어 의사 결정에 비해 규범을 준수하는 체계적인 과정에 더 많이 의존한다. 연구자들은 외국어로 결정하면 정서적 반응이 감소하고 정서적 거리가 넓어지는 데서 이유를 찾는다.

○   **외국어와 윤리적 결정**

연구에 따르면 외국어가 윤리적 결정에도 영향을 미치는 것으로 보인다. 다음의 딜레마 상황을 보자.

작은 기차가 들어오고 있고, 다섯 사람이 죽을 위기에 있다. 막을 방법은 선로를 바꾸는 것밖에 없다. 선로를 바꾸면 다른 선로에 서 있는 한 사람이 죽지만, 다섯 사람은 살아남는다.

어려운 딜레마다. 다섯 사람을 구하려면 적극적으로 나서서 한 사람을 죽이는 조치를 취해야 한다. 공리주의적으로 반응하면 전체의 안녕을 위한 결과를 고려할 것이다. 공리주의에서는 한 가지 행위가 한 상황에서 안녕감을 높인다면 윤리적으로 옳다고 간주하기 때문이다. 따라서 공리주의적 반응은 한 사람을 희생해서 다섯 사람을 구하는 것이다. 이 조치가 더 큰 선을 지지하기 때문이다. 반면에 이 조치는 살인에 대한 윤리적 금기를 깨는 행위이므로 누군가를 죽이려고 적극적으로 조치를 취하는 방법을 상상하기가 쉽지 않다. 따라서 사람들은 그런 선택을 피하고 아무 조치도 취하지 않기로 선택한다. 다섯 사람이 죽게 되더라도.

세 편의 연구에서 외국어가 윤리적 딜레마에 관한 답변에 미치는 영향을 조사했다.[16] 연구자들은 참가자들에게 이 딜레마 문제를 모국어로 제시하거나 외국어로 제시했다. 세 연구 모두에서 딜레마 상황을 외국어로 읽은 참가자들은 모국어로 읽은 참가자들보다 유의미하게 더 많이 공리주의적 결정을 내려서, 기차의 선로를 바꿔 한 사람을 죽이고 다섯 사람을 구하는 방법을 선택했다. 연구자들은 외국어 사용으로 심리적 거리가 넓혀지기 때문에 윤리적 판단을 내릴 때 감정 요인에 물들지 않는다고 설명했다.

이 장에서 소개한 연구들에서는 직장에서 민족과 성별의 다양성이 윤리적 면에서만이 아니라 실용적 이익을 가져다주는 측면에서도 매우 중요하다는 사실을 입증했다. 여러 연구에서 다양성이 큰 기업일수록 다양성이 직은 기업보다 재무적으로도 더 성공하고, 집난에 다른 민족 구성원이 끼어 있기만 해도 성과에 긍정적인 영향을 미치는 것으로 나타났다. 경영진과 이사회에 여자와 다른 민족 구성원이 많을수록 기업의 재무 실적이 좋아지고 더 성공할 것이다. 실제로 다양성을 중시하면 모두(고용주, 직원, 사회)가 이기는 게임이 된다.

외국어는 업무 현장에도 영향을 미친다. 연구에 따르면 외국어가 좀 더 체계적이고 이성적인 사고를 활성화하는 것으로 나타났다. 이런 연구 결과는 협상, 비즈니스 결정, 조직의 윤리적 결정에 시사하는 바가 있다. 서양 국가에서는 비즈니스 협상이 흔히 영어로 진행된다. 영어가 협상자 모두의 모국어가 아니어도 공통의 기반이 되어주는 것이다. 앞의 여러 연구에서는 비즈니스 협상과 결정을 외국어로 진행하면 모국어로 진행할 때보다 체계적인 과정에 더 의존하게 되고 편향이 나타날 가능성이 줄어드는 것으로 드러났다. 수익성 면에서 편향에 적게 치우친 결정이 바람직하다. 따라서 가능하다면 모국어가 다른 구성원을 팀에 포함하는 것이 좋다. 외국어가 팀워크에만 도움이 되는 것은 아니다. 사적인 영역에서는 모국어보다 외국어로 저축과 투자를 결정할 때 덜 편향된 방식으로 사고할 수 있다.

9장

복장의 심리학

옷차림은 내가 판단하는 나조차 놀랍게 한다

우리가 입는 옷은 세상에 우리를 보여주는 방식이다.
특히 요즘처럼 사람들의 접촉이 빠르게 일어나는 시대에는, 패션은 즉각적인 언어다.
_ 미우차 프라다 Miuccia Prada

첫 책을 내고 구글Google 본사에서 강연할 때, 나는 보수적인 직장에 다니고 하이테크 기업을 접해본 적 없는 친구를 몇 명 초대했다. 친구들은 청바지와 티셔츠를 입고 운동화를 신어서 전문가다워 보이지 않는 구글 직원들을 보고 감탄하면서도 조금 충격을 받았다. 한 조직에서 적절한 무언가가 다른 조직에는 부적절하고, 적어도 처음에는 다르게 받아들여진 것이다!

지난 수십 년간 직장에서 허용되는 복장에 변화가 일어났다. 주로 격식이 줄어드는 방향으로 변화했다. 다만 직장이나 조직마다 복장 규정이나 지침이 다르고, 한 조직에서 허용되는 옷차림이 다른 조직에서는 허용되지 않을 수 있다. 직업의 성격과 조직의 유형에 따라 다르다. 정장을 입어야 하는 회사도 있고, 편안한 평상복을 입어도 되는 회사도 있고, 일주일에 한 번 평상복 입는 날을 정해둔 회사도 많다. 직원들은 대체로 조직의 복장 규정을 따른다. 예컨대, 은행이나 로펌은 복장 규정이 엄격하다. 남자는 드레스 팬츠나 정장을 입어야 하고, 여자는 정장 바지나 무릎까지 오는 치마에 같은 계열의 재킷을 입어야 한다. 다들 티셔츠를 입거나, 플라스틱 샌들을 신거나, 셔츠의 윗단추를 푼 채로 출근하면 안 된다는 것을 안다. 다수의 취업 서비스 사이트에서 직장에 입고 갈 옷을 제안하고, 비즈니스에서 어떤 복장이 전문가다운 모습인지 정의한다. 하지만 그렇게 명료하지 않을 때가 있다. 여자라면 정장을 입을 때 치마 길이를 정하기 어렵다. 사무적인 복장을 요구하면서도 넥타이를 매라고 강요하지는 않는 직장도 있다. 또 다수의 하이테크 기업처럼 직원들이 원하는 대로 입어도 되고, 다들 티셔츠와 청바지를 입고 출근하는 곳도 있다.

복장 문제에 이목을 집중시켜서, 특히 여자들에 대한 요구 조건을 바꾸는 데 일조한 사건이 있다. 2015년 12월에 런던의 접수원 니콜라 소프Nicola Thorp는 하이힐을 신지 않았다는 이유로 집으로 돌아가야 했다. 소프는 서명 운동을 벌여서 회사가 여자에게 하이힐을 강요하지 못하도록 금지하는 법안에 대해 의회에 청원을 올렸다. 2010년에 스위스 은행 UBS는 44쪽에 이르는 복장 규정을 발행했다. 정장, 재킷, 블라우스, 넥타이, 주머니뿐 아니라 안경 종류와 단추가 노출되는지 덮여 있는지에 관한 규정까지 있었다. 이 규정은 언론에 대서특필되어 비판과 조롱을 받았고, 결국 이듬해에 수정되었다. 일본의 닛폰TV와 비즈니스인사이더재팬Business Insider Japan에서는 2019년 말에 일부 직장의 여직원들이 안경을 쓸 수 없다고 보도했다(물론 남자 직원들에게는 허용되었다). 일본 여자들은 "안경이 금지되다"라는 해시태그를 달아 소셜미디어에서 분노의 반응을 끌어냈다. 사람들은 안경 금지 규정과 일본의 많은 직장에서 여자들에게 하이힐을 신으라고 강요하는 문화 사이의 직접적인 연관성을 보았다. 결국 일본 여자들은 소셜미디어에서 #KuToo 운동을 벌이며 하이힐 규정에 저항하기 시작했다.[1]

왜 이렇게 직장의 복장 규정에 관심이 많을까? 우리 마음속에 조건화된 문화적 기대와 규준(모두 시간이 지나면서 달라진다)이 있기 때문이다. 어떤 사람의 복장이 그 사람의 역할에 대한 기대나 규준에서 벗어날 때 우리는 곧바로 비호감이라고 판단하거나 적어도 고민하게 된다(평상복을 입은 구글 직원들을 보고 충격을 받은 내 친구들처럼). 저마다 역할이 다를 수 있다. 취업 지원자, 부모, 자녀, 전문가(화이트칼라든 블루칼라든), 공무원, 성직자, 교사, 그 밖의 공직자와 일상을 살아가는 대다수 평범한 사람들에게는 저마다 역할이 있다. 따라서 복장이나 색깔 같은 물리적 단서가 눈에 띄면, (보이지 않는) 문화적 기대와 규준과 인식의 필터로 그 단서를 걸러서 최종 판단을 내린다.

나는 하버드에서 심리학을 가르치던 1995년경에 남자 교수들이 강의실에 들어가기 전에 넥타이를 매고, 연구실로 돌아오면 곧바로 넥타이를 풀어버리는 모습을 보았다. 나는 젊은 교수들에게 강의할 때 꼭 넥타이를 매라는 말을 들었냐고 물었다. 그러자 넥타이를 꼭 매야 할 것 같은 느낌이 든다는 답이 돌아왔다. 지금은 많은 대학의 교수가 넥타이를 매거나 정장을 입지 않지만, 분명 무언의 복장 규정은 있을 것이다. 반바지를 입거나 슬리퍼를 신고 강의실에 들어가는 교수는 거의 없을 것이다. 그러나 실험실이나 연구실에서는 편하게 입을 수도 있다. 나 역시 대학에서 강의하든 대기업 직원 같은 다양한 청중 앞에서 강의하든, 어떻게 옷을 입어야 한다는 말을 들어본 적이 없다. 그러나 전문성을 전달하고 싶기에 적절히 맞춰서 옷을 입는다.

전문가다운 옷차림을 넘어서 겉으로 보이는 모습 이외에도 복장에 관한 문제가 더 있다. 최근 나는 UCLA 사회과학부 매슈 리버먼Matthew Lieberman 교수의 사회심리학 강의를 보았다. 리버먼 교수는 흰 셔츠와 검정 재킷을 입고 넥타이를 매고 학부 수업에 들어왔다. "왼쪽으로 스트레칭 하세요" 그리고 "오른쪽으로 스트레칭 하세요"라고 주문하면서 강의를 시작했고, 학생들은 기꺼이 따랐다. 그는 몇 가지 중립적인 내용을 더 주문하고는 학생들에게 자기를 향해 가운뎃손가락을 들라고 했다. 대다수가 그렇게 하지 않았다.

리버먼은 해당 강의를 열다섯 차례 해왔고, 매번 이렇게 강의를 시작한다고 했다. 강의마다 대다수 학생이 그의 지시에 따라 가운뎃손가락을 들었다고 했다. 유일한 차이가 있다면 이때는 평상복을 입고 넥타이와 재킷을 착용하지 않았다고 했다. 하지만 그가 정장을 입자 권위 있는 사람으로 비쳐서 학생들이 무례하게 그를 향해 가운뎃손가락을 들지 못한 것이다.[2] 현실적으로 복장이 부지불식간에 타인의 행동과 태도에 어떻게 영향을 미치는지 보여주는 사례다. 이 사례에서 리버먼 교수는 권위적인 검정 정장에 넥타이를 매고 시선을 끌어서 대다수의 지적인 학생들에게서 공손한 행동을 끌어냈다.

이렇듯 옷차림은 남들에게 가시적인 영향을 미친다. 그렇다면 정장을 입으면 항상 남들에게 공손한 태도와 존경을 끌어낸다는 뜻일까? 사실 복장의 심리학은 그렇게 일차원적이거나 단순하지 않다. 더 깊이 파고 들어가야 한다. 예전에 《성공을 위한 옷차림Dress for Success》이 출간된 뒤로[3] 다채로운 유형과 색채의 옷차림이 미치는 영향에 관한 연구가 이어졌다. 그리고 모든 것이 단순해 보였다. 흥미진진한 데이트를 원하는가? 빨간색을 입어라. 고위층 고객에게 사치품을 판매하고 싶은가? 넥타이를 매라. 존경받고 지위를 드러내고 싶은가? 검정 정장에 넥타이를 매라. 하지만 현실은 훨씬 복잡하다.

어떻게 인식과 판단이 복장 때문에 달라지는가?

누구나 문화적으로 조건화되어 '허용되는' 범위 안에서 행동하고, 말하고, 옷을 입는다. 규준을 벗어난 상황을 만나면, 잠시 멈춰 모순을 평가하고 판단을 내린다. 규준과 기대의 범위가 좁은 직업군(의사, 교사, 기술자, 치과의사, 성직자)에 대한 평가에서는 특히 그렇다.

2009년에 영국 의대생들이 실시한 조사[4]에서는 성인 환자 586명에게 수술복, 전문가다운 정장, 전문가답지만 편안한 옷차림, 단정한 평상복, 전형적인 흰색 정장을 비롯한 다양한 복장을 한 남녀 의사의 사진을 평가하게 했다. 사진마다 의사가 목에 청진기를 걸고 있었다. 환자들은 흰색 가운(영화와 TV 프로그램, 광고에서 과학자와 의사가 많이 걸치는 가운)을 걸친 의사를 가장 선호하고 신뢰했다. 흰색 가운은 광고업자들이 끝도 없이 반복하여 강화해온 고정관념인데, 사실 광고업자들은 우리의 심리 버튼을 누르는 데 전문가다. 한편 루이지애나주 뉴올리언스의 오슈너헬스

시스템Ochsner Health System에서 진행한 다른 연구에서도 같은 결과가 나왔다.[5] 연구자들은 환자들에게 같은 의사가 각각 다른 차림을 한 사진을 네 장 보여주었다. 첫 번째 사진에서는 의사가 전형적인 흰색 가운을 걸쳤고, 두 번째 사진에서는 수술복에 흰색 가운을 걸쳤고, 세 번째 사진에서는 가운 없이 수술복만 입었고, 네 번째 사진에서는 가운 없이 셔츠에 넥타이를 맸다. 환자들에게 사진을 보여주고 선호도를 조사했다. 그 결과 대다수의 환자(69.9퍼센트)가 흰색 가운을 입은 의사를 선호하는 것으로 나타났다.

옷 스타일은 특수한 직업군에서 전문성을 드러내는 지표가 되었다. 예를 들어 학생들은 편안한 옷을 입은 교사를 제대로 갖춰 입은 교사보다 다가가기는 쉽지만 지식은 부족하다고 인식했다.[6] 영국에서 가장 많이 인용되는 연구자인 유니버시티칼리지런던의 에이드리언 퍼넘Adrian Furnham의 연구팀에서 진행한 연구[7]에서는, 제대로 갖춰 입은 치과의사와 변호사가 더 유능해 보이고 티셔츠에 청바지처럼 편안한 옷차림을 한 사람들보다 잠재 고객에게 더 호감을 사는 것으로 나타났다.

다수의 연구에서 옷차림은 개인이 타인에게 인식되고 판단되는 과정에서 객관적인 인식을 왜곡할 정도로 영향을 미치는 것으로 나타났다. 음악 전문가도 클래식 독주자의 연주를 오직 연주복의 종류에 따라 다르게 평가한다면 믿어지는가? 영국 티스사이드대학교의 눌라 그리피스Noola Griffiths의 연구에서 놀랍게도 이런 결과가 나왔다.[8] 그리피스는 여자 바이올린 연주자 몇 명이 세 곡을 연주하는 장면을 영상에 담았다. 연주자들은 각기 다른 스타일로 입었다. 한 사람은 청바지에 티셔츠를 입었고, 또 한 사람은 클럽 드레스를 입었고, 마지막 사람은 콘서트 드레스를 입었다. 연주자들은 키와 눈동자 색깔과 머리 길이가 비슷했다. 영상을 엘리트 음악 전공 학생과 셰필드필하모닉 단원들에게 보여주고 연주자의 공연을 평가하게 했다. 실제로 세 영상 모두에 같은 사운드트랙을 깔았다. 그러나 음악이 같았는데도 평가자들이 흔들렸고, 실제로 연주자의 연주복에 따른 편견에 휘둘렸다. 콘서트 드레스를 입은 연주자는 클럽 드레스나 티셔츠를 입은 연주자보다 기술적 숙련도에서 높은 점수를 받았다. 평가자들이 음악인이라 외부의 다른 요인보다 음악에만 초점을 맞춘 듯 보였기에 더욱 흥미로운 결과였다. 특히 어느 직업이든 이 연구 결과에 주목해야 하는 이유는 우리가 주목해야 하는, 지극히 인간적인 현실을 확인해주기 때문이다. 옷차림은 객관적인 성과를 비롯해 우리가 남들에게 어떻게 지각되는지에 영향을 미친다.

실제로 다양한 차원의 전문가들이 기대와 고정관념에 영향을 받고, 특히 여자들이 더 많이 영향을 받는다. 로런스대학교 사회과학부의 피터 글리크Peter Glick 교수는 성별의 고정관념에 관한 연구로 유명하다.[9] 글리크와 프린스턴대학교의 수전 피스크Susan Fiske는 '온정적 성차별benevolent sexism'이라는 용어를 만들었다. 여자는 연약하고 예민하고 나약하므로 보호하고 보살펴 줘야 한다고 여기는 것이다.[10] 이들의 연구에서 온정적 성차별은 직장에서 여성을 남성의 권위에 도전하는 위협으로 인식하는 적대적 성차별만큼 억압적인 것으로 나타났다. 글리크의 연구에서는 남녀 참가자에게 야한 옷차림(짙은 화장, 하이힐, 가슴이 팬 상의)과 비즈니스 전문가로 보이는 옷차림(옅은 화장, 검정 바지, 굽 낮은 구두, 터틀넥, 재킷)의 여자 영상을 보여주었다. 각 영상에서 여자를 관리자나 접수원으로 소개했다. 그리고 참가자들에게 영상 속의 여자가 얼마나 유능하고 똑똑하고 능력 있고 책임감 있어 보이는지 평가하게 하고, 그 여자가 동료라면 정서적으로 어떤 느낌(편안한, 행복한, 좋은, 짜증스러운, 혐오스러운, 당혹스러운)이 들지 물었다. 상당히 충격적인 결과가 나왔다. 영상 속 여자가 관리자로 소개되고 다소 도발적으로 입었을 때는, 참가자들이 그 여자를 덜 유능하다고 평가하고 반감을 가졌다. 반면에 접수원으로 소개하자(도발적인 차림이든 중립적인 차림이든) 능력에 관한 판단이 영향을 받지 않았다.

다른 연구팀이 이 연구에 새로운 자극을 더해서 반복 검증했을 때도, 유사한 결과가 나왔다.[11] 이번에는 참가자들에게 여자 사진을 보여주고 광고회사의 비서나 CEO라고 소개했다. 같은 여자가 한 가지 복장(정장)을 한 사진과 다른 복장(재킷 없이 가슴이 깊이 팬 블라우스)을 한 사진이었다. CEO로 소개하고 전문가다운 복장일 때는 도발적인 복장의 CEO보다 유능한 사람으로 인식되었다. 이전 연구와 마찬가지로 비서로 소개할 때는 전문성에 대한 인식에 차이가 없었다. 따라서 복장 자체가 판단에 영향을 미치는 것이 아니라 문화적 기대와 지위에 대한 지표가 우리의 인식에 영향을 미치는 것이다.

역할에 어울리는 옷차림? 역할에 최적인 인물?
누군가를 면접하거나 동료의 성과를 판단할 일이 생기면, 그 사람의 옷차림에 영향을 받았는지 자문해보라. 그런 가능성을 인지하고 있다면, 사람들을 더 객관적으로, 장점을 기준으로 평가할 가능성이 커진다.

더 미묘한 부분을 들여다본 다른 연구에서는 첫인상의 세세한 부분의 중요성을 강조한다. 다양한 옷차림의 영향을 평가한 연구는 많지만, 영국의 한 연구에서는 치마 길이를 무릎 아래로 내릴지 위로 올릴지, 단추 하나를 풀지 말지 등의 사소한 변화가 직장에서 여자들이 인식되고 평가받는 방식에 영향을 미친다는 사실을 발견했다.[12] 여자 참가자들에게 다른 옷차림(도발적이거나 도발적이지 않은)과 다른 직업(고위급 관리자나 낮은 지위의 접수원)의 여자들 사진을 네 장 보여주었다. 사진 속 네 여자 가운데 둘은 짧은 치마(무릎 바로 위까지 올라오는)를 입고 블라우스 단추 두 개를 풀었다. 나머지 두 여자는 다소 보수적으로 단추를 하나만 풀고 약간 긴 치마를 입었다. 다소 도발적으로 입은 둘 중 한 사람은 고위급 관리자이고, 다른 한 사람은 접수원으로 소개되었다. 덜 도발적인 옷차림의 두 사람에게도 같은 직업이 할당되었다. 이번에도 역시 고위급 여자들만 옷차림에 따라 다르게 인식되고 판단되었다. 여자 관리자가 도발적으로 입었을 때는 덜 도발적으로 입었을 때보다 호감을 받지 못하고 유능하지 않게 인식되었다. 사실 여자들 사이의 차이는 비교적 작았다. 단추 하나 더 풀고, 스커트 길이가 살짝 더 짧았을 뿐이다. 반면에 접수원으로 소개된 여자들에 대한 평가는 옷차림에 따라 달라지지 않았다.

다른 연구에서는 도발적인 옷차림이나 도발적이지 않은 옷차림에 주목하기보다는 전문가다워 보이는 옷차림과 전문가답지 않아 보이는 옷차림의 영향을 비교했다. 당연하게도 전문가다운 옷차림은 유능함을 보여주고 전문적 자질에 대한 인식에 영향을 미치는 것으로 나타났다. 위스콘신대학교 심리학과 인간발달 교수인 리건 구룽Regan Gurung은 현재 편견과 성차별이 퍼져 나가는 기제에 관해 연구한다. 2017년에 구룽과 동료들은 흥미로운 연구를 진행했다.[13] 참가자들에게 여자들 사진 10장을 보여주었는데, 그중 다섯 명은 대다수 직장의 복장 규정에 해당하는 정장 바지와 전통적인 스웨터를 입었다. 나머지 다섯 명은 레깅스에 속이 비치는 블라우스나 캐주얼한 플란넬 셔츠 같은 다양한 상의를 입었다. 참가자들은 규정대로 입은 여자를 규정을 따르지 않는 여자에 비해 더 지적이고 강인하고 체계적이고 유능하다고 평가했다.

○ **"큰 실수. 큰. 아주 큰."**

크게 성공한 영화 〈귀여운 여인Pretty Woman〉의 한 장면을 기억하는 사람이 많을 것이다. 줄리아 로버츠가 연기한 비비언 워드가 도발적인 미니 드레스에 허벅지까지 오는 부츠를 신은 저렴한 복장으로 고급 부티크에 들어가서 가격을 묻는 장면이다. 점원은 그녀를 무시하고 가격을 말해주지 않는다. 그냥 무시하면서 "이거 엄청 비싼 거예요!"라고만 대꾸한다. 비비언이 돈이 있다고 말해도, 점원은 매장의 이미지를 깎아내리고 싶지 않아서 말한다. "우리 가게에는 손님에게 어울리는 물건이 없는 것 같아요. 잘못 들어온 것 같군요. 나가주시죠." 이튿날 비비언은 새로 산 고가의 옷을 입고 같은 부티크에 들어간다. 우아한 흰색 드레스를 입고, 흰색 장갑을 끼고, 모자를 쓴 차림이다. 부티크 점원은 그녀를 알아보지 못한다. 비비언은 그 점원을 돌아보며 말한다. "나 어제 여기 왔었어요. 그쪽이 내 시중을 들어주지 않았죠. 수수료 받고 일하지 않나요?" 그리고 로데오 거리의 고급 매장에서 산 쇼핑백을 모두 보여주면서 말한다. "큰 실수 한 거예요. 큰. 아주 큰."

이 영화는 1990년에 제작되었다. 그사이 문화도 발전했고, 그에 따른 규준과 기대도 발전했다. 따라서 판매원들도 이제 고급 매장과 예상 고객의 차림새에 관해 더 잘 알고, 백만장자가 꼭 백만장자처럼 차려입는 건 아니라는 것도 안다. 더 나아가 '놈코어[normcore, normal(평범한)과 hardcore(하드코어)의 합성어]'라는 새로운 유행(사실은 마음가짐)까지 등장했다. 운동화와 후드티 같은 수수하고 소박한 옷을 입는 유행을 뜻하는 말이다. 부자이고 유명하기까지 하다면, 이런 차림새가 해방감을 주는 듯하다. 놈코어는 '역전된' 지위의 상징으로 발전했을 것이다.

유명한 마케팅 연구자 프란체스카 지노를 비롯한 하버드대학교의 연구자들이 2014년에 이탈리아에서 실시한 연구에서 이 부분을 입증했다.[14] 연구자들은 여자들을 두 집단 모집했다. 한 집단은 디올이나 발렌티노 같은 고급 브랜드를 판매하는 고가의 고급 부티크에서 일하는 점원으로 구성되었다. 두 번째 집단은 밀라노 중앙역에서 모집한 보행자들로 이루어졌다. 모든 참가자에게 서른다섯 살 된 여자가 고급 부티크에 들어오는 장면을 떠올리게 했다. 한 집단에는 그 여자가 드레스와 모피 코트를 입고 있다고 말하고, 다른 집단에는 운동복과 재킷을 입고 있다고 말했다. 다음으로 그 여자가 매장에서 물건을 살 가능성이 얼마나 되는지 7점 척도로 평가하고, 매장의 평균 고객보다 더 많이 살지 적게 살지도 판단하게 했다. 그리고 그 여자가 그 매장에서 최고가의 물건을 살 형편이 될 것 같은지도 물었다. 상류층의 유행에 익숙한 고가 부티크 점원들은 운동복을 입은 여자가 물건을 살 가능성이 더 크다고 보았다. 반면에 고급 부티크에 익숙하지 않은 일반 참가자들은 반대로 보았다. 역시나 참가자의 반응이 문화적 규준과 기대에 따라 결정되었다. 이번에는 일반 보행자에게는 익숙하지 않은 '하위문화'(특권층의 고급 쇼핑 환경)의 규준과 기대가 중요하게 영향을 미쳤다. 역시나 맥락이 관건이다. 참가자들에게 모피코트나 운동복을 입은 여자가 아니라 슬리퍼를 신고 스와치 손목시계를 찬 여자와 하이힐 샌들을 신고 롤렉스 시계를 찬 여자를 상상하라고 주문했을 때도 유사한 결과가 나왔다.

다른 실험에서는 하버드대학교 학생들을 두 집단으로 나눠, 넥타이를 매고 말끔히 면도한 교수와 티셔츠를 입고 수염을 기른 교수의 강의와 연구 능력을 평가하게 했다. 한 집단에는 교수가 명문대에서 가르친다고 알려주고, 다른 집단에는 대학 정보를 주지 않았다. 교수가 명문대에서 가르친다는 정보를 받았을 때는(맥락) 수수한 차림에 수염을 기른 교수(순응하지 않는 사람)가 지위와 능력 면에서 더 높은 평가를 받았다. 반면 대학 정보가 주어지지 않았을 때는 정반대의 결과가 나왔다. 사람들이 대개 지위가 높은 조직에서 관습을 거스르는 사람은 자기 확신이 강하다고 여기고, 그런 사람에게 더 높은 자질을 부여하는 것으로 보인다.

이상의 연구에서 특정한 역할에 맞는 옷차림을 선택하는 방식은 사회적 규준과 기대의 변화에 발맞춰 변화하는 것으로 나타났다.

법정의 스타일리스트

안나 소로킨Anna Sorokin 혹은 안나 델비Anna Delvey는 신탁 자금 5000만 달러를 소유한 독일계 상속녀 행세를 하면서 맨해튼의 사교계에 진출했다. 러시아 출신인 소로킨은 기업과 은행과 사람들을 속이고 맨해튼 사교계의 명사가 되었다. 명품 옷을 입고, 유명 인사들 모임에 빠지지 않고, 팁을 후하게 주면서 진짜 백만장자라는 인상을 각인했다. 소로킨은 뉴욕 최고급 호텔과 클럽에 다니면서 돈을 내지 않았다. 은행에서 대출을 받고 갚지 않은 일도 있고, 자기가 경비를 대기로 하고 친구와 모로코로 여행 갔지만 결국 6만 달러나 되는 청구서를 친구 앞으로 달아놓기도 했다. 결국 2017년에 체포되어 절도죄로 4년 형을 받았다. 〈뉴욕타임스〉의 패션 디렉터이자 유명 패션 평론가인 버네사 프리드먼Vanessa Friedman은 2019년 4월에 "이 드레스를 입으면 유죄로 보일까?"라는 기사를 썼다.[15] 프리드먼에 따르면 소로킨은 재판 중에 짧은 흰색 베이비돌 드레스와 흰색 레이스 드레스를 자주 입었다. 법정에 입고 나갈 옷을 고르기 위해 전문 스타일리스트를 고용해서 골라 입은 옷이었다(패리스 힐튼 같은 다른 유명 인사들도 스타일리스트를 고용해 법정에 입고 갈 옷을 선택했다). 스타일리스트가 그저 예뻐 보이게 해주려고 고른 옷은 아닐 것이다. 흰색은 순수와 순결을 상징한다.

프리드먼은 다른 흥미로운 예로 엘리자베스 홈스Elizabeth Holmes의 재판을 든다. 홈스가 세운 회사는 미량의 혈액으로 결과를 볼 수 있는 획기적인 혈액 테스트를 개발했다고 주장하며 10억 달러 규모로 성장했다. 그러나 이 주장은 거짓으로 밝혀졌고, 홈스는 "거대한 사기 행각"으로 기소되었다. 성공한 사업가인 홈스는 스티브 잡스Steve Jobs처럼 항상 검정 터틀넥과 팬츠를 입는 것으로 유명했다. 그런데 법정에 출두할 때는 연회색 정장을 입었다. 프리드먼에 따르면 홈스의 의상 선택은 "어두운 쪽에서 밝은 쪽으로" 나아가는 것을 상징했다.

나는 프리드먼의 생각에 전적으로 동의하는데, 그 의견은 과학적으로도 입증되었다.

색깔의 역할

지금까지는 옷차림이 우리에 대한 사람들의 지각에 영향을 미치는 현상에 관해 알아보았다. 그런데 옷의 스타일뿐 아니라 색깔도 영향을 준다. 색깔마다 다른 감정이나 인식이나 행동과 연관된다.

○   **흰색과 검은색**

흰색과 밝음은 선함과 순수함과 미덕을 상징하는 반면에, 검은색과 어둠은 악을 상징한다. 색깔에 대한 은유도 많다. '눈처럼 순수한'이라거나 '터널 끝에 보이는 빛'이라는 말에서 흰색과 밝음은 긍정적인 것과 연관되고, '암흑시대', '어두운 면', '블랙리스트', '흑막'과 같은 표현에서 검은색과 어둠은 부정적인 의미를 담고 있다. 영화에서 검은색과 흰색에 관한 개념을 자주 접한다. 선한 인물은 흰색이나 밝은 옷을 입고, 악당은 검은색이나 어두운 옷을 많이 입는다.

이렇게 물을 수 있다. 흰색과 선함, 그리고 검은색과 악함의 연관성이 얼마나 강하고 직관적일까? 그리고 이런 연관성이 우리의 판단과 행동에 영향을 미칠 수 있을까? 어둡거나 검은 자극은 부정적인 감정을 불러일으키지만 밝거나 흰 자극은 긍정적인 감정을 불러일으킬까? 흰색 옷을 입은 사람을 검은색 옷을 입은 사람보다 더 긍정적으로 지각하는 것이 정말로 가능할까?

연구에서는 우리가 자동적이고 본능적으로 흰색과 밝음을 긍정적인 것과 연관시키고 검은색과 어둠을 부정적인 것과 연관시키는 것으로 나타났다. 몇 가지 연구에서 참가자들에게 '관대한', '용감한', '온화한' 같은 긍정적인 단어와 '잔인한', '격렬한', '거짓말쟁이' 같은 부정적인 단어를 제시하고 각 단어가 긍정적인지 부정적인지 물었다.[16] 간단한 과제였다. 그런데 연구자들이 단어의 색깔을 조작했다. 일부는 흰색으로 표시하고 일부는 검은색으로 표시했고, 배경도 모두 연회색으로 표시했다. 연구자들은 참가자가 각 단어를 긍정이나 부정으로 분류하는 데 얼마나 걸리는지 측정했다. 참가자가 빨리 대답할수록 과제가 쉽다는 뜻이다. 긍정성이 자동적이고 본능적으로 밝음과 연관되고 부정성은 어둠과 연관된다고 할 때, 긍정적인 단어를 어둡게 표시하고 부정적인 단어를 밝게 표시하면 단어를 분류하는 과제가 더 어려워서 시간이 오래 걸릴 것이다. 연구자들은 선함을 상징하는 흰색은 부정적인 단어와 어울리지 않고 악함을 상징하는 검은색은 긍정적인 단어와 어울리지 않을 거라고 전제했다. 실제로 참가자들이 흰색이면서도 부정적인 단어이거나 검은색이면서도 긍정적인 단어를 분류할 때 더 오래 걸렸다. 이 연구에서는 밝음과 긍정성이 본능적으로 연결되는 것으로 나타났다. 흔히 어둡고 검은 색을 나쁘고 악한 것과 연결하고, 밝고 흰 색을 선한 것과 연결하는 것이다.

검은색-악함, 흰색-선함의 연결이 자동적이고 본능적이라면, 이런 연결은 흰 옷이나 검은 옷을 입은 사람을 지각하는 데도 영향을 미칠까? 코넬대학교의 마크 프랭크Mark Frank와 토머스 길로비치[17]는 몇 차례의 실험으로 이 문제를 알아보았다. 두 연구자는 미국의 내셔널풋볼리그National Football League, NFL와 내셔널하키리그National Hockey League, NHL 소속 프로팀의 페널티(벌칙) 기록을 조사했다. 그 결과 검은색 유니폼을 입은 팀이 다른 색을 입은 팀보다 페널티를 더 많이 받은 것으로 나타났다. 이런 결과를 몇 가지로 설명할 수 있다. 검은 유니폼을 입은 팀이 더 공격적으로 행동해서 페널티를 더 많이 받았을 수도 있다. 그러나 심판이 검은 유니폼을 더 공격적으로 인식해서 페널티를 더 많이 주었을 가능성도 있다. 같은 연구자들의 다른 연구에서는 풋볼 팬과 학생, 전문 심판에게 거의 동일한 두 가지 풋볼 경기 영상을 보여주었다. 한 영상에서는 선수들이 검은 유니폼을 입었고, 다른 영상에서는 흰색 유니폼을 입었다. 참가자들은 흰색 유니폼에 비해 검은색 유니폼을 입은 팀에게 페널티를 더 많이 주는 경향을 보이고 더 공격적이라고 평가했다.

결과적으로 검은색 유니폼 색깔이 심판에게 영향을 미쳐서 검은색 유니폼을 입은 선수들을 더 공격적으로 인식하게 했다고 간주할 수 있다.

그렇다면 검은색보다 흰색을 더 자주 입어야 할까? 이 질문에 답하기 위해 기억해야 할 원칙이 있다. 바로 맥락이 중요하다는 점이다. 검은색 정장과 검은색 미니 드레스는 보통 야회복으로 여겨진다. 그러나 어떤 드레스를 선택할지는 어디에 가는지, 곧 저녁 외출인지 취업 면접인지에 따라 다르다. 또 면접관인지 면접자인지에 따라서도 다르다. 다만, 흰색이 순수와 순결을 연상시키고 남들이 우리를 지각하는 방식에 영향을 준다는 점을 기억해야 한다. 흰색이나 검은색과 연관된 모든 연상과 은유를 떠올리고, 맥락을 고려하고, 자신이 어떤 이미지로 비치고 어떻게 인식되고 싶은지 결정해야 한다. 어쨌든 편안한 느낌이 드는 옷을 입는 것이 좋다.

빨간색

나는 색깔이 미치는 영향을 주제로 강의할 때마다 항상 청중에게 빨간색을 보면 무엇을 연상하는지 묻는다. 그러면 위험, 우월성, 공격성, 활력

등의 다양한 답변이 나온다. 그러나 사람들이 절대로 놓치지 않는 한 가지가 있다. 빨간색이 열정과 성적 이미지를 연상시킨다는 것이다.

빨간색을 입으면 남에게 주는 이미지에 영향을 미친다는 것이 과학적으로 입증되었는지 궁금할 것이다. 과학적 증거가 있지만, 구체적인 효과는 성별에 따라 다르다.

이 문제를 알아보기 위해 심리학 교수 앤드루 엘리엇Andrew Elliot과 박사 후 과정 연구자 다니엘라 니에스타Daniela Niesta는 일련의 실험에서 남자 참가자들에게 젊은 여자의 얼굴과 상반신을 찍은 흑백사진을 보여주었다.[18] 실험마다 다른 사진을 제시했다. 금발 여자와 짙은 갈색 머리 여자의 사진, 터틀넥 스웨터를 입은 여자와 단추를 채우는 스트라이프 셔츠를 입은 여자의 사진, 미소를 짓는 여자와 무표정한 여자의 사진이다. 각 실험에서 남자 참가자들은 똑같은 여자를 보지만 배경 색깔이 달랐다. 일부는 빨간색 배경으로 사진을 보고, 일부는 흰색, 일부는 초록색, 일부는 파란색 배경으로 사진을 보았다. 연구자들은 참가자들에게 사진 속 여자가 얼마나 섹시하고 매력적인지 평가하게 했다. 마지막 연구에서는 여자가 입은 셔츠에 디지털로 색을 입혀서 셔츠 색깔을 빨간색이나 파란색으로 바꾸고, 그 여자에게 데이트를 신청할 가능성이 얼마나 되는지 묻고 데이트 비용으로 얼마나 쓸지도 물었다. 모든 실험에서 빨간색 배경의 여자를 본 남자들이 다른 색 배경의 사진을 본 남자들보다 그 여자를 더 매력적이고 섹시하다고 평가했다. 참가자들은 또한 빨간색을 입은 여자에게 데이트 비용을 더 많이 쓰겠다고 답했다. 빨간색의 효과는 터틀넥을 입었든 재킷을 입었든, 미소를 짓든 아니든, 금발이든 짙은 갈색 머리든 상관없이 모든 유형의 여자에게 폭넓게 적용되었다. 흥미롭게도 참가자들에게 무엇이 판단에 영향을 미쳤는지 묻자 다들 배경 색깔에 영향을 받지는 않았다고 자신 있게 답했다.

그러면 빨간색이 남자들에 대한 인식에는 어떤 영향을 미칠까? 남자들이 여자를 인식하는 경우를 연구한 앤드루 엘리엇의 연구팀이 유사한 실험을 설계했다. 이번에는 남자들 사진의 배경을 빨간색이나 흰색, 회색으로 바꿔서 여자 참가자들에게 보여주었다. 그리고 그 남자를 얼마나 매력적으로 생각하는지, 성적으로 얼마나 끌리는지 평가하게 했다. 추후 두 차례의 실험에서는 배경 색깔 대신 남자가 입은 셔츠 색깔을 바꿨다. 여자들도 빨간색 배경에서 찍힌 남자나 빨간색 셔츠를 입은 남자를 더 매력적이고 성적으로 끌린다고 인식했다. 연구자들은 빨간색이 동물의 세계처럼 남성적 지배력과 힘을 연상시킨다고 설명한다. 여자들은 주로 지배적이거나 강력한 남자에게 매력을 느끼고 그런 남자에게 성적으로 끌린다. 따라서 빨간색 배경의 남자를 보면 지배력과 힘을 연상하고, 그 남자를 더 매력적으로 느낀다.

이상의 결과에서 빨간색은 남자에게는 자기주장과 힘과 지배력과 권위를 의미하고, 여자에게는 매력과 성생활을 의미한다고 볼 수 있다.

나는 많은 여자에게 자리에 따라 옷을 어떻게 갖춰 입어야 하느냐는 질문을 자주 받았다. 취업 면접을 볼 때나 일상 업무를 볼 때, 또는 강의할 때 어떻게 입어야 하느냐는 것이었다. 실제로 연구에서는 옷차림이 그 사람에 대한 인식에 영향을 미치고, 여자들은 간혹 (남자들보다 더) 옷차림으로 오해를 받는 것으로 나타났다. 나는 그저 여자들에게 원하는 대로, 편안하게 입어야 한다고 조언할 뿐이다. 남자들이 지배하던 세계에서 여자로 살아가는 것은 더 어려운 일이지만, 이제 우리 사회도 '성장했고(아직 갈 길이 멀긴 하지만)' 도덕적으로나 법적으로 복장 때문에 불이익을 주는 식으로 여자들을 차별하는 것은 잘못이라는 인식이 있다.

남자들이 자신감과 권위를 드러내고 싶다면, 빨간색 넥타이를 매라고 권하겠다. 반면에 사교 모임에 가거나 직장에서라도 지나치게 강인해 보이지 않고 친근한 팀원으로 비치고 싶다면, 파란색 넥타이가 적합할 것이다.

다시 말하지만 중요한 건 빨간색이 어떤 의미를 전달하는지 이해하는데 있다. 결정은 각자의 몫이다.

우리가 입는 옷이 곧 우리다
: 옷이 우리의 수행과 감정에 미치는 영향

내 제자는 시험을 치르러 갈 때면 책 읽는 아이가 그려진 셔츠를 입는다고 했다. 그 셔츠를 입으면 더 똑똑해진 기분이 든다고 했다. 옷차림이 감정과 행동, 더 나아가 인지 수행에까지 영향을 미치는 것이 가능할까? 연구 결과를 보면 허무맹랑한 소리는 아니다. 옷차림은 실제로 자신을 지각하는 방식을 비롯해 감정과 행동과 수행에도 영향을 미치는 것으로 밝혀졌다. 예를 들어 한 연구에서는 직원들이 편안하게 입을 때보다 비즈니스 정장을 갖춰 입을 때 주관적으로 더 유능하고 권위 있는 느낌을 받는 것으로 나타났다. 흥미롭게도 비즈니스 정장을 입을 때는 스스로 덜 친근하게 느꼈다.[19]

더 흥미롭지만 언뜻 이해가 가지 않는 것은 옷차림이 인지 수행에도 영향을 미친다는 결과다. 라이스대학교 존스경영대학원의 하조 애 덤Hajo Adam 교수와 컬럼비아경영대학원의 교수이자 수상 경력이 있는 연구자 애덤 글린스키Adam Galinsky는 흥미로운 연구를 진행했다.[20] 애 덤과 글린스키는 의사의 흰 가운 같은 복장이 인지 수행에 미치는 영향 을 알아보기 위한 실험을 몇 가지 소개했다. 한 실험에서는 참가자 절반 에게 흰색 실험실 가운을 입히고, 나머지 절반에게는 입히지 않았다. 그 다음으로 참가자들에게 선택적 집중이 필요한 인지 과제인 스트룹 검 사stroop task를 실시했다. 존 리들리 스트룹John Ridley Stroop의 이름을 딴 이 검사는 1930년대에 개발되었고, 여전히 인지심리학 실험실에서 널리 사용된다. 우선 참가자들에게 '초록색'이나 '파란색'처럼 색깔을 의미하 는 단어를 보여준다. 잉크 색깔과 단어의 뜻이 일치하거나('빨간색' 단어가 '빨간색' 잉크로 적혀 있다) 일치하지 않는다('빨간색' 단어가 '파란색' 잉크로 적혀 있다). 참가자는 단어가 아니라 단어가 적힌 잉크 색깔을 가능한 한 빨리 말해야 한다. 물론 단어는 파란색으로 적혀 있는데 '빨간색'을 의미 할 때가 더 어렵다. 흰색 가운을 입은 참가자들은 흰색 가운을 입지 않은 참가자들보다 유의미하게 좋은 성적을 냈다. 그런데 여기에는 또 다른 의미가 있다.

앞서 언급했듯이 옷이 우리에게 미치는 영향은 보이지 않는 문화적 기대나 규준에 영향을 받는다. 보이지 않는 영향을 미치는 결정적인 요 인은 '맥락', 곧 개인이 특정 상황에 갖는 내적 표상이다. 두 연구자는 맥 락의 효과와 그 효과가 수행에 영향을 주는지 알아보기 위해 실험을 더 정교하게 설계하여 흥미로운 결과를 얻었다.

이번에는 참가자들을 세 집단으로 나눴다. 두 집단에는 흰색 실험실 가운을 입혔다. 하지만 한 집단에는 '의사' 가운이라고 말하고, 다른 집단에는 (똑같은 가운이지만) '화가'의 가운이라고 알렸다. 세 번째 집단의 참가자들에게는 가운을 입히지 않았다. 다만 실험자가 가운을 테이블 위 잘 보이는 곳에 놓고 의사 가운이라고 말했다. 그리고 모든 참가자에게 집중력이 필요한 과제(상당히 유사한 사진 두 장 사이의 사소한 차이를 가능한 한 빨리 찾아내는 과제)를 내주었다. 놀랍게도 똑같은 가운인데도 '의사 가운'을 입은 참가자의 수행 결과가 '화가의 가운'을 입은 참가자보다 유의미하게 좋았다. 의사 가운을 입고 더 '똑똑해진' 걸까? 좀 더 합리적으로 추론하자면, 가운이 유능하다는 느낌을 주고 인지 장치에 기름칠을 한 것이다. 이번에도 참가자들이 보이지 않는 힘, 곧 맥락의 힘에 영향을 받은 것이다. 컬럼비아대학교의 마이클 슬레피언Michael Slepian 교수가 이끄는 다른 연구에서는 공식적인 복장을 한 사람들이 더 추상적으로 사고하는 것으로 나타났다.[21]

그러나 우리가 입는 옷은 인지적 수행만이 아니라 신체적 수행에도 영향을 미친다. 독일의 한 연구팀은 남자 운동선수들을 나이와 체격에 따라 둘씩 짝지어 14개 팀으로 만들었다.[22] 각 팀이 서로 맞붙어 시합을 벌였는데, 한 번은 빨간색 저지를 입었고, 또 한 번은 파란색 저지를 입었다. 빨간색 저지를 입었을 때가 파란색 저지를 입었을 때보다 시합 전에 심장박동이 유의미하게 높았고, 더 무거운 역기를 들 수 있었다.

○ **의상과 협상**

옷차림이 우리가 스스로 지각하는 힘과 지배력에 영향을 준다면 협상에도 중요한 의미가 있다. 일리노이대학교의 마이클 크라우스Michael

Kraus와 샌프란시스코 캘리포니아대학교의 웬디 베리 멘데스Wendy Berry Mendes의 연구에서 중요한 통찰이 나왔다.[23] 두 연구자는 샌프란시스코 베이 구역의 성인 남자들을 실험실로 불렀다. 그들에게 검은색 정장에 긴팔 드레스셔츠를 입고 검정 양말과 검정 정장 가죽구두를 신거나 흰색 티셔츠와 파란색 운동복 바지를 입고 플라스틱 샌들을 신어달라고 요청했다. 그리고 이런 복장 규정에 관해 모르는 다른 참가자와 협상 게임을 벌이게 했다. 추가로 협상 게임 전후에 참가자들의 테스토스테론 수치를 측정했다.

이전 실험에서 참가자들이 '의사 가운'을 입고 지적으로 더 좋은 수행 결과를 보인 것처럼, 비즈니스 정장을 입은 참가자들이 티셔츠에 운동복 바지를 입은 참가자들보다 협상에서 적게 양보하고 더 큰 수익을 올렸다. 다시 말해 전문가답게 차려입기만 해도 협상 행동과 자신감과 지배력, 무엇보다도 협상 결과에 영향을 받는다는 뜻이다.

더 나아가(더 놀랍게도) 의상의 유형이 생리적으로도 영향을 미치고, 무엇보다도 지배력을 나타내는 테스토스테론 수치에도 영향을 미쳤다. 운동복을 입은 남자들의 테스토스테론 수치가 비즈니스 정장을 입은 남자들보다 낮은 것으로 나타났다.

중요한 비즈니스 협상에서 유독 결과에 자신 있는 경우가 아니라면 비즈니스 정장을 입는 것이 유리해 보인다. 입을 열기도 전에 협상력이 높아질 수도 있다.

● ● ●

무엇을 입을지는 자유롭게 선택할 수 있다. 전적으로 자신의 결정이다!

그러나 내가 입은 옷이 남들이 나를 어떻게 평가하고 내가 나 스스로를 어떻게 지각하는지에 영향을 미친다는 사실을 명심해야 한다. 사적인 자리(사교 모임, 친구 모임, 지인 모임, 데이트 등)에서든 직장 생활(고객, 동료, 상사, 협상 상대와의 대화나 취업 면접)에서든 마찬가지다. 무엇보다도 항상 사회적·문화적 규준을 염두에 두어야 한다. 주어진 자리나 상황을 존중해야 한다. 데이트에 적절한 복장이 장례식장이나 예배당에서는 어울리지 않을 수 있다. 남에게 어떤 모습으로 보이기로 선택하든, 항상 심리적으로 편안한 복장을 선택하는 것이 좋다. 옷이 부자연스러우면 티가 난다. 겉으로는 신체 언어와 버릇으로 드러나고, 속으로는 다소 거짓된 자신이라는 느낌으로 드러난다. 마치 '이건 진짜 내가 아니야'라고 말하는 것 같아서, 게임에서 뒤처질 수 있다.

10장   신체적 매력의 위험

겉모습은 끊임없이
판단을 왜곡한다

겉모습만 보고 믿지 마라.
_ 이솝Aesop, 〈고양이와 수탉과 어린 쥐〉

사람들을 판단하고 평가하는 것은 업무 환경의 빠질 수 없는 일부다. 직장에서는 인사부장, 동료, 상사, 부하 직원에게 평가받는다. 취업을 위해 면접을 볼 때, 승진 심사를 받을 때, 새로운 자리의 물망에 오를 때, 프로젝트에 합류할 때, 점심 식사에 초대받을 때 등 우리는 항상 평가받는다.

당연히 장점만 기준으로 삼고 다른 무관한 요인들을 배제하면서 사람들을 판단하고 평가하고 싶을 것이다. 그러나 부지불식간에 최고의 팀원을 선발하는 과정을 방해하는 요인들이 끼어들 수 있다. 연구에 따르면 채용 결정은 대개 자격 요건과 관계가 없는 요인에 따라 내려진다. 로런 리베라Lauren Rivera는 채용 과정은 어떤 자리에 필요한 능력을 기준으로 최적의 후보자를 찾는 것만이 아니라고 말한다.[1] 채용 담당자들은 대개

생활양식이나 여가 활동, 경험, 그리고 자기를 표현하는 방식 면에서 자기와 비슷한 사람을 찾는다. 정말로 그렇다면 은행에 남자가 많고, 교직에는 여자가 많은 이유가 설명된다. 게다가 신체적 특징에 관한 편견으로 사람들을 평가할 때도 많다. 여기에는 얼굴 생김새, 신체적 매력도, 목소리, 말의 빠르기를 비롯해 여러 가지가 포함된다. 우리는 부지불식간에 고정관념에도 영향을 받는다.

나는 심리학 교수이자 연구자로서 인간의 판단을 왜곡하는, 겉으로는 무관해 보이는 요인들의 위력에 익숙하다. 그런 나도 그 힘의 영향에서 벗어나지 못한다. 나는 우리 대학 임상 프로그램의 일원이자 책임자로서 매년 임상 과정에 들어오고 싶어 하는 학생들을 면접한다. 매번 성적이 좋고 극찬 일색의 추천서도 제출한 후보가 몇 명 있지만, 모두를 선발할 수는 없다. 그리고 나는 위원회에서 어떤 자리에 지원한 후보자를 선발하는 역할을 맡은 적도 여러 번 있다. 매번 찜찜한 마음으로 주어진 역할을 수행한다. 나는 잘 알면서도 다른 요인들에 영향을 받지는 않았는지 계속 점검한다. 최선의 결정을 내려야 하므로 그릇된 판단에 빠지지 않으려면 항상 깨어서 경계해야 하기 때문이다.

이 장에서는 직원을 채용하든, 승진 심사를 하든, 업무를 배정하든, 아니면 동료들과 소통하든, 얼마나 다양한 요인이 최종 판단에 직접적인 영향을 미치는지 입증한 연구들을 소개한다. 이런 요인들을 인지하고 있으면 업무와 관련된 결정을 내리고, 일상적으로 사람들을 판단할 때 영향을 덜 받을 수 있다.

외모
: 미모는 가죽 한 꺼풀일 뿐

어릴 때 읽은 우화가 있다. 어느 날, 어린 쥐가 난생처음 세상 밖으로 나갔다. 그리고 가족의 쥐구멍으로 돌아와 엄마에게 자기가 만난 이상한 동물들에 관해 들려주었다. 한 동물은 부드럽고 털이 북슬북슬하고, 길고 구부러진 꼬리가 달려 있고, 아주 아름다워 보이고 가르랑거렸다. 또한 동물은 아주 무섭게 생기고, 머리에 생고기 조각을 달고, 턱이 출렁거렸다. 그리고 그 동물은 깃털을 펼치고 무섭게 울었다. 엄마 쥐는 어린 쥐의 이야기를 듣고 미소를 지으면서 그 무서운 동물은 정말로 무서운 게 아니고 해치지 않는 새이지만, 아름답고 털이 복슬복슬한 동물은 저녁거리로 어린 쥐를 잡아먹는 고양이라고 일러주었다.

이 우화는 사람들의 겉모습만 보고 판단하지 않으려면 얼마나 신중해야 하는지 보여준다. 배울 것이 아직 많은 어린 쥐에 관한 우화일 뿐이지만, 연구에 따르면 아이들뿐 아니라 성인들도, 그리고 전문 면접관과 의사 결정 책임자들도 자주 외모에 의존한다.

첫인상 연구로 유명한 프린스턴대학교의 알렉산더 토도로프Alexander Todorov 교수는 우리가 사람들의 얼굴 생김새를 기준으로 순간적으로 그 사람에 관해 판단을 내리는 현상을 발견했다. 선거에서는 1초도 안 되는 짧은 시간에 후보자의 얼굴을 본 뒤 투표를 결정하고, 얼굴을 아주 잠깐 보고서 그 사람의 능력을 추론하고 판단한다.[2] 채용 과정에서 외모는 지원자에게서 받는 첫인상이다. 이력서에는 주로 사진이 실려 있고, 사진은 의사 결정권자가 보는 첫 번째 요소다.

여러 해 전에 교수회의에서 각 학과의 학과장이 그해의 신입생에 관해 간단히 보고하는 자리가 있었다. 심리학과 대학원에 들어오는 것은 예나 지금이나 무척 어려운 과정이고, 괜찮은 후보가 많이 탈락한다. 어느 교수의 차례가 되자, 그는 여학생 몇 명을 선발했고 다들 아주 예쁘다고 말했다. 곧 다른 교수들이 부적절한 발언이라고 핀잔을 주었는데, 물론 맞는 지적이었다. 그런데 곧바로 이런 질문이 떠올랐다. 저 교수의 경솔한 발언은 사실 면접 상황에서 외모의 힘을 보여주는 증거가 아닐까? 수면에서 터지는 거품이 아닐까?

일부 직업군에는 신체적으로 매력적인 사람들을 노골적으로 선호하는 사례가 있다. 이를테면 어떤 레스토랑은 남녀 종업원이 모두 예쁘고 잘생겼다. 예전에 어느 레스토랑에 들어갔을 때 맨 처음 눈에 띈 것이 종업원이 모두 키 크고 금발이고 푸른 눈이라는 점이었다. 결코 우연이 아니었다. 2016년에 〈텔레그래프〉의 기사를 쓴 김 수Soo Kim라는 기자는 항공사 승무원의 요건을 소개했다.[3] 그녀는 1966년 〈뉴욕타임스〉에 실린 광고를 예로 들었다. "고등학교 졸업자, 독신(자녀가 없는 과부와 이혼자 가능), 20세(19.5세인 여자는 추후 지원 가능), 신장 158~180센티미터, 체중은 신장에 따라 47~61킬로그램, 안경 쓰지 않은 시력 0.5 이상." 김 수에 따르면 승무원 외모 요건이 더 있었다고 한다.

어떤 직책에 지원한 사람 중에서 선택해야 하는 면접관과 의사 결정권자는 외모와 신체적 특징이 중요하지 않고 고려 대상이 아니라고 말하고, 대개 그렇다고 믿는다. 과연 그럴까? 어떤 사람들에게 외모만으로 갖는 편견이 없을까?

많은 연구에서 신체적 매력은 이점이며, 매력적이지 않은 사람들에 대한 편견이 존재하는 것으로 나타났다. 외모가 준수하면 취직과 승진과 임금 인상에서 유리할 가능성이 크다.[4] 1972년에 캐런 디온Karen Dion, 엘런 버샤이드Ellen Berscheid, 일레인 월스터Elaine Walster는 "아름다움은 선한 것"이라는 제목의 논문을 발표했다.[5] 이들은 우리가 흔히 아름다움을 더 좋은 것과 연결하고, 신체적으로 매력적인 사람들에게 온기와 신뢰성과 친절함 같은 긍정적 특성을 부여한다는 사실을 밝혀냈다. 몇 년 뒤에도 연구자들은 더 매력적이라고 여겨지던 사람들이 입사 지원자로서든, 면접시험 대상자로서든, 승진 대상자로서든 더 유리하다는 결과를 얻었다.[6]

그러나 신체적 매력도와 입사 지원자를 평가하는 일의 연관성은 보기보다 복잡하다. 사람들은 흔히 매력적인 지원자를 선호하지만, 연구에 따르면 일부 사례에서는 매력적인 사람들이 불리한 차별을 받는 것으로 나타났다. 이런 현상을 '아름다움은 추한 것beauty is beastly'이라고 한다. 캐나다 오타와대학교의 트레이시 발렝쿠르Tracy Vaillancourt 교수는 여자들 사이에는 동성 경쟁이 있고, 여자들이 매력적인 여자에게 부정적으로 대한다고 지적한다.[7] 그렇다면 지원자의 매력도가 평가자의 판단에 영향을 미치는 데 작용하는 요인은 무엇일까? 바로 성별이다.[8] 동성의 매력적인 사람에 대한 부정적인 반응을 확인한 연구가 있다. 뮌헨의 루트비히 막시밀리안대학교 사회심리학과의 마리아 아테Maria Agthe가 바로 이런 현상을 연구했다.[9] 아테의 연구팀은 몇 가지 실험을 거쳐 입사 지원자에 대한 평가가 이성의 매력적인 지원자에게 긍정적으로 편향되고, 동성의 매력적인 지원자에게 부정적으로 편향되는 현상을 발견했다. 네덜란드의 흐로닝언대학교와 틸뷔르흐대학교의 연구팀은 동성을 경쟁자로 인식할 때가 있다는 결론에 이르렀다.[10] 연구자들은 한 실험에서 학생들에게 직무 소개를 읽게 했는데, 매력적인 사람과 덜 매력적인 사람이 섞인 모의 지원자들의 사진을 나눠 주고 누구를 채용하고 싶은지 평가하게 했다. 지원자들 사이의 차이는 사진뿐이었다. 그 결과 남자 참가자는 매력적이지 않은 지원자보다 (남자와 여자 모두) 매력적인 지원자에게 높은 점수를 주었다. 반면에 여자 참가자는 아주 매력적인 여자보다 덜 매력적인 여자를 선호했다.

두 번째 실험에서는 학생이 아니라 인사관리 전문가들에게 모의 지원자를 평가하게 했다. 남자 참가자들의 결과는 학생들의 결과와 비슷했다. 전문가들도 매력적이지 않은 지원자를 차별한 것이다. 그러나 학생들과 달리 여자 인사관리 전문가들은 매력적인 여자보다 매력적이지 않은 여자에게 높은 점수를 주지 않았다. 연구자들은 여자 인사관리 전문가들은 학생들보다 나이가 많아서 지원자들과 성적 상대로 경쟁할 가능성이 줄어들어서라는 식으로 모호하게 설명했다. 사실 이런 결과를 명쾌하게 설명하려면 더 많은 연구가 이루어져야 한다.[11]

지원자 성별의 중요성을 보여주는 연구가 또 있다. 연구자들은 구인 광고를 보고 이력서 2656쌍을 보냈다.[12] 각 쌍에는 사진이 없는 남자나 여자 지원자의 이력서와 매력적인 외모나 평범한 외모의 사진이 포함된 거의 동일한 이력서가 포함되었다. 연구자들은 각 이력서에 음성 메일이 있는 전화번호와 지메일 계정을 넣었다. (사진상) 매력적인 남자는 외모가 평범하거나 사진이 없는 남자보다 답장을 더 많이 받았다. 여자 지원자의 결과는 크게 달랐다. 사진이 없는 이력서를 보낸 여자 지원자가 평범하거나 매력적인 사진이 포함된 이력서를 보낸 지원자보다 답장을 유의미하게 더 많이 받았다.

얼굴의 흉터나 점과 같은 특징이 면접관의 결정에 영향을 미칠 수 있다는 것을 밝혀낸 연구도 있다. 휴스턴대학교와 라이스대학교의 연구자들은 두 가지 실험을 진행했다.[13] 첫 번째 실험에서는 참가자들에게 얼굴에 포트와인 얼룩이 묻었거나 흉터가 있거나 아무 자국이 없는 지원자의 인터뷰 장면을 보여주었다. 얼굴에 자국이 있는 지원자를 본 참가자들은 아무런 자국이 없는 지원자를 본 참가자들보다 낮은 점수를 주었다. 두 번째 연구에서는 관리자들에게 얼굴에 자국이 있는 지원자나 자국이 없는 지원자를 직접 면접하게 했다. 역시나 얼굴에 자국이 있는 지원자가 낮은 평가를 받았다. 추후의 연구에서도 면접관이 얼굴에 자국이 있는 사람에게 더 부정적인 감정을 느끼고, 더 부정적으로 행동하는 것으로 나타났다.[14]

몇 가지 요인은 외모가 의사 결정에 주는 효과에 영향을 미치고, 유리한지 불리한지 무관한지에도 영향을 미친다.

그중 한 가지는 직업의 유형이다. 콜로라도대학교 스테파니 존슨Stefanie Johnson 교수의 연구팀은 참가자들에게 매력적인 여자와 매력적이지 않은 여자의 사진을 보여주었다. 그리고 사진 속 지원자가 전형적으로 남성적인 직업과 여성적인 직업, 예컨대 관리자와 비서 같은 직업에 적합한 정도를 평가하게 했다.[15] 연구자들은 남자와 여자 모두에게 매력적인 외모가 유리하다는 결과를 얻었다. 그러나 남자에게 매력적인 외모는 남성적이라고 여겨지는 직업과 여성적이라고 여겨지는 직업 모두에서 도움이 되었지만, 여자에게는 여성적이라고 여겨지는 직업에 지원할 때 더 도움이 되었다(앞의 연구들과 달리 '아름다움은 추한 것' 효과가 나타나지 않았다). 여자의 매력적인 외모가 남성적인 직업에 지원할 때 크게 도움이 되지는 않았지만 외모로 차별을 받지도 않았다.

신체적 매력도가 채용 결정에 미치는 효과에 영향을 줄 수 있는 또 한 가지는 그 직업의 호감도다. 연구자들은 참가자들에게 매력적인 지원자와 매력적이지 않은 지원자의 사진을 보여주고 해당 직업에 가장 적합한 지원자를 고르게 했다.[16] 연구자들은 직업의 유형을 구체적으로 명시하지 않고, 단지 한 직업은 매우 지루하고 재미없고 힘들다고 소개하고 다른 직업은 재미있고 흥미롭다고 소개했다. 더 많은 참가자가 호감도가 높은 직업에 매력적인 지원자를 선발했다. 반대로 호감도가 높지 않은 직업에는 정반대의 결과가 나왔다. 더 많은 참가자가 호감도가 떨어지는 직업에 매력적이지 않은 지원자를 선발한 것이다. 채용 결정을 내린 참가자들은 매력적인 사람은 좋은 직업을 가져야 하므로 호감도가 떨어지는 직업에서는 만족하지 못할 거라고 믿었다.

조직의 정책도 매력도의 효과에 영향을 미칠 수 있다. 많은 조직이 외부 전문가를 초빙하여 지원자를 면접하고 선발하게 한다. 그러나 어떤 조직에서는 직원들이 직접 미래의 동료를 선택한다. 때로는 지원자를 선발하는 직원이 장차 그 지원자와 협조하거나 경쟁할 수도 있다.

내 경험을 돌아보면, 동료들이 선발하는 예가 드물지 않다. 우리 대학의 심리학과에서는 교수들이 직접 지원자를 평가해 동료가 될 사람을 선발한다. 그래서 어떤 지원자가 학과 내에서 자신의 생활과 경력에 어떤 영향을 미칠지 고려할 수도 있다. 어떤 지원자가 더 잘 협조하고 경력에 도움이 될 거라고 기대할 수도 있다. 누군가는 어떤 지원자가 우수한 박사과정생이나 연구비를 놓고 경쟁할까 봐 우려할 수도 있다. 학자로서 살아갈 때는 전문성과 학문이 중요하지만, 사내 정치도 무시할 수 없다. 미국의 전 국무장관 헨리 키신저Henry Kissinger는 이렇게 말했다. "학문 정치가 그렇게 지독한 이유는 걸려 있는 게 아주 작아서다." 그렇다고 오해하지는 말라. 나는 30년간의 채용 결정에서 대개는 어떤 자리에 최적인 후보가 누구인지를 고려해서 선발해왔다. 그러나 간혹 다른 요인이 결정에 영향을 미쳤을 수도 있다. 대학에만 해당하는 얘기도 아니다. 여기서 문제는 신체적 매력도가 이런 상황에서 영향을 미치느냐는 것이다.

　영국과 미국, 싱가포르의 연구팀이 이 문제를 알아보았다.[17] 연구팀은 참가자들에게 협력과 경쟁이라는 두 가지 조건에 따라 지원자를 평가하게 했다. '협력 조건'에서는 참가자들에게 지원자가 공동 과제를 함께 수행할 것이고 둘 다 승진할 수도 있지만, 그것은 공동 과제의 결과에 달려 있다고 알렸다. '경쟁 조건'에서는 지원자와 별도의 과제를 수행할 것이고, 둘 중 한 사람만 승진하고 다른 한 사람은 회사를 떠날 것이라고 알렸다. 그리고 참가자들에게 매력적인 남녀 지원자와 매력적이지 않은 남녀 지원자의 사진이 붙은 이력서를 주었다. 꽤 흥미로운 결과가 나왔다. 참가자들이 지원자와 협력할 것으로 예상되는 조건에서는 매력적인 남자를 선호했다. 매력적인 여자와 매력적이지 않은 여자에 대한 선호도에는 차이가 없었다. 결과적으로 매력적인 남자 지원자는 더 유능하게 지각되어 협력이 필요한 상황에서 선호도가 높았지만, 이들이 능력이 출중할까 봐 우려되는 경쟁 상황에서는 차별을 당했다. 반면에 여자들은 외모로 더 유능하거나 덜 유능하다고 지각되지 않았다. 따라서 경쟁 상황이든 협력 상황이든 상관이 없었다.

언젠가 나는 지배력과 리더십이 필요한 관리직을 선발하는 위원회에 속한 적이 있었다. 우리는 후보 몇 사람을 면접한 뒤 가장 마음에 드는 두 사람을 추려냈다. 한 사람은 흔히 '동안'이라고 말하는 외모(코가 작고, 눈이 크고, 턱이 좁고, 이마가 튀어나온 둥그스름한 얼굴)의 젊은 남자였다. 두 지원자 모두 지적이고, 경험도 비슷하고, 추천서도 비슷했다. 위원회의 모든 구성원이 성숙한 얼굴의 후보에게 더 높은 점수를 주었다. 위원들은 두 사람 다 괜찮지만 더 성숙한 외모의 지원자에게 마음이 간다고 말했다. 결국 두 사람 모두 각기 다른 이유로 선발되지 않았지만, 이후에도 나는 우리가 어떤 사람을 다른 사람보다 선호하는 이유가 무엇인지 궁금했다. 동안 얼굴이라 다소 고분고분하고 순진해 보일 수 있다는 점 외에는 사실 두 사람 사이에 차이가 없었다. 우리 모두 그 후보가 충분히 지배력을 발휘하지 못할 거라고 생각하는 것이 가능할까?

흔히 동안인 사람을 보면 단지 귀엽다고 생각하는 것 외에도 온갖 추론과 판단을 내린다. 얼굴 지각과 얼굴 고정관념을 연구하는 사회심리학자 레슬리 제브로비츠Leslie Zebrowitz는 다수의 연구에서 얼굴이 동안인 사람이 더 따뜻하고 정직하고 진실하고 순수하고 순진하다는 평가를 받는다는 점을 입증했다(사회 지각에 관한 어느 획기적인 연구에서는 동안의 형사 피고인이 성숙한 얼굴의 피고인보다 더 관대한 형량을 받는 것으로 나타났다[18]).

제브로비츠 연구팀은 최고 중역 자리의 후보들을 선별할 때 동안의 후보가 성숙한 얼굴의 후보보다 약하고 유능하지 못한 사람으로 인식된다고 밝혔다.[19] 동안인 사람은 의회의 대표나 리더십과 지배력과 기민함을 요구하는 직업에는 불리했다. 반면에 간호사처럼 온화함과 연민이 필

요한 직업에는 유리했다.[20]

제브로비츠의 연구 결과는 다른 여러 연구에서도 입증되었다. 한 연구팀은 동안과 성숙한 얼굴의 백인과 흑인 남녀의 똑같은 이력서 584장을 인쇄하여 주요 연구자의 주소가 찍힌 봉투에 넣었다. 이력서마다 동안이나 성숙한 얼굴의 사진을 붙였다. 그런 다음 이력서를 공중전화 부스나 공원 벤치, 버스 정류장 같은 장소에서 '분실'했다. 연구자들은 이력서 중 몇 장이 그것을 '분실'한 사람을 돕기 위해 봉투에 찍힌 주소로 돌아오는지 조사하고 싶었다. 결과적으로 36퍼센트만 봉투에 찍힌 주소로 왔다. 백인 여자와 흑인 여자, 백인 남자는 동안 사진이 붙은 이력서가 성숙한 얼굴의 이력서보다 더 많이 돌아왔다. 흑인 남자는 동안과 성숙한 얼굴 사이에 차이가 없었다.[21] 또 다른 획기적인 연구에서는 마케팅과 비즈니스 연구자 세 명이 제약회사에 관한 가짜 뉴스 기사를 작성했다.[22] 기사에 따르면 그 회사가 부작용 있는 신약을 출시했는데, 회사가 부작용에 관해 미리 알고 있었냐는 점이 관건이었다. 기사 제목은 "CEO가 부작용을 인지하지 못했다고 주장하다"이고, CEO의 사진이 실려 있었다. 연구자들은 같은 사진에서 눈과 턱을 조작해 하나는 동안으로, 또 하나는 성숙한 얼굴로 두 가지 사진을 만들어 기사에 실었다. 더불어 부작용을 겪은 사람의 비율에 따라 세 가지 심각도(1퍼센트, 10퍼센트, 20퍼센트)를 설정했다. 전체적으로 CEO의 얼굴 조합(동안이나 성숙한 얼굴)과 심각도 수준(1퍼센트, 10퍼센트, 20퍼센트)을 섞어서 여섯 가지 기사를 작성했다. 참가자들은 동안이거나 성숙한 얼굴의 사진이 실리고 세 가지 중 한 가지 심각도로 된 기사를 보았다. 그리고 해당 기업에 대한 태도와 CEO의 정직성과 진실성을 어떻게 생각하는지 응답했다. 사람들은 CEO가 동안이지만 심각도가 낮은 상태일 때 그 기업을 우호적으로 보고 CEO를 더 정직하다고 평가했다. 심각도가 높은 상황에서는 CEO가 동안이든 아니든 상관이 없었다. 그러나 심각도가 낮은 상황에서는 CEO의 얼굴 생김새가 상관이 있었다.

보이는 것 이상의 무엇

누군가를 면접하거나 동료와 협업하고 싶은지 결정할 때 당신의 결정이 상대의 외모에 영향을 받았는지 자문해보라. 바람직하지도 않고 불공정하지만, 사실 외모는 판단에 영향을 준다. 이런 가능성을 인지하면 영향을 덜 받고, 겉으로 보이는 모습이 아니라 그 사람의 자질을 기준으로 판단할 수 있다. 스스로 외모에 얼마나 휘둘리는지 인지하면 진실이 보인다.

이상의 결과에서 외모가 중요하다는 것을 알 수 있다. 지원자로서는 얼굴을 바꾸기 위해 할 수 있는 것이 많지 않지만, 지원자를 평가하고 채용 결정을 내리는 사람이라면 진지하게 고려해야 하는 문제다. 의사 결정을 하는 자리에 있는 사람들은 매력도와 신체적 특징에 따라 지원자에게 유리하거나 불리한 편견을 가지고 있는지 스스로 확인해야 한다. 채용위원회에 남자와 여자 모두를 포함하는 것이 바람직하다. 성별에 따라 평가의 격차가 크다면 위원회의 구성원들은 자신의 평가가 지원자의 신체적 매력도와 상관이 있는지 자문해야 한다.

목소리

나는 첫 책을 쓸 때 여러 저작권 에이전시에 제안서를 보냈다. 직접 와서 내 아이디어에 관해 설명해 달라는 에이전시도 있었고, 더 상세한 설명을 글로 보내달라는 에이전시도 있었다. 글을 보내기보다는 직접 가서 말하는 편이 나을 것 같았고, 내 예감이 적중했다. 에이전시에서 나를 사무실로 불러서 함께 대화를 나누다가 계약서까지 쓰게 되었고, 나머지는 더 말할 필요가 없다.

어떤 사람들은 아이디어를 잘만 표현하면 글로 적든 말로 하든 상관 없다고 생각한다. 2015년에 발표된 연구에서 이 문제를 알아보았다. 연구자들은 몇 가지 실험에서 학생들에게 입사 지원자를 평가하게 했다.[23] 일부는 지원자가 하려는 말을 글로 읽었고, 일부는 같은 내용을 음성으로 들었으며, 일부는 지원자가 말하는 영상을 보았다. 지원자의 말을 들은 참가자들은 글로 읽은 참가자들보다 지원자를 더 유능하고 사려 깊고 똑똑하다고 평가했다. 지원자의 말만 들은 참가자와 영상을 본 참가자 사이에는 차이가 없었다. 채용 전문가들이 평가할 때도 유사한 결과가 나왔다. 따라서 일반적으로 그렇게 생각하지 않지만, 실제로는 지원자의 말을 들은 사람이 같은 내용을 글로 읽은 사람보다 해당 지원자를 더 채용하고 싶어 했다.

들어라! 들어라!

어떤 자리에 들어가고 싶으면 서류(이력서, 이메일, 문자 메시지) 외에도 어떻게든 목소리를 들려주려고 노력해야 한다. 녹음이든 전화든 상관없다. 글로 적힌 내용과 음성으로 전하는 내용이 똑같아도 음성을 전달해야 한다! 고용주가 될 사람의 마음에 당신의 이름과 성격을 각인하고, 좀 더 깊이 있고 다층적인 차원을 보여주는 데 매우 효과적인 '원투펀치'다. 게다가 목소리는 동기와 성격의 깊이와 은밀하지만 암시된 '관계'를 전달한다. 지원자의 나머지 조건이 모두 같을 때, 이것은 사실상 별다른 노력 없이 일자리를 따낼 방법이다. 다만 대본을 미리 작성하여 긴장하거나 두서없이 말하지 않도록 준비하면 도움이 된다.

목소리의 높낮이

목소리에는 감정과 심리 상태가 잘 드러난다. 같은 대답이라도 화가 나거나 슬프거나 조급하게 말하면 즐겁거나 행복한 어조로 말할 때와는 다르게 판단된다. 그렇다면 음질도 중요할까? 어조만이 아니라 목소리의 높낮이로도 판단할까?

동물의 발성에는 정보가 담겨 있다. 음성의 어떤 신호가 지배력이나 싸움 능력을 드러낼 수도 있다.[24] 인간의 목소리 높낮이도 듣는 사람에게 영향을 미친다. 목소리는 그 사람의 나이와 성별과 기분에 관한 단서를 제공한다. 더 나아가 연구에서는 우리가 어떤 사람의 목소리로 매력도나 지배력과 리더십 같은 성격 특질을 판단하는 것으로 나타났다.[25] 중저음의 남자는 고음의 남자보다 신체적으로 더 강인하고[26] 매력적이고[27] 지배력이 있는 것으로 지각된다.[28]

국제정치에서도 목소리의 효과가 얼마나 강력한지 확인할 수 있다.

영국의 1979년 선거 전에 마거릿 대처Margaret Thatcher는 스피치 코치에게 음성을 낮추는 훈련을 받았다. 2011년 개봉한 영화 〈철의 여인The Iron Lady〉에서 대처는 "지나치게 높고 권위 없는 목소리"가 가장 큰 걸림돌이라는 지적을 듣는다. 실제로 오랫동안 대처의 목소리를 분석한 연구자들은 목소리가 갈수록 깊어지고 권위적으로 들린다고 평가했다. 2015년에 이스라엘 총리 선거의 후보자인 이츠하크 헤르초그Yitzhak Herzog는 중저음의 경쟁 후보 베냐민 네타냐후Benjamin Netanyahu와 달리 고음의 목소리를 가졌다. 헤르초그는 고음의 목소리가 이미지에 타격을 준다고 판단했다. 그래서 유권자에게 보내는 메시지 영상에서 그의 연설에 중저음의 다른 사람 목소리를 입혔다. 영상 마지막에 그는 목소리 때문에 사람들이 자기에게 투표하는 것을 망설이는 줄 안다고 말했다. 결국 그는 목소리 이외에도 여러 가지 이유로 선거에서 패했지만, 목소리가 도움이 되지 않은 건 분명했다. 연구에서도 목소리의 높낮이가 투표 의사와 상관이 있는 것으로 나타났다.

캐나다의 한 연구팀은 미국 대통령 아홉 명의 목소리를 조작해서 각자의 고음 버전과 저음 버전을 만들었다.[29] 참가자들은 동일인의 목소리인 줄 모른 채 두 가지 버전을 들었다. 그리고 어느 쪽이 더 나은 지도자인지, 누가 더 정직하고 진실하고 지배력이 있어 보이는지, 누가 경제 상황에 더 잘 대처할 수 있을 것 같은지, 누가 더 똑똑한지, 누가 더 스캔들에 휘말릴 것 같은지에 대답했다. 또 전국 선거에서 누구에게 투표하고 싶은지도 대답했다. 참가자들은 중저음인 사람에게 투표할 가능성이 높았고, 고음인 사람보다 중저음인 사람에게 더 호감이 가는 성격 특질을 부여했다. 목소리가 저음인 사람을 고음인 사람보다 더 지배적이고 매력적이고 리더십이 뛰어나고, 현재 국가의 경제 상황을 더 잘 헤쳐 나갈 수 있고, 더 똑똑하고 정직하고 진실하다고 인식했다. 두 번째 실험에서는 정치인이 아닌 일반인이 정치와 무관한 문장을 읽을 때 목소리의 높낮이가 어떤 영향을 주는지 알아보았다. 이번에도 같은 사람의 목소리로 저음 버전과 고음 버전을 만들었다. 참가자들에게 두 버전을 들려주고, 전국 선거에서 누구에게 투표하고 싶은지 물었다. 역시나 참가자들은 중저음의 후보에게 투표할 가능성이 높았다.

사람들이 중저음 후보를 선호한다면, 후보가 여자라면 어떨까? 중저음 여자를 지도자로서 더 유능하다고 인식할까? 마이애미대학교의 부교수인 케이시 클로프스태드Casey Klofstad는 몇 가지 연구에서 남자와 여자의 목소리 높낮이가 지각과 투표 행동에 미치는 영향을 알아보았다.[30] 연구팀은 남자와 여자에게 "오는 11월 선거에서 꼭 저에게 투표해주십시오"라는 문장을 녹음하게 하고, 고음 버전과 저음 버전을 만들었다. 그리고 참가자들에게 고음과 저음의 후보자 목소리를 들려주고, 누구에게 투표할지 물었다. 남녀 참가자 모두 저음의 남녀 후보에게 더 많이 투표하겠다고 했다. 클로프스태드는 2012년 미국 국회의원 선거 결과를 검토하여 중저음 후보가 선거에서 더 많이 이겼다는 결과를 발견했다. 그리고 중저음 목소리에 대한 편향은 요직이나 정부에서 일하는 여자가 적은 이유를 설명해줄 수도 있다고 추정했다.

그렇다면 지도자의 자리가 학교 교장이나 '사친회' 회장처럼 전통적으로 '여성적'으로 인식되는 자리여도 같은 결과가 나올까? 물론 그렇다. 앤더슨과 클로프스태드는 앞선 연구들과 유사하게 남녀 참가자들에게 사친회 회장에 출마한 고음과 저음 남녀 '후보자'들의 녹음 음성을 들려주었다.[31] 남녀 참가자 모두 중저음 여성 후보를 선호했다. 연구자들은 참가자들이 목소리가 저음인 여자를 더 강인하고 유능하고 진실한 사람으로 인식했다고 설명했다. 따라서 어떤 자리가 전통적으로 '여성적'인지 '남성적'인지는 중요하지 않다. 리더십이 필요한 역할에는 낮은 음성을 선호하는 것이다.

그렇다면 얼굴과 목소리 중에서 어느 쪽이 더 많은 영향을 미칠까? 클로프스태드는 이 질문을 연구하면서 목소리의 높낮이와 얼굴 특징 모두가 선거에 영향을 미쳤지만, 얼굴이 목소리보다 거의 3배나 더 큰 영향을 미친다는 결과를 얻었다.

더 나아가 캐나다와 영국의 두 연구팀은 여자들이 정치 지도자를 선택해야 할 때는 중저음의 남자를 더 신뢰하지만, 다른 상황에서는 고음의 남자를 더 신뢰한다는 결과를 얻었다.[32] 예를 들어, 〈영국심리학저널British Journal of Psychology〉에 실린 연구에서는 여자들이 단기간의 관계에서는 중저음의 남자가 더 매력적이지만 진실성은 떨어진다고 인식하는 것으로 나타났다.[33] 다른 연구에서는 여자들이 돈이 걸린 게임에서는 중저음의 남자를 덜 신뢰하는 것으로 나타났다.[34] 요컨대 우리는 한 국가를 이끌 사람으로는 중저음의 남자를 신뢰하지만 우리의 돈이 걸린 상황에서는 신뢰하지 못한다는 것이다!

한 연구팀은 이렇게 실험실에서 발견된 목소리의 높낮이와 지각된 리더십 사이의 연관성이 현실 세계에서도 나타나는지 알아보았다.[35] 공기업의 CEO를 조사하여 그들의 목소리 높낮이와 기업의 규모와 임금을 측정했다. 결과적으로 중저음의 남자 CEO가 더 큰 기업을 경영하고, 돈도 더 많이 버는 것으로 나타났다. 흥미로운 결과이기는 하지만, 상관관계일 뿐 인과관계가 아니라는 점을 기억해야 한다. 남자 CEO의 저음의 목소리와 그의 지위 사이에 연관성이 있다고 말할 수 있지만, 중저음의 목소리가 그 지위에 오르게 했다고는 볼 수 없다.

○ **명백히 보이는 부분에 주의를 돌리기**

입사 지원자가 신체적 특징과 얼굴형과 목소리 같은 요소를 바꿀 수는 없다. 그러나 목소리나 외모 때문에 채용 가능성이 작아지는 현실을 인지하면, 자기 외모나 목소리를 먼저 언급하는 것이 도움이 될 수 있다. 한 연구에서 참가자들에게 건설업에서 전형적으로 남성적인 직업으로 인식되는 일자리에 지원한 매력적인 여자의 이력서와 사진을 보여주었다. 일부 이력서에서는 지원자가 "제가 일반적인 건설 노동자처럼 보이지 않는 줄 압니다……"라고 먼저 밝힌 뒤 자신의 능력을 설명했다. 통제 집단에서는 지원자가 자신의 능력만 소개했다. 자신의 외모가 전형적인 건설 노동자와 어울리지 않는다고 먼저 언급한 지원자 집단은 통제 집단보다 높은 점수를 받고, 그 일자리에 적합한 사람으로 인식되었다.

터놓고 말하기

자신의 모습에서 고음의 목소리나 동안 얼굴과 같은 요인이 평가에 부정적인 영향을 미칠 거라는 점을 안다면, 면접이나 대화에서 그 부분을 먼저 언급하라. 이렇게 말하면 된다. "제가 어려 보이는 얼굴인 건 알지만, 관리직에 필요한 제 능력이나 자질과는 무관하다고 생각합니다." 이렇게 먼저 대놓고 언급하면 평가자가 해당 자리와 무관한 신체적 특징에 영향을 덜 받게 되고, 그런 특징으로 불이익을 덜 당할 수 있다.

• • •

사람들은 직장에서 끊임없이 판단한다. 취업 면접에서만이 아니라 거의 일상적으로 동료들에 관해, 상사에 관해, 부하직원에 관해 끊임없이 판단한다. 그들의 지배력과 지적 능력과 리더십에 관해 나름의 의견을 갖는 것이다.

이 장에서 소개한 연구의 결과는 우려스럽고 충격적이기까지 하다. 면접관이나 의사 결정권자라면 이런 연구의 결과를 신중히 고려해야 한다. 이상적인 세계에서는 완벽히 객관적인 기준으로 서로를 판단하고, 그 사람의 장점이나 단점에 대한 진지한 평가를 방해할 만한 다른 무관한 요소는 무시할 것이다. 그러나 연구에 따르면, 수면 아래에서는 신체적 매력도와 목소리의 높낮이 같은 많은 요인이 작용하면서 우리의 판단에 영향을 미친다고 한다. 이처럼 어떤 일자리에서 요구하는 자질과는 무관한 신체적 특징을 기준으로 채용 결정을 내린다면, 지원자에게 부당할 뿐 아니라 그 자리에 최적인 사람을 뽑지 못하므로 전체 조직에도 유익하지 않다. 따라서 이런 요인들을 철저히 인식해야만 더 나은 결과를 얻을 뿐 아니라 편견에 치우친 판단과 결정도 줄어들 것이다.

3부

개인에게 통하는 보이지 않는 힘
습관이 만드는 힘의 단서

Whatever Works

11장

전원을 켜고 끄기
스마트폰과 이메일도
휴식이 필요하다

휴대전화는 지나치게 편리해서 불편하다.
_무라카미 하루키村上春樹

아침에 눈뜨면 무슨 일부터 하는가? 이를 닦고 두 번째로 하는 일은? 많은 사람이 휴대전화부터 확인한다고 답한다. 내가 아침에 일어나서 맨처음 하는 일은 이메일과 휴대전화 문자 메시지를 확인하는 것이다. 주로 일과 관련된 메시지다. 학생들의 질문이나 내가 속한 위원회의 요청 사항, 읽을거리, 학생들이 제출한 과제다. 어쨌든 나는 의식하지 못한 채새벽 6시에 눈을 뜨자마자 업무를 시작하는 셈이다. 나는 출근 준비를 하고 커피를 마시면서 이메일과 문자 메시지를 다시 확인한다.

최신 기술이 세상과 업무 환경을 획기적으로 바꿔놓았다. 제조업에서도 의사소통 기술의 발전으로 근무 조건이 개선되고, 효율성과 생산성이 향상되었다.

새천년이 시작된 후 우리는 온갖 다양한 방식으로 기술의 혜택을 누려왔다. 기업들은 20년 전에는 몰랐던 새로운 도구와 방법으로 사업을 운영한다. 새로운 기술은 기계와 컴퓨터, 발전한 통신, AI, 로봇 외에도 다양하다. 이 모든 기술 덕분에 비용이 절감되고, 반응 시간이 짧아지고, 생산량이 증가하고, 생산성이 높아지는 등의 효과가 나타났다.

오늘날 기술의 발전으로 더 많은 사람이 재택근무를 하면서 시간을 유연하게 활용하고, 교통 체증도 피할 수 있다. 기술의 발전으로 삶이 달라지고 더 효율적이고 편리하게 일하게 되었다는 데는 이론의 여지가 없다. 반면에 부정적인 영향도 있다. 사람들의 직접 소통이 줄어들면서 관계에는 해로운 영향을 미친다. 이런 측면에 관한 연구가 점차 늘고 있지만, 기술의 사회적 여파는 이 책의 범위를 넘어선다.

스마트폰 하나가 세상을 완전히 바꿔놓았다. 과거에는 운이 좋아야 집이나 직장에서 마침 전화기 앞에 있는 사람과 연결할 수 있었지만, 지금은 전 세계의 대다수 사람이 언제든 연결된다. 게다가 물론 손끝으로 동시에 여러 가지 일을 수행할 수 있다. 그중 몇 가지는 직장에서 도움이 될 수 있지만, 크게 방해가 되기도 한다. 이제 이 점에 관해 알아보자.

스마트폰이 일에 미치는 영향

어디에서든 스마트폰을 들여다보는 사람들이 많이 보인다. 이메일을 보내거나, 음악을 듣거나, 온라인으로 쇼핑을 하거나, 인스타그램을 보거나, 뉴스를 보거나, 식당을 예약하거나, 주식 앱을 보거나, 또는 친구나 가족과 대화를 나누느라 여념이 없다. 교실에 있을 때도, 식당에서 밥을 먹을 때도, 극장에서 친구나 가족과 같이 있을 때도, 물론 직장에 있을 때도 멈추지 않는다. 2007년에 1억 2232만 대가 팔린 스마트폰은 2019년에는 15억 6000만 대나 팔렸다. 워싱턴의 퓨리서치센터 Pew Research Center에 따르면, 2018년에 미국인의 96퍼센트가 어떤 형태로든 휴대전화를 소유하고 미국 성인의 81퍼센트가 스마트폰을 소유했다.[1]

〈타임 Time〉의 설문조사에서는 응답자의 84퍼센트가 휴대전화 없이는 하루도 버틸 수 없다고 답했고, 50퍼센트는 휴대전화를 옆에 두고 잔다고 답했다.[2] 휴대전화를 엉뚱한 데 놓고 찾지 못해서 겪는 극심한 불안은 누구에게나 익숙할 것이다. 최근 한 디너파티에서 모두 자리에 앉아 마지막 손님이 오기를 기다렸다. 그 손님은 거의 다 와서 휴대전화를 집에 두고 온 걸 알고 다시 가서 가져오느라 30분이나 늦은 거라고 해명했다. 나는 중요하게 올 전화가 있는지, 가족 중에 누가 아픈지 물었다. 그 손님은 아니라고 답했다. 그냥 휴대전화 없이 두 시간을 버틸 수 없었던 것이다. 이것을 '노모포비아 nomophobia', 곧 휴대전화가 없을 때의 공포증이라고 한다. 이 현상은 네 가지 불안의 영역을 아우른다. 바로 소통하지 못하는 공포, 연결을 잃는 공포, 정보에 접근하지 못하는 공포, 편의를 포기하는 공포다.

스마트폰 사용에 관해 토론할 필요가 있다. 스마트폰이 나오면서 인터넷에 쉽게 접근할 수 있게 되자 우리가 일하는 방식과 장소, 시간이 크게 달라졌기 때문이다. 스마트폰 덕분에 집에서든 걸으면서든 문제에 답하고 바로 해결할 수 있어서 업무 시간이 유연해진 반면에, 퇴근한 뒤에도 업무에서 벗어나지 못하고 연결을 끊기가 어려워졌다. 최근의 여러 연구에서는 스마트폰이 우리의 안녕감에 부정적인 영향을 미친다고 결론지었다.

일 문제로 항상 스마트폰을 사용할 수 있게 되면서 스트레스가 증가했다. 직원들은 언제 어디서든 시간을 내서 일과 관련된 문제에 즉각 답해야 하는 압박감에 시달린다. 스웨덴노동생활및사회조사협의회 Swedish Council for Working Life and Social Research에서 연구비를 지원받아 스웨덴에서 진행된 연구에서는 끊임없는 문자 메시지(꼭 일과 관련되지 않아도)가 스트레스, 수면 장애와 연관이 있는 것으로 나타났다.[3] 이 연구에서는 20~24세 남자 1만 명과 여자 1만 명에게 매일 주고받은 통화와 문자 메시지 수를 비롯해 스마트폰 사용에 관해 질문했다. 그리고 스마트폰 때문에 밤에 자다가 깨는지와 같은 일상의 습관에 관해서도 물었다. 또 지각된 스트레스와 수면 장애에 관해서도 물었다. 1년 후 다시 같은 내용을 질문했다. 그 결과 24시간 접근 가능하다는 점이 스트레스나 우울증 같은 정신 건강 증상과 관련되는 것으로 나타났다.

일부 연구자는 스마트폰 남용을 스마트폰 중독으로 간주하고, 다른 중독 행동과 비슷하게 스마트폰 남용이 일상생활을 방해할 수 있다고 설명한다. 2017년에 독일의 연구에서는 참가자 262명에게 스마트폰 중독을 측정하는 10개 문항의 질문지를 주었다. 참가자들은 "나는 스마트폰을 사용하다가 계획한 업무를 하지 못한다"와 "과도한 스마트폰 사용으로 피곤과 수면 부족을 느낀다" 같은 문항에 6점 척도('전혀 아니다'부터 '매우 그렇다'까지)로 답했다. 그와 더불어 지난 7일 동안 여러 이유로 놓친 업무 시간을 평가하는 직장의 생산성에 관한 질문에도 답했다. 연구자들은 스마트폰 중독과 직장의 생산성 사이에서 중간 정도의 음의 상관관계

를 발견했다.[4]

일부 기업에서는 가정과 직장의 경계를 지켜주려 하지만, 기본적으로 항상 접근 가능해야 하고 집에서도 응답해야 하는 기업도 있다. 많은 연구에서 직장을 나설 때 일과 분리되는 것이 건강·안녕감과 양의 상관관계에 있는 것으로 밝혀졌다. 독일 만하임대학교 노동과 조직 심리학과의 사비네 소넨탁Sabine Sonnentag 교수는 사람들이 업무 시간 이후 심리적으로 일과 더 많이 분리될수록 피곤을 덜 느낀다는 사실을 밝혀냈다.[5]

○ **스마트폰, 수면, 스트레스**

많은 사람이 잠들기 직전까지 스마트폰을 사용한다.[6] 여기에는 대가가 따른다. 노르웨이와 미국의 연구팀[7]은 한 참가자 집단에는 잠들기 전 네 시간 동안 아이패드를 보게 하고, 다른 집단에는 종이책을 읽게 했다. 5일 밤이 지난 뒤 집단을 바꿨다. 아이패드를 본 사람들은 잠드는 데 더 오래 걸리고 REM 수면 시간이 짧았다. 연구자들은 태블릿의 청색광이 수면에 부정적인 영향을 미칠 수 있다고 보았다. 다른 연구에서는 잠들기 전 스크린을 보는 시간이 길수록 잠드는 데 걸리는 시간이 길어질 뿐 아니라 수면의 질도 떨어진다는 것을 밝혀냈다.[8]

플로리다대학교의 클로디아나 라나즈Klodiana Lanaj 연구팀은 밤에 스마트폰을 사용하는 습관이 수면 부족하고만 연관되는 것이 아니라 이튿날 오전의 체력 소모와 업무 집중력이 떨어지는 현상과도 연관 있다는 것을 밝혀냈다.[9] 참가자들은 "지금 당장 어떤 일에 집중하려면 상당한 노력이 필요할 것이다"와 "오늘 일하면서 주변 상황을 모두 잊었다" 같은 진술에 얼마나 동의하는지 평가해야 했다. 밤늦게 업무 때문에 스마트폰을 사용하는 사람들은 수면 부족과 체력 소모로 다음 날 업무에 집중하는 능력이 떨어졌다. 실제로 이런 영향은 특히 스마트폰 사용 때문에 나타났고, 컴퓨터와 텔레비전과 태블릿 같은, 화면이 있는 다른 장치의 영향보다 스마트폰의 영향이 더 컸다. 이상의 결과에서 밤늦게 스마트폰을 사용하는 습관의 대가를 생각해볼 수 있다. 간혹 밤늦도록 일하면서 온갖 문제를 해결해야 할 때도 있다. 그러나 다른 때라면 이튿날의 체력 소모를 생각해서 이왕이면 밤에 스마트폰을 보지 않는 것이 좋다.

나만의 심리학 실험실

자기를 피험자 삼아 작은 실험을 해보자. 앞으로 사흘간 불 끄고 잠들기 적어도 한 시간 전부터 화면(스마트폰, 태블릿, 컴퓨터)을 멀리하라. 읽거나 쓸 수는 있지만 화면은 멀리하라. 결과적으로 좋아하는 장치 없이 불을 다 끄고 나서 더 빨리 잠들었는가? 이튿날 아침에 더 개운한 느낌이 드는지 확인해보라.

이제 이렇게 해보라. 집중력과 인지 기능이 필요한 일을 할 때는 한 시간 동안 전화기를 끄고 전혀 보이지 않는 곳에 두어라. 성과가 향상될 것이다.

밤에 스마트폰을 사용하는 것이 수면 부족의 유일한 원인은 아니다(다른 이유로도 수면을 제대로 취하지 못할 수 있다). 평소 피곤한 채로 출근하는 사람을 위한 실용적인 조언이 있다. 우선 일정을 짤 때 졸리는 시간에는 노력이 덜 들어가고 좀 더 익숙한 업무를 배정하라.[10] 피로에 지칠 때는 한 가지 업무에 과도하게 오래 매달리지 않는 방법도 있다. 그러면 다시 업무로 돌아갈 때 좋은 성과를 볼 것이다. 커피나 카페인이 들어간 음료를 마셔라. 졸릴 때는 사람들과 함께 일해보라. 이 방법도 도움이 될 것이다.

반면에 일각에서는 스마트폰이 업무 스트레스를 덜어주는 기능을 할 수 있다고 말한다. 영화나 TV나 컴퓨터게임 같은 미디어가 긍정적인 역할을 할 수 있다는 것을 밝혀낸 연구도 있다. 누구나 일에서 잠시 벗어나 '배터리를 충전하고' 피로에 지친 상태를 회복해야 한다. 그러지 않으면 지치고 스트레스에 시달릴 것이다. 쉴 때는 일과 분리되어야 하는데, 이는 회복하는 데 매우 중요한 과정이다. 스마트폰으로 음악을 듣든 게임을 하든 과도한 업무에서 회복하는 데 도움이 되는 다른 활동을 하든, 잠시 일에서 떨어져 휴식을 취할 수 있다.

○ **스마트폰과 인지 수행**

스마트폰이 인지 수행에 미치는 영향은 어떤가? 마주 보고 대화를 나누면서 문자 메시지와 이메일을 자주 확인하고 답장을 보내는 사람들이 있다. 당연히 대화에 집중하지 못한다. (다들 이런 짜증 나는 습관을 많이 보았을 것이다. 일반적인 현상이라 따로 용어까지 나왔다. '전화기 phone'와 '냉대 snubbing'가 합쳐진 'phone-snubbling'에서 나온 '퍼빙 phubbing'이라는 말이다.) 나도 컴퓨터로 일할 때 스마트폰이 옆에 있으면, 문자 메시지를 무시하기가 무척 어렵다. 사실 대다수는 일과 무관하고 집중력을 방해하는 메시지일 뿐이다.

캐나다 워털루대학교의 연구팀은 두 편의 연구를 진행하면서 여러 기업의 직원들에게 휴대전화 사용 시간을 측정하게 했다. 그리고 인지 과제를 몇 가지 내주었다.[11] 휴대전화 사용 시간이 길다고 보고한 직원일수록 다양한 인지 과제에서 수행 능력이 떨어졌다. 연구자들은 논문 제목을 "주머니 속의 뇌: 스마트폰이 생각을 대체한다는 증거The brain in your pocket: Evidence that smartphones are used to supplant thinking"라고 지었다.

나는 학생들에게 수업 중에는 스마트폰을 사용하지 말라고 하지만, 물론 완벽하게 통제하기란 불가능하다. 아동의 건강과 안녕감을 전공한 미국의 두 연구자는 학생들의 3분의 2가 교실에서 수업을 듣는 동안 전자 매체를 사용한다는 사실을 발견했다.[12] 몇몇 연구에서 스마트폰이 학생들의 성적과 불안에 미치는 영향을 알아보았다. 한 연구에서는 대학생들에게 불안 척도를 비롯해 삶의 만족도와 스마트폰 사용을 측정하는 몇 가지 질문지를 주었다.[13] 구체적으로 들어가면, 학생들은 매일 휴대전화를 사용하는 총시간을 측정하고 음악을 듣는 용도를 제외한 모든 용도를 파악해서 답해야 했다. 문자 메시지를 주고받는 데 들어간 시간도 측정해야 했다. 전체적인 용도든 문자 메시지를 주고받는 용도든, 휴대전화를 많이 사용한다고 보고한 학생들은 성적이 낮고 불안 척도 점수가 높았다. 이 연구의 결과는 그 자체로도 중요하고 업무 환경에도 중요한 의미가 있다. 휴대전화를 많이 사용할수록 집중력이 떨어진다. 동시에 여러 가지 일을 처리하느라 성과가 떨어지기 때문이다. 휴대전화 사용은 불안과도 관련이 있다. 그러나 반대 방향일 수도 있다. 불안한 사람일수록 문자 메시지를 많이 보내고, 휴대전화를 더 많이 사용할 수도 있다.

다른 연구에서도 유사하게 휴대전화 사용에 관한 자가 보고와 학업 성취도 사이에 음의 상관관계가 있다는 것을 발견했다.[14] 수업 중에 휴대전화를 사용한다고 보고한 학생들이 그렇지 않은 학생들보다 성적이 떨어졌다.

스마트폰은 분명 인지 기능과 행동에 영향을 준다. 그러나 스마트폰 사용이 인지 기능에 미치는 영향을 장기간 추적한 연구는 아직 부족하다. 스마트폰이 주의력과 기억과 만족 지연에 미치는 영향을 조사하는 연구가 더 많이 나와야 한다. 종단 연구가 스마트폰 사용의 장기적 효과를 보여줄 것이다. 인터넷이나 스마트폰에 중독된 사람들의 뇌 변화를 조사한 연구에서 변화상을 제시하기는 했지만,[15] 아직은 초기 단계에 있다. 문자 메시지를 보내고 읽는 것이 수행을 방해한다는 것은 누구나 안다. 그러나 스마트폰이 옆에 있기만 해도(실제로 사용하지 않아도) 수행에 영향을 미치는 것으로 나타난 놀라운 연구도 있다.

한 연구[16]에서 참가자들에게 20분간 TED 강연을 들려주었다. 그리고 참가자들을 네 집단으로 나눴다. 한 집단은 교육 목적의 강연을 들으면서 스마트폰을 사용할 수 있었다. 두 번째 집단은 강연을 듣는 동안에는 스마트폰을 무음으로 해놓고 사용할 수 없었다. 세 번째 집단은 강연을 시작하기 전에 스마트폰을 꺼야 했다. 네 번째 집단은 스마트폰에 관한 지침을 따로 받지 않았다. 강연 중에 실험자가 참가자들의 주의를 분산하기 위해 문자 메시지를 보냈다. 그리고 강연이 끝나고 참가자들이 강연에서 얼마나 배웠는지 알아보기 위해 강연 주제에 관해 질문했다. 스마트폰을 끈 참가자들의 결과가 나머지 참가자들보다 좋았다.

다른 연구[17]에서는 참가자들에게 주의력과 유연성을 측정하는 두 가지 인지 과제를 내주었다. 과제마다 난이도가 두 단계였다. 실험자는 참가자들에게 과제를 설명하면서 한 참가자의 테이블에는 휴대전화와 스톱워치를 놓고, 다른 참가자의 테이블에는 노트북을 놓았다. 그리고 스톱워치를 가져가고 '우연인 척' 휴대전화와 노트북은 테이블에 그대로 두었다. 더 어려운 인지 과제에서 테이블에 실험자의 휴대전화가 놓여 있는 참가자들의 수행 결과가 실험자의 노트북이 놓여 있는 참가자보다 유의미하게 떨어졌다(참가자들이 '다른 사람의' 휴대전화에도 영향을 받는다는 결과가 흥미롭다!).

2017년에 샌디에이고의 캘리포니아대학교와 텍사스대학교 연구자들이 발표한 연구에서는 스마트폰이 옆에 있기만 해도 '두뇌 유출' 현상이 발생하는 것으로 나타났다.[18] 연구팀은 참가자 548명을 세 조건(책상, 주머니-가방, 다른 방) 중 한 조건에 배정했다. '책상 조건'의 참가자들에게는 소지품을 모두 밖에 두지만 휴대전화는 연구에 필요하므로 가지고 들어오게 했다. 그리고 휴대전화를 책상에 놓으라고 했다. '주머니-가방 조건'의 참가자들에게는 소지품을 모두 실험실로 가지고 들어오고 휴대전화는 늘 보관하는 곳에 넣어두라고 했다. 절반은 주머니에 넣고, 절반은 가방에 넣었다. '다른 방 조건'의 참가자들에게는 (휴대전화를 포함한) 소지품을 모두 실험실 밖에 두고 들어오라고 요청했다. 그런 다음 참가자들에게 몇 가지 인지 과제를 내주었다. 예를 들어, 불완전한 패턴의 행렬을 주고 빠진 요소를 찾아서 완성하는 과제나 수학 문제 몇 개를 풀면서 특정 문자의 순서를 기억하는 과제였다. 그 결과 휴대전화가 옆에 있기만 해도 수행에 영향을 받는 것으로 나타났다. 휴대전화를 다른 방에 두고 들어온 참가자들이 책상에 놓거나 주머니나 가방에 넣어둔 참가자들보다 더 나은 수행 결과를 보였다. 휴대전화를 주머니나 가방에 넣어둔 참가자들의 수행 결과는 두 집단 사이의 중간에 있었다. 그런데 놀랍게도 휴대전화의 위치가 수행에 얼마나 영향을 미쳤냐는 질문에는 세 집단 사이에 차이가 없었다. 그러나 참가자들이 실험에서 휴대전화로 아무것도 하지 않았어도 휴대전화가 책상에 있으면, 흘끔거리며 메시지를 확인하고 메시지와 통화에 답하지 못해서 걱정했다. 따라서 연구자들은 두번째 실험을 진행하기로 하고 새로운 조건인 '전원' 조건을 추가했다. 다시 말해, 각 조건에서 참가자의 절반은 휴대전화를 무음으로 해놓고 절반은 전원을 껐다. 결과적으로 전원은 아무런 영향을 미치지 않았다. 휴대전화의 전원을 켜든 끄든 상관이 없었고, 단지 휴대전화가 옆에 있기만 해도 수행 결과에 영향을 준 것이다. 첫 번째 실험과 유사하게 다른 방 조건의 참가자들이 휴대전화를 책상에 놓아둔 참가자들보다 더 좋은 수행 결과를 보였다. 전원을 껐어도 휴대전화가 옆에 있다는 사실만으로도 수행 결과에 부정적인 영향을 미쳤다. 연구자들은 우리가 자동으로 휴대전화로 가는 주의력을 피하기 위해 정신적 에너지를 쓰고, 그것이 주어진 과제의 수행에 방해가 된다고 설명한다. 굉장하다! 휴대전화 사용이 주의력에 영향을 미친다는 것은 알았지만, 이 결과는 휴대전화가 옆에 있기만 해도 인지 수행에 방해가 된다는 뜻이니 말이다.

이메일

이메일은 업무 현장에서 가장 널리 퍼져 있는 통신수단이다. 2013년에 이메일은 주로 비즈니스 계정에서 전송되었고, 매일 1000억 통의 이메일 메시지가 전송되고 수신되었다.[19] 2017년에는 매일 2900억 통의 이메일 메시지가 전송되고 수신되었다. 이메일을 이용하면 업무 공간의 의사소통이 원활해지고, 시간이 적게 든다. 멀리서 일하는 사람에게 장문의 원고와 용량이 큰 이미지·파일을 보내면 순식간에 자료가 상대에게 전송된다. 잠시 후 상대가 답장을 보낼 수도 있다. 게다가 클릭 한 번으로 여러 사람에게 이메일을 보낼 수도 있다. 용건을 꺼내기 전에 잡담을 나눌 필요도 없고, 얼굴을 보면서 나누는 대화와는 달리 외모 같은 외적 요인으로 내용이 판단되지 않는다. 이메일은 비즈니스를 진행하고 동료나 고객과 계속 소통하기 위한, 빠르고 편리한 수단이다. 그러나 의사소통과 생산성 면에서 위험이 없는 것은 아니다.

○ 진담이에요?

로펌의 젊은 인턴이 상사와 함께 사건을 맡았다. 상사에게 일주일 안에 자료를 검토하고 보고서를 작성하라는 지시를 받았다. 하지만 일주일에서 며칠 더 걸렸다. 인턴은 상사에게 "열심히 일해줘서 고마워"라고 적힌 이메일을 받았다. 보고서를 늦게 제출했다고 비꼬는 메시지인지 아닌지 확신이 들지 않았지만, 소심해서 물어보지 못했다. 한 달 만에 상사가 다시 인턴에게 일을 잘했다고 칭찬하자 이번에는 용기를 내서 물어보았고, 전혀 비꼬는 의미가 담겨 있지 않다는 사실을 확인했다. 상사는 진심으로 칭찬했다.

신체 언어와 어조 같은 비언어적 의사소통은 이메일에서 생략되는 중요한 단서를 제공한다. 이런 단서가 없으면 메시지를 오해하기 쉽다. 이를테면 유머 섞인 메시지인데 진지하게 받아들여질 수도 있고, 존경을 담은 메시지인데 무례한 메시지로 오해받을 수도 있다.

직장에서 모호한 메시지가 잘못 해석될 수 있고, 발신자가 인지하지 못하면 오해가 남아 심각한 문제를 초래할 수도 있다. 오해를 산 줄도 모르는 사이에 중요한 고객이나 비즈니스를 잃을 수도 있다. 뉴욕대학교 스턴경영대학원의 저스틴 크루거Justin Kruger 교수의 연구팀은 일련의 연구[20]에서 냉소, 유머, 진지함을 전달하는 기능을 중심으로 음성 메시지와 이메일을 비교했다. 당연히 이런 감정은 이메일보다 음성 메시지를 통해 훨씬 효과적으로 전달되는 것으로 나타났다. 참가자들은 메시지를 글로 읽을 때보다 귀로 들을 때 냉소와 유머를 더 정확히 알아챘다. 한 실험에서는 참가자들에게 날씨나 음식, 데이트 같은 주제로 스무 가지 문장을 보여주었다. 절반은 냉소적이고, 절반은 진지했다. 예컨대 "나는 첫 데이트를 좋아하지 않는다"가 데이트에 관한 진지한 발언이고, "나는 가능한 한 남들 시선을 의식하지 않고 부적절한 기분을 느끼고 싶어서 데이트를 즐긴다"는 냉소적인 발언이다. 참가자들에게 냉소적인지 아닌지 가장 쉽게 분류할 수 있는 진술 10가지를 골라서 다른 참가자에게 보내게 했다. 그러면 다른 참가자가 어느 쪽이 냉소적이고 어느 쪽이 아닌지 알아냈다. 참가자 절반에게는 진술을 컴퓨터에 입력해서 보내게 하고, 나머지 절반에게는 녹음해서 보내게 했다. 그리고 냉소적인 진술과 진지한 진술로 정확히 분류될 만한 진술이 몇 개인지 예측하게 했다. 그 결과 메시지를 음성으로 들은 사람이 글로 읽은 사람보다 냉소를 더 정확히 찾아냈다. 유머에 관한 결과도 비슷했다. 이 연구 결과가 놀랍지는 않지만, 인상적이다. 메시지를 글로 보낸 사람은 자기가 전달하려는 내용이 정확히 해석될 거라고 과도하게 자신했다. 다시 말해 이메일로 소통할 때는 감정이 항상 의도대로 전달되지 않는데 정작 메시지를 보내는 사람은 이런 현실을 인지하지 못한다. 연구자들은 사람들은 누구나 자기중심적이라서 자기가 메시지에 냉소를 담았는지 유머를 담았는지 알면 당연히 상대도 알아들을 거라고 가정한다고 말한다. 그러나 사람들은 냉소와 유머를 비롯한 감정을 상대의 말만이 아니라 비언어적 소통, 즉 어조, 표정과 몸짓, 말을 끊는 시간, 손짓 등으로 감지한다. 따라서 비언어적 단서 없이 메시지를 글로 읽으면 쉽게 오해할 수 있지만, 메시지를 보낸 사람은 그런 줄 모른다.

한 번 더 보기: 골치 아픈 상황을 피하기 위해 다시 확인하기

이메일을 보내기 전에 항상 검토해야 한다. 냉소적이거나 유머 섞인 메시지를 의도했다면, 이중으로 확인해야 한다. 답장이 오지 않으면, 직접 전화해서 메시지를 오해한 건 아닌지 확인해야 한다.

이메일과 생산성: 양날의 검

이메일이 등장하기 전에는 어떻게 일했는지 기억난다. 논문이 완성되면 인쇄해서 항공우편으로 학술지에 보냈다. 몇 주가 지나면 하루에 몇 번씩 학과 우편함에 가서 학술지 편집자에게서 온 편지가 있는지 확인했다. 그리고 한두 달쯤 지나 드디어 편지가 오면, 계속 편집자와 서신을 교환했다. 매번 항공우편으로 보내고, 몇 주간 답장을 기다렸다. 그러나 지금은 논문을 이메일로 보내고 곧바로 확인받고, 저쪽에서 논문을 검토하

면 바로 답장이 온다.

이메일이 여러모로 업무의 생산성을 끌어올렸다는 데는 의심의 여지가 없다. 피드백을 바로 받는 것이 두 달쯤 지나 이미 다른 프로젝트로 관심이 넘어갔을 때 피드백을 받는 것보다 훨씬 효율적이다. 그러나 이메일을 주고받는 데도 나름의 단점이 있다. 답장이 바로 올 것으로 기대하기 때문에 오히려 스트레스를 받고, 작업 흐름에 방해가 될 수 있다. 이메일이 오자마자 답장을 보내려면 과제를 전환해야 하고, 그러다 보면 시간을 허비하고 생산성이 떨어진다. 과도한 이메일 작업으로 심각한 문제를 겪는 사람이 많다. 이메일 메시지가 업무 중인 사람의 주의를 빼앗고, 이메일에 답장을 보내야 한다는 생각에 더 중요한 업무에 대한 집중력이 흐트러질 수 있다. 서류를 읽든 문제를 해결하든 특정 업무에 집중하려고 노력할 때 문자 메시지와 이메일을 받는다면 방해가 될 것이다. 어떤 업무를 진행하는 동안에는 이메일 수신함을 열지 말고, 그냥 한 시간 정도 '이메일 휴식'을 갖는 것이 좋다.

휴식을 취하라!

긴요한 메시지를 기다리는 상황이 아니라면 한 시간 동안 '이메일 휴식'을 취하라. 그동안은 이메일을 확인하지 않고 업무에만 집중하자고 정하라. 실적이 얼마나 향상되는지 곧 알게 될 것이다.

이런 연구 결과는 매우 중요하다. 협상에서의 결정은 인지와 감정 모두에 영향을 받고, 많은 협상이 이메일로 진행된다. 한편으로 이메일을 보낼 때는 전송 버튼을 누르기 전에 메시지를 다시 읽을 수 있으므로 감정을 더 잘 통제할 수 있다. 반면에 오해를 살 수도 있다. 따라서 이메일을 보내기 전에 검토하고, 전달하려는 감정이 자기만이 아니라 상대에게도 명확히 전달될지 자문해야 한다. 이모티콘을 더하면 도움이 될 수도 있지만, 상대를 고려해야 한다. 업무 이메일에 이모티콘을 넣는 것이 때로는 지나치게 가볍고 프로답지 않아 보일 수도 있기 때문이다. 답장이 오지 않거나 답장에서 상대가 오해했다는 느낌이 전해진다면, 직접 전화해서 메시지가 명확히 전달되었는지 확인해야 한다.

● ● ●

그렇다. 이메일과 문자 메시지로 더 편리해지긴 했지만, 직접 대화를 나눠야 할 때가 있다. 그리고 휴식이 필요할 때도 있다. 기술은 우리의 일상과 업무의 여러 면에서 중요하고 유용하지만, 주의력과 집중력을 방해하고 의사소통을 복잡하게 하고 수면을 방해할 수도 있다. 이런 방해를 줄이는 비교적 간단한 방법이 있다. 휴대전화를 잠시 다른 방에 갖다 놓는 것이다. 중요한 전화를 기다리는 것이 아니라면 휴대전화를 다른 데 치우거나 전원을 꺼둔다. 직장에서 집중해야 할 업무가 있다면, 휴대전화를 다른 장소에 가져다 두면 더 좋은 성과를 거둘 수 있다. 가족에게 직장 전화번호를 알려주고 긴급한 일이 있으면 직장으로 연락하게 한 뒤 휴대전화는 잊어라. 연구에서 나타났듯이 휴대전화가 옆에 있기만 해도 집중에 방해를 받고 성과가 떨어진다.

몇 가지 앱을 이용해 스마트폰 사용을 조절할 수도 있다. 예로 모멘트Moment라는 앱은 휴대전화를 얼마나 사용하는지 추적하고, 지나치게 많이 사용하면 알림을 보낸다. 이런 식으로 스마트폰의 긍정적인 요소를 누리면서 다른 일에 쓸 시간을 확보할 수 있다. 앱디톡스AppDetox라는 앱은 스마트폰 사용을 조정하게 해준다. 업무 시간에 특정 기능을 제한하여 이메일만 활성화하거나, 아니면 휴식을 취할 때 이메일을 제한할 수도 있다.

다시 말하지만 우리가 가진 장치는 우리에게 도움을 주지만 피해를 주기도 한다. 휴대전화의 용도를 잘 선별하는 법을 배우고 목적에 따라 메시지를 확인하라.

12장

음악의 힘

업무 중 음악은 도움이 될까?

음악은 감정의 축약어다.
_ 레프 니콜라예비치 톨스토이 Lev Nikolaevich Tolstoi

나는 몇 년 전에 멕시코의 푸에블라에서 열린 '아이디어의 도시 la Ciudad de las Ideas'라는 흥미로운 회의에서 강연을 맡았다. 이 회의는 과학, 예술, 정치, 비즈니스, 엔터테인먼트 등에 관한 혁신적인 아이디어를 제시하는 자리로서 노벨상 수상자, 저명한 과학자, 작가, 아카데미 영화상 후보들을 비롯해 영감을 주는 연사들을 초빙한다. 우리는 회의 기간에 멕시코 TV아스테카TV Azteca의 소유주 리카르도 살리나스 플리에고Ricardo Salinas Pliego가 설립한 청소년 오케스트라를 방문했다. 멕시코의 수많은 오케스트라 중 하나인 이곳에서는 청소년 다수가 경험하는 폭력의 대안과 훌륭한 기회를 제공한다. 오케스트라의 단원이 된 아이들은 매일 연습한다. 나는 그들의 리허설과 회의에서 공연하는 모습을 볼 수 있었다.

음악이 아이들에게 힘을 불어넣고, 새롭고 감동적이고 흥미로운 무언가를 선사하는 듯했다. 아이들만 감동에 젖은 것은 아니었다. 공연 중에 객석을 둘러본 나는 사람들의 표정에서 다들 얼마나 감동했는지 알 수 있었다.

그러나 음악의 영향은 음악가와 현장의 관객에게만 국한되지 않는다. 음악은 많은 사람에게서 중요한 역할을 한다. 사람들의 삶에서 감정을 발산하는 수단과 구조와 의미까지 제공한다. 음악은 일상에 널리 퍼져 있고, 많은 사람에게 중요한 부분이다.

누구나 음악을 들으면서 마음이 편안해지는 경험을 해보았을 것이다. 실제로 음악에는 치유의 힘이 있다. 마음을 안정시키고 긴장을 이완할 뿐 아니라 불안과 스트레스와 혈압과 심장박동을 낮춘다.[1] 대장 내시경 검사나 무릎 수술 같은 중요한 일을 앞두고 음악을 들은 사람은 덜 불안해했다.[2] 음악은 사람들이 PTSD와 같은 각종 질병을 치료하는 데 도움을 주고, 불안감을 줄이고, 사람들과 어울리고 대화하고 자기를 표현하도록 도와준다.[3]

음악 치료는 언어적 소통을 관장하는 뇌의 좌반구에 손상을 입은 사람이 상실한 언어 기능을 회복하는 데 도움이 될 수 있다. 2011년 1월 8일, 미국 하원의원 개브리엘 기퍼즈Gabrielle Giffords는 애리조나의 슈퍼마켓 주차장에서 열린 유권자 행사에서 총격을 당했다. 그 총격으로 좌반구에 손상을 입은 기퍼즈는 말을 다시 배워야 했는데, 그때 음악이 도움이 되었다. TV 프로그램 〈20/20〉에서 방영된 감동적인 영상을 보면, 기퍼즈가 하고 싶은 말을 입 밖으로 내지 못해 괴로워하다가 치료사와 함께 'Let it shine, let it shine'이라는 곡을 함께 노래하고는 갑자기 말을 할 수 있게 되는 장면이 나온다. 언어중추는 좌반구에 있지만, 음악은 양쪽 모두에 있다. 음악 치료는 뇌를 활성화하고, 뇌에서 손상된 영역 주위에 새로운 경로를 만들어서 우반구에 새로운 언어 영역을 만들게 해준다.

우리 삶에서 음악이 얼마나 중요한지는 아무리 강조해도 지나치지 않다. 그러면 음악이 업무에 미치는 영향은 어떨까? 사람들은 여가 시간이나 운전하거나 운동할 때만이 아니라 일할 때도 음악을 듣는다. 2006년에 실시한 설문조사에서는 근로자의 80퍼센트가 직장에 머무는 시간의 35퍼센트 정도는 음악을 듣는 것으로 나타났다.[4] 어떤 사무실에서는 업무 시간에 배경음악을 틀어놓는다. 듣고 싶은 시간과 음악을 직접 선택하는 곳도 있다. 일하면서 음악을 듣는 것은 쉽고도 구미가 당긴다. 그러므로 음악이 어떤 영향을 줄 수 있는지 꼭 알아두어야 한다.

나는 2014년에 첫 책《센세이션》에서 물리적 감각이 우리의 행동과 정서와 인지에 미치는 영향을 설명한 뒤 음악이 업무 수행에 미치는 영향에 관해 자주 질문을 던졌다. 일하는 동안 음악을 들어야 할까, 아니면 휴식을 취할 때만 들어야 할까? 어떤 유형의 업무인지, 어떤 종류의 음악인지가 중요할까? 이런 질문의 답은 물론 단순하지 않고 여러 요인에 좌우된다. 그럼, 이제 이 복잡한 질문에 깊이 들어가 보자.

모차르트 효과
: 클래식 음악을 들으면 더 똑똑해질까?

25년 전쯤 한 연구팀이 '모차르트 효과'라는 현상을 소개했다.[5] 이들의 연구에서 모차르트의 '두 대의 피아노를 위한 소나타 1악장 D장조(K. 488)'를 10분간 들은 학생들이 이완하라는 지시를 듣거나 조용히 앉아 있던 사람들보다 인지 과제에서 더 좋은 수행 능력을 보였다. 이 결과는 큰 관심을 끌었다. 그러나 이후의 연구에서는 음악 한 가지가 인지 수행에 직접적인 영향을 미치는 것은 아니라고 제시했다. 다른 여러 요인이 작용하며, 음악이 우리의 정서에 어떤 영향을 미치는지가 중요하다는 뜻이다.

정서 반응에는 두 가지 차원이 있다. 바로 기분과 강도다. 긍정적이거나(행복한, 기쁜) 부정적인(슬픈) 기분일 수 있고, 강도에 따라 더 강렬하거나(높은 각성 상태) 덜 강렬한(낮은 각성 상태) 상태로 분류할 수 있다. 정서는 심리 상태이지만, 생리적 반응도 관계가 있다. 강렬한 정서를 경험할 때는 심혈관계와 내분비계와 호흡기계에 큰 변화가 일어난다. 그래서 심장박동과 혈압과 아드레날린 수준이 상승한다. 예를 들어 내 친구는 전문가 회의에서 동료들에게 아이디어와 제안을 무시당한 적이 있다고 했다. 친구는 얼마나 기분이 나쁘고 화가 났던지 그때 일을 들려주면서 실제로 울기까지 했다. 이것이 강도와 각성 수준이 높은 부정적 기분(분노와 좌절)의 예다. 한편으로 강도와 각성 수준이 낮은 분노나 슬픔도 있다. 내 지인이 콘서트가 끝나고 집에 데려다 달라고 부탁한 적이 있다. 나는 사실 힘든 하루를 보낸 터라 지쳐서 곧장 집으로 가고 싶었다. 그런데 그 지인은 내가 기다리는 줄 뻔히 알면서도 친구들과 잡담을 나누고 있었다. 나는 기분이 나쁘고 화가 나긴 했지만, 그것은 강도와 각성 수준이 낮은 상태였다. 그 지인이 대화를 끊고 내게 오자 내가 어떤 감정을 느꼈는지 기억이 안 날 정도였다. 두 사례 모두에서 분노가 일어났지만, 첫 번째 사례의 분노가 훨씬 더 강렬했다.

이번에는 긍정적인 정서의 예를 살펴보자. 직장에서 좋은 하루를 보내고 행복한 기분으로 집으로 돌아가 가족과 함께 즐거운 저녁 시간을 보낼 수 있다. 긍정적인 기분을 낮은 각성 상태로 경험하는 것이다. 한편으로 승진을 했거나, 꿈꾸던 대학에 합격했거나, 간절히 원하던 일자리에 채용되었다는 소식을 들을 때도 행복할 수 있다. 이것은 긍정적인 기분이지만, 강도와 각성 수준이 높은 상태로 생리 반응에도 나타난다. 심장이 빠르게 뛰는 느낌이 들고 숨쉬기 힘들 수도 있고, 거리로 뛰쳐나가 얼마나 행복한지 외치고 싶기도 하다.

몇몇 연구자는 음악이 인지 수행에 직접적인 영향을 미치는 것은 아니고, 기분과 각성 수준에 영향을 주어서 결과적으로 몇 가지 인지 과제 수행에 영향을 미칠 수 있다고 설명했다.

토론토의 세 심리학자는 정서가 모차르트 효과에 얼마나 기여하는지 알아보고 싶었다.[6] 그래서 각기 다른 정서를 일으키는 다양한 음악이 인지 수행에 각기 다른 영향을 미치는지 알아보았다. 참가자들을 세 집단으로 나눴다. 한 집단은 볼프강 아마데우스 모차르트Wolfgang Amadeus Mozart의 '두 대의 피아노를 위한 소나타 1악장 D장조'를 10분 동안 들었고, 한 집단은 토마소 조반니 알비노니Tomaso Giovanni Albinoni의 '현악기와 오르간을 위한 아다지오 G단조'를 10분간 들었으며, 세 번째 집단은 아무것도 듣지 않고 조용히 10분 동안 앉아 있었다. 이 두 곡을 잘 모르면 잠시 유튜브에서 찾아 들어보라. 모차르트의 곡은 빠르고 즐겁지만, 알비노니의 곡은 느리고 구슬프다는 것을 바로 알 수 있다. 그리고 참가자들에게 몇 번 접은 물건 몇 개를 보여주고, 그 물건을 펼치면 어떤 모양

일지 알아내게 했다. 공간 능력을 측정하는 인지 과제였다. 추가로 참가자의 기분에 관한 질문을 던지고, 각성 수준도 평가했다. 참가자들은 조용히 앉아 있던 후보다는 모차르트의 소나타를 들은 뒤에 인지 과제에서 더 좋은 수행 결과를 보였다. 알비노니의 음악을 들은 참가자와 조용히 앉아 있던 참가자 사이에는 차이가 없었다. 게다가 모차르트의 소나타를 들은 참가자는 알비노니의 곡을 들은 참가자보다 긍정적 기분과 각성 수준이 유의미하게 높고, 부정적 기분이 유의미하게 낮았다. 각성 수준과 긍정적 기분을 높여주는 음악이 인지 수행에 영향을 미치는 것으로 보인다.

유사한 다른 실험[7]에서 참가자들은 모차르트나 알비노니의 음악을 10분간 들은 뒤에 인지 과제를 수행했다. 이번에는 IQ 검사의 보조 테스트를 수행하고, 기분에 관한 질문지도 작성했다. 모차르트를 들은 참가자는 알비노니를 들은 참가자보다 좋은 수행 결과를 보였다. 그러나 음악을 들은 결과로 기분과 각성 수준에 차이가 일어날 때만 해당되는 결과였다. 말하자면 인지 수행의 차이는 모차르트를 듣고 부정적인 기분이 감소하고 각성 수준이 높아진 반면에 알비노니를 듣고 부정적 기분이 증가하고 각성 수준이 낮아졌을 때만 나타났다는 뜻이다.

이상의 연구들에서 인지 과제의 수행을 알아보았는데, 2017년의 연구에서는 학생 584명을 대상으로 음악이 창의력에 미치는 영향을 알아보았다.[8] 학생들을 세 집단으로 나누고, 두 집단에는 앞의 연구에서 사용된 모차르트와 알비노니의 곡을 들려주어 긍정적이거나 부정적인 정서를 유발하고 통제 집단에는 아무것도 들려주지 않았다. 그리고 학생들에게 창의력 검사를 실시했다. 그 결과 (긍정적이든 부정적이든) 음악을 들은 두 집단 모두 통제 집단에 비해 창의력 검사에서 더 좋은 수행 능력을 보였다. 이런 결과는 적어도 창의력에서는 기분보다 각성 수준이 수행에 영향을 미칠 수 있다는 것을 의미한다.

이 연구들은 우리가 업무를 시작하기 '전에' 특정 유형의 음악을 들으면 수행 능력이 향상된다는 것을 보여준다. 음악이 정서 반응에 간접적인 영향을 주어서 인지 수행에 영향을 미치는 것으로 보인다.

배경음악

일하는 동안 음악을 듣는 것이 바람직한지 궁금해하는 사람이 많다. 직장에서 일할 때나 공부할 때 배경음악을 틀어야 할까, 아니면 사무실이 조용한 편이 나을까? 이번에도 명쾌한 하나의 답은 없다.

1940년에 BBC에서 〈일하면서 듣는 음악〉이라는 라디오 프로그램을 시작했다. 그 후 수십 년간 다수의 연구자가 배경음악이 인지 기능과 기억, 학습에 미치는 영향을 조사했다. 결과는 제각각이었다.

초기의 몇몇 연구에서는 배경음악이 산업 현장에서 일하는 노동자들의 성과와 태도에 미치는 영향을 조사했다. 1966년에 발표된 연구에서는 음악이 스케이트보드 제조공장의 조립라인에서 일하는 직원들의 성과와 태도에 미치는 영향을 알아보았다.[9] 연구자들은 5주 동안 일주일에 나흘간 매일 다른 음악을 틀었다. 닷새째에는 음악을 틀지 않았다. 음악이 작업의 질과 양에 미치는 영향은 발견되지 않았다. 그러나 직원들은 음악을 듣는 데 매우 호의적인 태도를 보였다. 5년 후 다른 연구팀은 음악이 단기적이고 반복적인 품질 관리 작업을 담당하는 직원들의 성과에 긍정적인 영향을 미친다는 결과를 얻었다.[10] 1995년에 발표된 연구에서는 4주간의 작업 중에 헤드셋을 쓴 직원들이 그러지 않은 직원들보다 성과가 좋아지고 조직에서 얻는 만족감도 커지는 것으로 나타났다.[11]

그 후 캐나다 윈저대학교 음악 교육 및 치료학과 테리사 레시욱Teresa Lesiuk 교수의 깊이 있는 연구에서는 음악 청취가 캐나다 기업 네 곳의 소프트웨어 개발자에게 미치는 영향을 측정했다.[12] 이들의 작업은 창의성을 필요로 했고, 결코 반복적이지도 않았다! 그리고 이전 연구들과 달리 이 연구에서는 직원들이 좋아하는 음악을 직접 선택했다. 연구는 몇 주간 이어졌다. 첫 주가 기저선이 되었다. 참가자들은 직장에서 평소 음악을 들을 때처럼 들으라는 지시를 받았다. 둘째 주와 셋째 주에는 업무 공간에 다양한 장르가 갖춰진 음악도서관을 설치했고, 직원들은 음악을 듣고 싶으면 언제든지 음악을 들을 수 있었다. 직원들은 자기 자리에서 (헤드셋이나) 개인 재생 기기로 음악을 들을 수 있었다. 넷째 주에는 음악도서관을 없애고 직원들에게 업무 시간에 음악을 듣지 말라고 했다. 다섯째 주에는 음악도서관을 사무실에 되돌려놓았다. 그 결과 음악을 들으면 직원들의 긍정적 기분이 올라갔다. 긍정적 기분이 첫째 주부터 셋째 주까지 올라가다가 음악을 듣지 못하게 된 넷째 주에 떨어졌다. 그리고 다시 음악을 들을 수 있게 된 다섯째 주에 기분이 다시 좋아졌다. 연구팀은 더 나아가 작업의 질도 조사했다. 작업의 질도 (음악을 듣지 못하는) 넷째 주에 떨어졌다가 다시 음악을 듣기 시작하자 상승하는 것으로 나타났다. 게다가 직원들이 음악을 듣지 못하는 기간에는 작업에 투입되는 시간이 늘었다. 따라서 이 컴퓨터 정보 시스템 개발자들은 음악을 들을 때 기분이 좋아지고, 작업의 질도 향상되고, 작업을 더 신속히 수행하는 것으로 보인다.

한편 수술실에서도 음악 감상이 좋은 영향을 미친다는 결과를 제시하는 연구들도 있다. 수술실에서 좋아하는 음악을 들으면 성형수술을 하는 데 긍정적인 영향을 미쳤다.[13]

그러나 모든 연구에서 같은 결과가 나온 것은 아니다. 음악이 기억과 독해 같은 다양한 인지 과제에서는 부정적인 영향을 미친다는 것을 밝혀낸 연구도 많고, 배경음악이 있을 때보다 조용할 때 성과가 좋아진다는 것을 밝혀낸 연구도 많다.[14]

한 연구팀은 메타분석으로 배경음악이 다양한 행동에 미치는 영향을 알아본 여러 연구의 결과를 비교했다.[15] 그리고 그 결과를 토대로 배경음악은 읽기 과제에는 부정적인 영향을 미치고, 기억 과제에는 약간 부정적인 영향을 미친다는 결론에 이르렀다. 반면에 정서 반응과 스포츠 경기에는 긍정적인 영향을 미친다.

그렇다면 음악은 수행을 향상할까, 저해할까? 연구 결과가 일관되지 않고 상반된 결과까지 나오는 것이 그리 놀랍지는 않다. 음악이 수행에 어떤 영향을 미치는지 알아보면서 장르, 박자, 음량, 음악의 호감도, 과제의 유형과 복잡도, 음악을 듣는 사람들의 특성까지 고려해야 하기 때문이다. 먼저 어떤 음악을 듣는지에 따라 다르다. 클래식인지 재즈인지, 힙합인지 헤비메탈인지, 빠른 곡인지 느린 곡인지. 또 수행하는 작업에 따라도 다르다. 현재의 작업이 반복적이고 지루한 작업인가, 아니면 집중력을 요구하는 복잡한 작업인가? 기억력이 필요한 작업인가, 문제 해결 작업인가, 아니면 창조적 사고를 요구하는 작업인가?

음악에는 다양한 장르가 있다. 팝, 포크, 클래식, 월드 뮤직, 뮤지컬 등 가사가 있는 노래도 있고, 연주곡도 있다. 연구에 따르면 장르에 따라 음악이 수행과 기분에 미치는 영향도 달라진다. 예컨대 베이스가 많이 들어간 음악은 참가자에게 스스로 강인하다는 느낌을 끌어올리는 데 비해, 특정 장르는 추상적인 사고 기능을 끌어올린다.[16]

한 연구팀은 참가자들을 세 가지 조건 중 하나에 노출했다. 각각 '팝음악', '헤비메탈', '클래식 음악'이었다.[17] 헤비메탈을 들은 참가자들은 클래식이나 팝 음악을 들은 참가자들에 비해 불안 수준이 유의미하게 높았다. 클래식과 팝 음악을 들은 참가자들은 더 평온하고 편안해지고, 걱정이 줄었다고 보고했다.

행복하게 하는 음악을 들으면 기분이 좋아지고 세상이 더 밝게 보인다. 영국의 연구에서는 참가자들이 경쾌한 음악을 듣고 나서 회색 사각형을 더 밝게 지각하고, 슬픈 음악을 듣고 나서는 회색 사각형을 더 어둡게 지각한다는 것을 발견했다.[18]

일부 연구에서는 다양한 장르의 음악이 독해에 미치는 영향을 알아보았다. 대만 원자오외국어대학교의 연구팀은 학생 133명에게 다양한 주제의 글 세 단락을 주고 몇 가지 질문을 던졌다.[19] 참가자들은 세 집단으로 나눴다. 통제 집단은 배경음악 없이 독해 과제를 풀었고, 한 집단은 클래식 음악을 들었고, 다른 한 집단은 가장 인기 있는 힙합 중에서 몇 곡을 들었다. 힙합 음악을 들으면 인지 수행이 떨어졌다(그러나 클래식 음악을 들을 때는 떨어지지 않았다). 배경음악 없이 문제를 푼 통제 집단과 클래식 음악을 들으며 문제를 푼 집단 사이에는 차이가 없었다. 그러나 힙합을 들은 참가자들은 배경음악이 없는 통제 집단에 비해 수행 결과가 떨어졌다.

다른 연구에서도 배경음악이 독해에 미치는 영향을 알아보았지만, 이번에는 두 가지 다른 장르를 비교하지 않고 같은 음악의 박자와 세기를 다르게 제시했다.[20] 다른 연구에서처럼 음악으로 모차르트의 '두 대의 피아노를 위한 소나타 1악장 D장조'를 선택했지만 조금씩 변주를 주어서 네 가지 조건을 만들었다. '느리고 시끄러운', '느리고 조용한', '빠르고 시끄러운', '빠르고 조용한'이었다. 참가자가 4분간 한 문단을 읽으며 한 가지 버전의 음악을 듣지만, 음악이 빠르고 시끄러울 때는 독해 수행에 유의미하게 방해를 받았다.

업무 향상을 위한 선곡

이렇게 해보라. 분석적이고 창의적인 사고가 필요한 작업을 시작하기 전에 잠깐 휴식을 취하며 몇 분간 기분이 좋아지는 좋아하는 음악을 들어라. 연구에서는 이렇게 하면 업무 수행 능력이 향상되는 것으로 나타났다. 문제 해결이나 텍스트 이해처럼 주의력과 집중력이 필요한 작업을 하는 동안에는 경쾌하고 시끄러운 배경음악이나 노래가 나오는 음악을 듣지 말아야 한다. 자칫 업무에 부정적인 영향을 받을 수 있다. 하지만 느리고 조용한 연주 음악은 괜찮다.

2017년에 발표된 네덜란드와 오스트레일리아 연구자들의 공동 연구에서는 다양한 기분을 유발하는 다양한 음악이 창의성에 미치는 영향을 알아보았다.[21] 참가자들을 다섯 집단으로 나눠 이전 연구들에서 다양한 기분을 끌어내는 데 사용된 다양한 음악을 들려주었다. 한 집단은 긍정적인 기분을 일으키지만 각성 수준은 낮은 행복한 음악을 들었고, 한 집단은 긍정적인 기분을 일으키고 각성 수준이 높은 행복한 음악을 들었고, 한 집단은 슬픈 기분을 일으키지만 각성 수준이 낮은 슬픈 음악을 들었고, 네 번째 집단은 부정적인 기분을 일으키지만 각성 수준이 높은 불안한 음악을 들었다. 다섯 번째 집단은 조용한 집단으로, 아무 음악도 듣지 않았다. 행복한 음악을 들은 집단이 더 창조적이고 독창적인 아이디어를 냈다.

각자가 좋아하는 음악을 들어야 할까?

음악의 장르만큼 중요한 요소가 개인의 취향이다. 어떤 사람은 재즈나 힙합을 좋아하고, 어떤 사람은 클래식 음악을 좋아하고, 또 어떤 사람은 헤비메탈을 좋아한다. 어떤 사람은 잔잔하고 평온한 음악을 좋아하고, 어떤 사람은 활기차고 경쾌하거나 시끄러운 음악을 좋아한다. 대개는 몇 가지 장르를 좋아한다. 우선 나는 모든 장르를 즐기지만, 군이 고르라면 클래식과 1960년대 노래를 고르겠다. 나는 플래터스와 엘비스와 비틀스의 음악을 좋아하고, 가사도 거의 다 외운다. 누구나 자기가 어떤 음악을 좋아하는지 안다! 따라서 음악이 업무 수행과 기분에 미치는 영향은 개인의 호감도에도 좌우된다고 보는 것이 합리적일 것이다. 각자 즐기는 음악을 들으면 기분이 좋아지고, 특정 장르의 음악은 각성 수준을 끌어올린다. 그렇다면 좋아하는 음악을 들으면 업무 수행 능력도 향상될까?

　우선 일하기 전에 음악을 듣는 것과 일하는 중에 음악을 듣는 것을 구분해야 한다. 한 연구에서는 참가자들이 좋아하는 음악이나 싫어하는 음악을 빠른 박자나 느린 박자로 들었다.[22] 그런 다음 머릿속에서 물체를 회전시키는 능력을 측정하는 공간 회전 과제를 수행했다. 참가자들은 두 가지 형태를 받았는데, 하나는 회전되어 있어서 둘이 비슷해 보이지 않았다. 참가자들은 두 가지 형태가 동일하냐는 질문을 받았다. 음악을 빠른 박자로 들은 참가자가 느린 박자로 들은 참가자보다 높은 수행 능력을 보였다. 그러나 두 가지 박자 모두에서 참가자들은 싫어하는 음악보다 좋아하는 음악을 들은 뒤에 더 높은 수행 능력을 보였다.

그러면 좋아하거나 싫어하는 음악을 과제를 수행하기 전이 아니라 수행하는 동안 듣는다면 어떻게 될까? 영국 연구자들이 몇 가지 연구에서 이 문제를 조사했다.[23] 연구자들은 좋아하는 음악이나 싫어하는 음악을 들을 때나 음악이 없는 조용한 방에 있을 때 참가자들의 기억 과제 수행을 비교했다. 음악이 없는 조용한 방에 있을 때의 수행이 더 좋았다. 대만의 다른 연구에서는 대학 교직원 89명을 네 집단으로 나눴다.[24] 한 집단은 배경음악 없이 주의력 검사를 받았고, 나머지 세 집단은 음악을 들으면서 검사를 받았다. 한 집단은 인기 음악을 들었고, 다른 한 집단은 클래식 음악에서 발췌한 다섯 대목을 들었고, 세 번째 집단은 중국의 전통 음악을 들었다. 참가자들은 주의력 검사를 받은 뒤 배경음악이 얼마나 좋거나 싫었는지 5점 척도로 평가했다. 배경음악을 매우 좋아하거나 매우 싫어한 참가자들이 조용한 방의 참가자들보다 주의력 검사에서 낮은 점수를 받았다. 모든 연구에서 매우 좋거나 매우 싫은 음악은 둘 다 주의력을 흐트러뜨리고 작업 수행에 부정적인 영향을 미쳤다. 종합적으로 보면 작업을 시작하기 전에 좋아하는 음악이나 경쾌한 음악을 들으면 도움이 되지만 음악을 들으면서 작업할 때는 작업에 도움이 되지 않고 수행 능력이 떨어질 때가 많다는 것을 알 수 있다.

이런 결과가 그리 놀랍지는 않다. 긍정적인 기분이 수행 능력이나 생산성과 관련 있다는 것은 잘 알려져 있다. 좋아하는 음악이나 경쾌한 음악을 들으면 기분이 좋아지고, 각성 수준이 높아진다. 따라서 업무를 시작하기 직전에 좋아하는 음악이나 경쾌한 음악을 들으면 기분이 좋아지고, 각성 수준이 높아져서 수행 능력이 향상될 수 있다. 반면 같은 음악이라도 업무 중에 들으면, 기분은 좋아질지라도 집중력이 흐트러질 수 있다. 좋아하는 음악이 배경에 흐르면, 잘 모르지만 유쾌한 음악이 배경에서 조용히 흐를 때보다 집중력을 더 많이 방해할 수 있다. 온전히 집중하고 몰입해야 하는 업무에서는 수행을 방해할 수 있다. 따라서 최고의 배경음악은 좋은 쪽으로든 싫은 쪽으로든 강렬한 감정을 느끼지 않는 음악이다.

그러나 휴식을 취할 때는 좋아하는 음악을 골라서 들어라. 일하던 자리에서 일어나거나 커피를 마시러 가거나 그냥 서서 음악을 들어라. 나는 잠깐씩 휴식을 취하면서 자리에서 일어서거나 스트레칭을 하고, 커피를 마시고, 엘비스나 비틀스를 듣는 것을 좋아한다. 방에 혼자 있을 때 춤을 추기도 한다. 그러면 다시 일을 시작할 기운이 샘솟는다. 그리고 다음에 할 일에 따라 음악을 끄거나 다른 음악을 튼다.

○ **노래와 연주곡**

음악의 영향에 관한 또 하나의 요인은 가사 유무다. 몇 가지 연구에서 가사를 포함한 노래가 연주곡보다 다양한 인지 과제에서 수행을 더 많이 방해하는 것으로 나타났다.[25] 한 연구에서는 4학년 학생들을 세 집단으로 나누고 기억 과제를 내주었다.[26] 한 집단은 연주곡을 들으면서 과제를 수행하고, 다른 한 집단은 노래를 들으면서 과제를 수행하고, 세 번째 집단은 음악 없이 과제를 수행했다. 연주곡을 들은 집단이 최상의 수행 능력을 보였고, 노래를 들은 집단의 수행 능력이 가장 떨어졌다. 다시 말해 기억 과제 수행에서 연주곡은 긍정적인 영향을 미치고 노래가 부정적인 영향을 미쳤다. 일본의 다른 연구에서는 각각 노래와 연주곡과 자연의 소리(시냇물이 흐르는 소리)를 들은 집단과 음악을 듣지 않은 집단이 몇 가지 인지 과제에서 보여준 수행 결과를 비교했다.[27] 노래와 연주곡 둘 다 수행 능력에 부정적인 영향을 미쳤지만, 노래가 가장 거슬리고 주의를 빼앗는 것으로 지각되었다. 적어도 일부 과제에서는 가사가 있는 음악이 방해되는 것으로 보인다.

그러나 노래 가사는 주의를 빼앗을 뿐 아니라 특유의 방식으로 기분과 행동에도 영향을 미친다.

가사가 행동에 미치는 영향
: 친사회적 메시지가 있는 노래를 들으면 더 도움이 될까?

비틀스의 '헬프!Help!'나 '올 유 니드 이즈 러브All You Need Is Love' 같은 곡의 가사를 들으면 행동에 영향을 받을 거라고 생각하는가? 중립적인 곡을 들을 때보다 더 유익할 거라고 생각하는가? 몇몇 연구자가 이 문제를 조사했는데, 그들은 친사회적인 가사가 있는 곡을 들으면 남을 돕는 행동을 더 하게 되는지 알아보려 했다. 이를테면 두 가지 다른 연구에서 학생들에게 '헬프!'나 "우리는 함께 밝은 날을 만드는 사람들이에요. 그러니 이제 우리 베풀어요" 같은 친사회적 가사가 있는 '위 아 더 월드We Are the World', 스팅의 '잉글리시맨 인 뉴욕Englishman in New York'처럼 중립적인 곡을 들려주었다.[28] 그리고 실험자가 '우연히' 연필 스무 개가 든 상자를 떨어뜨렸다. 실험자는 참가자들이 연필 몇 자루를 주워 주는지 기록했다. 친사회적인 곡을 들은 참가자들이 연필을 유의미하게 더 많이 주워 주고, 더 많이 도와주었다. 다른 실험에서는 참가자들에게 친사회적인 곡이나 중립적인 곡을 들려준 뒤 학위논문을 쓰기 위해 피험자를 구하는 학생이 있다고 알리고 그 학생을 도와서 연구에 참여할 의향이 있는지 물었다.[29] 친사회적인 곡을 들은 참가자의 68퍼센트가 기꺼이 도우려 한 데 비해, 중립적인 곡을 들은 참가자는 28퍼센트만 도우려 했다. 또 다른 연구에서 참가자들에게 친사회적인 곡이나 중립적인 곡을 들려주었다.[30] 그런 다음 참가비로 영국 돈 2파운드를 주고, 그 돈을 비영리단체에 기부할 수 있다고 알렸다. 친사회적인 곡을 들은 참가자 중 53퍼센트가 그 돈을 기부한 데 비해, 중립적인 곡을 들은 참가자는 31퍼센트만 기부했다. 놀라운 결과다! 프랑스 연구팀은 레스토랑 몇 곳에서 현장 연구를 진행했다.[31] 레스토랑에서 친사회적인 가사가 있는 곡이나 중립적인 곡을 틀어주고 손님들의 팁을 기록했다. 친사회적인 곡을 들은 참가자들은 중립적인 곡을 들은 참가자들보다 팁을 많이 주었다. 이상의 연구에서는 친사회적인 가사가 있는 곡을 들으면 남을 도와주는 행동이 늘어난다는 것이 분명하게 드러났다.

가사가 없는 연주곡도 타인을 돕는 행동에 영향을 미칠 수 있다. 헬스장 두 곳에서 실시한 현장 연구에서는 학생 646명에게 운동하는 동안 박자가 빠른 인기 음악이나 전위적인 컴퓨터 음악을 들려주었다.[32] 연구자는 운동을 마친 학생들에게 헬스장에서 나오는 음악을 '매우 거슬린다'부터 '매우 흥겹다'까지의 척도로 평가해달라고 했다. 참가자들은 전위적인 컴퓨터 음악을 거슬린다고 평가하고, 빠른 박자의 음악을 흥겹다고 평가했다. 그다음으로 연구자는 참가자들에게 장애인의 스포츠 접근성을 높이기 위한 스포츠 자선단체를 알리는 전단을 나눠 주라고 했다. '흥겨운' 음악을 들은 참가자들은 전단을 더 많이 나눠 주려 했다. 다만 이 연구에서는 흥겹지도 않고 전위적인 컴퓨터 음악도 아닌 중립적인 음악을 들은 통제집단을 따로 설정하지 않았기에 전위적인 컴퓨터 음악이 흥겨운 음악보다 도움을 주는 행동에 부정적인 영향을 미친다고 단언할 수는 없다. 그럼에도 이 연구의 결과에서 각기 다른 장르의 음악이 남을 도와주려는 의지에 영향을 미친다는 것 정도는 확인할 수 있다.

이 결과는 조직과 업무 공간에서 중요한 의미가 있다. 친사회적인 가사가 있는 음악이 실제로 도움 행동을 늘린다면 업무를 시작하기 직전이나 점심시간에 배경음악으로 틀어주면 유용할 수 있다. 업무 공간의 전반적인 분위기에 영향을 미칠 수도 있는 것이다.

성격

또 한 가지 고려할 요인은 저마다의 성격이다. 어떤 사람에게는 좋고 유익한 무언가가 다른 사람에게는 방해될 수도 있다. 어떤 사람은 남보다 집중력을 더 잘 통제할 수 있어서 배경음악에 방해를 덜 받는다. 몇 가지 연구에서는 내향적인 사람이 외향적인 사람보다 배경음악에 더 부정적인 영향을 받는 것으로 나타났다.[33] 글래스고 칼레도니언대학교의 두 연구자는 각성 수준이 높은 음악은 대다수 참가자의 수행 능력을 떨어뜨리지만, 이런 음악이 배경에 흐르면 특히 내향적인 사람은 외향적인 사람보다 부정적인 영향을 받고 수행 능력도 떨어진다는 것을 밝혀냈다.[34]

음악과 육체노동

내가 다니는 스포츠센터에는 그룹 수업이 잘 갖춰져 있다. 피트니스 수업, 각종 요가 수업, 필라테스, 에어로빅, 수중 에어로빅 등 다양하다. 물론 모든 수업에 다 참석할 수는 없고, 단계와 강사에 따라 골라서 들어간다. 내가 꼭 들어가고 싶은 피트니스 수업이 있는데, 강사가 좋아서라기보다는 수업 중에 나오는 음악이 좋아서다. 흥겹고 즐거운 음악인데, 그 음악을 들으면 내 기분마저 좋아진다. 가끔 스트레스를 받거나 피곤할 때 그 수업에 들어가서 흥겨운 음악에 맞춰 몸을 움직이면 기분도 좋아진다.

몸을 단련하는 수업의 음악은 물론 수업의 유형에 따라 달라진다. 에어로빅 수업에 적절한 음악이 요가 수업에는 적절하지 않을 수 있다. 헬스클럽에서는 주로 유행가를 틀어준다.

모든 연구에서 일관된 결과가 도출된 것은 아니지만, 일부 연구에서는 음악이 운동에 긍정적인 영향을 미치고 운동하는 동안 빠른 박자의 음악을 들을 때 더 열심히 더 오래 운동하는 것으로 나타났다. 예로, 사이클을 타는 동안 다양한 박자의 음악을 틀어주면, 사람들이 빠른 음악에서는 빠르게 운동하고 느린 음악에서는 느리게 운동했다.[35] 다른 연구에서는 근지구력 경기 중에 음악을 틀어주면, 사람들이 견디는 시간이 더 길어지는 것으로 나타났다.[36] 고강도 훈련에 저강도 유산소 회복 훈련을 혼합한 스프린트 인터벌 트레이닝sprint interval training을 하면서 직접 선택한 음악을 들으면, 수행 능력이 향상되고 더 즐거워졌다.[37] 다른 연구에서는 배경음악이 외부로 초점을 돌려서 참가자들의 주의가 몸의 피로에 집중되지 않게 해주는 것으로 나타났다. 흥미롭게도 음악의 분산 효과가 신체 수행에는 도움이 되지만 인지 수행에는 해롭다.

이런 결과는 업무 환경에도 적용될 수 있다. 주로 신체 활동을 하는 일이라면(건설, 유지 보수, 조경, 농사, 체력 훈련, 목공 등) 배경음악을 틀어라. 배경음악이 수행에 긍정적인 영향을 미치고 지구력과 속도를 끌어올릴 수 있다. 업무 속도가 빨라지고, 덜 피곤할 수도 있다.

• • •

이상의 모든 연구에서 무엇을 배울 수 있을까?

음악이 업무 수행에 미치는 영향에 관해서는 하나의 정답이 없다. 다만 한 가지는 분명하다. 일을 시작하기 전이나 휴식 중에 음악을 들으면 성과를 끌어올리고 불안과 스트레스를 줄일 수 있다는 점이다. 음악에는 유익한 효과가 많다. 음악은 기운이 나게 해주고, 스트레스와 불안을 줄여주고, 기분을 끌어 올려주고, 치유의 힘을 발휘하고, 특정 과제에서 성과를 높인다. 이처럼 음악이 일에 미치는 영향에 관한 연구 결과는 각자가 하는 일의 종류나 매일의 업무에 따라 이해해야 한다. 반복되는 일인가, 아니면 집중력과 창의적 사고가 많이 필요한 일인가? 혼자 일하는가, 아니면 팀에서 협업하는가? 음악이 도움이 되는지 방해가 되는지는 그날그날 다르고 주어진 업무에 따라서도 다르다. 그래도 이제 음악을 들으며 휴식을 취하면 업무에 긍정적인 결과를 얻을 수 있다는 것이 확실해졌다. 일하는 동안 전반적인 기분이 좋아지는 것도 확실하다.

13장 정돈된 책상의 득과 실

무질서한 환경을 지양하라?

책상이 좋고 깨끗하다는 것은 의미가 없다.
아무 일도 하지 않는다는 뜻이므로.
_미치오 카쿠 加来道雄

매주 화요일에 만나던 친구가 있다. 친구가 내 사무실과 멀지 않은 곳에서 일해서 내가 친구의 사무실에 들러 같이 점심을 먹으러 나갔다. 그런데 친구의 사무실에 들어설 때마다 죄책감이 들었다. 사무실이 잘 정돈되고 깨끗했고, 책상에는 그날 처리할 서류만 놓여 있고 나머지는 서류철에 정리되어 있었다. 솔직히 질투도 났다. 반면에 온갖 물건이 책상에 잔뜩 쌓여 있고 바닥에도 널려 있는 어수선한 가운데 어떻게 물건을 찾는지 의문인 사무실에도 숱하게 가보았다. 사무실이 어떤 모습인지는 그 사무실의 주인에 관해 많은 정보를 준다. 지금부터 정돈되고 질서 정연한(아니면 무질서한) 업무 공간이 그 사람의 성과와 결정과 행동에 어떤 영향을 미치느냐는 물음에 관해 알아보고자 한다.

가장 단순하고 확실한 답은 사실상 질서 정연한 공간에서 찾고 싶은 물건을 쉽게 찾을 수 있다는 것이다. 다시 말해 어수선한 사무실에서는 갑자기 필요한 물건을 찾는 데 시간이 오래 걸릴 수 있어서 생산성이 떨어질 수 있다. (경험으로 잘 안다. 방금 프린트한 중요한 서류를 찾아 헤매던 날이 헤아릴 수 없이 많다!) 내 가족과 동료들은 내가 방에 있어야 할 물건이 없다고 말하면, 그 물건은 분명 방에 있고 어디로 달아나지 않았다는 걸 안다. 결국에는 서랍을 뒤지고 또 뒤지고 책상 위의 물건들을 옮기며 소중한 시간을 허비하고 나서야 그 물건을 찾는다. 그러나 연구에서는 질서 정연한 환경과 무질서한 환경은 명확하지 않고 다소 복합적인 방식으로 우리와 우리의 행동에 영향을 미치는 것으로 나타났다.

깨진 유리창 이론
: 질서와 도덕성

우선 무질서의 효과를 알아보자. 1980년대에 두 사회과학자가 소개한 '깨진 유리창 이론'[1]에서는 쓰레기 무단 투기, 낙서, 깨진 유리창 같은 무질서의 징표가 경범죄와 무질서한 행동을 유발한다고 제안한다. 실제로 거리를 깨끗이 청소하고, 낙서를 지우고, 깨진 유리창을 수리하자 경범죄 발생률이 유의미하게 떨어졌다.

그 후 '깨진 유리창 이론'이 널리 알려지고, 여러 도시에서 이 이론을 근거로 정책을 채택했다. 그러나 2008년에 들어서야 네덜란드 연구팀이 이 이론을 검증하기 위한 실험을 진행했다.[2] 연구자들은 실험실이 아니라 실제 상황에서 실험했는데, '질서' 조건과 '무질서' 조건을 설정했다. 한 실험에서는 주차장으로 차를 가지러 간 사람들이 정문 담장에 '진입 금지'라고 적혀 있는 표지판과 더 멀리 있는 다른 입구로 가라는 안내문을 보았다. 담장은 사실 연구자들이 임시로 세워 놓은 것이었으며, 그들은 담장에 자전거를 매달지 말라는 안내문도 함께 붙여 놓았다. 질서 조건에서는 담장에 자전거가 한 대도 없었고, 무질서 조건에서는 자전거가 담장에 기대 있거나 매달려 있었다. 결과는 놀라웠다. 무질서 조건에서는 유의미하게 더 많은 사람(82퍼센트)이 진입 금지 안내문을 무시하고 들어가지 말라는 정문으로 들어간 반면에, 질서 조건에서는 27퍼센트만 규정을 어겼다. 자전거를 두면 안 되는 곳에 자전거가 기대 있다는 사실만으로 자전거에 관한 내용이 아닌데도 진입 금지 안내문까지 거스르는 사람이 유의미하게 증가한 것이다. 깨진 유리창 이론을 직접적으로 입증해주는 사례다.

그 후 연구자들은 다른 실험을 진행했다. 이번에는 실제로 자전거를 세워 둔 골목에서 실험했다. 무질서 조건에서는 벽에 낙서가 가득했지만, 질서 조건에서는 벽이 깨끗했다. 연구자들은 자전거에 "휴가 즐겁게 보내세요"라는 인사가 적힌 전단을 붙여놓고, 자전거 주인이 자전거를 가져가면서 전단을 아무렇게나 버려서 골목을 더럽히는지 관찰했다. 역시나 충격적인 결과가 나왔다. 질서 조건(벽에 낙서가 없는 골목)에서는 33퍼센트만 전단을 바닥에 버린 반면에 무질서 조건에서는 69퍼센트나 버렸다.

세 번째 실험에서는 5유로 지폐가 든 봉투를 우체통 투입구에 걸쳐 놓아서 봉투와 내용물이 잘 보이게 해두었다. 세 가지 조건을 설정했다.

‘질서 조건’에서는 우체통에 낙서가 없고 주변 바닥에 쓰레기가 없이 깨끗했고, ‘무질서 조건 1’에서는 우체통에 낙서가 가득하지만 바닥은 깨끗했고, ‘무질서 조건 2’에서는 우체통은 깨끗하지만 주변 바닥에 쓰레기가 널려 있었다. 연구자들은 우체통 앞을 지나가거나 편지를 부치는 사람들의 행동을 관찰했다. 이번에도 확연한 결과가 나왔다. 우체통이 낙서로 뒤덮여 있거나 바닥에 쓰레기가 널려 있을 때는 낙서도 없고 쓰레기도 없이 깨끗할 때보다 더 많은 사람이 봉투를 훔쳐 갔다. 쓰레기 투기 같은 가벼운 범죄를 허용해주면 비윤리적이고 부도덕한 다른 행동으로 이어질 수 있다는 점을 추가로 입증해주는 결과다.

다른 연구에서도 물리적으로 청결하면 도덕성에 영향을 미친다는 결과를 얻었다. 예를 들어, 한 연구에서는 청결한 향이 나는 방(창문 청소 세제를 뿌린 방)의 참가자들은 아무 향도 없는 방의 참가자들보다 받은 돈을 더 공정하게 나눴다.[3] 두 번째 실험에서는 청결한 향이 나는 방의 참가자들이 비영리 자선단체인 해비타트 운동Habitat for Humanity에 자원봉사를 더 많이 신청했다.

이상의 결과는 업무 공간에 관해서도 의미하는 바가 크다. 창문 청소 세제 등의 세제 냄새는 호혜적이고 친사회적인 행동을 끌어올리고, 전반적으로 도덕적인 행동을 부추겼다. 모두 업무 공간에서 중요한 미덕이다. 따라서 사무실에서 그냥 먼지만 닦지 말고 깨끗이 청소해야 하는 또 하나의 이유가 된다.

시카고대학교 연구자들은 정돈된 방이나 어수선한 방과 비윤리적인 행동의 또 한 가지 측면인 부정행위 사이의 연관성을 알아보았다.[4] 연구자들은 참가자 105명에게 도시환경과 자연환경의 디지털 이미지를 보여주고 장면마다 '매우 무질서하다'부터 '매우 질서 정연하다'까지 7점 척도로 점수를 매기게 했다. 비대칭의 선과 구부러지고 가장자리가 끊어진 환경이 무질서하다는 평가를 많이 받았다. 별도의 실험에서는 참가자들에게 2분을 주고 수학 문제를 몇 개 풀게 했다. 과제를 마치고 참가자들을 두 집단으로 나눠, 첫 번째 실험에서 참가자들의 점수를 기준으로 무질서 장면과 질서 장면을 보여주었다. 그리고 참가자들에게 자신의 수학 과제를 직접 채점하게 해서 부정행위를 저지를 기회를 주었다. 참가자들은 수학 문항마다 '답이 맞았습니까?'라는 질문에 '예'나 '아니오'로 답해야 했다. 정답을 맞힐 때마다 돈을 받았다. 참가자들은 쉽게 부정행위를 저지를 수 있고, 걸릴 염려가 없다고 믿었다. 그러나 사실은 연구자들이 참가자들의 실제 수행 결과를 파악해서 참가자가 부정행위를 저질렀는지 판단할 수 있었다. 무질서 장면에 노출된 참가자들은 질서 장면에 노출된 참가자들보다 부정행위를 저지르는 비율이 35퍼센트 더 높았다.

질서와 자제력

따라서 사람들은 무질서한 방에서 부정행위를 더 많이 저지른다. 그렇다면 무질서하고 어수선한 방이 우리의 자제력에 영향을 미칠 수 있을까? 베이징의 마케팅 교수인 루이 (줄리엣) 주Rui (Juliet) Zhu는 환경 요인이 우리의 행동에 미치는 영향에 관한 연구를 여러 차례 실시했다. 주 박사와 대학원생은 몇 차례의 실험으로 무질서한 환경이 자제력과 감정이나 충동을 제어하는 능력을 떨어뜨리는지 알아보았다.[5] 첫 번째 연구에서 학생 150명을 '무질서', '질서', '통제'의 세 집단으로 나눴다. '무질서' 집단에서는 학생들이 종이나 종이컵 같은 사무용품이 선반에 어지러이 널려 있는 사무실에 앉아 있었다. '질서' 집단에서는 같은 물건이 선반에 잘 정돈되어 있었다. '통제' 집단에서는 선반이 비어 있었다. 참가자마다 10가지 물건 목록을 제시하고(일부는 스키 휴가권이나 고급 스피커 같은 고가의 물건이었다), 그 물건을 사기 위해 치를 수 있는 최고가를 물었다. 무질서한 방에 있던 참가자가 나머지 두 집단의 참가자에 비해 높은 가격을 말했다. 말하자면 더 충동적으로 되고 여러 가지 품목에 기꺼이 돈을 더 많이 낼 의사를 보인 것이다. 두 번째 실험에서는 참가자들을 다시 '무질서', '질서', '통제'의 세 집단으로 나눴다. 이번에는 참가자들에게 스트룹 검사(9장에서 설명한 검사로, 참가자들이 색깔을 뜻하는 글자를 보고 글자가 아니라 글자의 색깔을 말하는 검사)를 실시했다. 검사를 마친 후 참가자들은 얼마나 지치고 과로했느냐는 질문에 답했다. 무질서한 방에 있던 참가자들은 정돈된 방이나 통제 집단의 참가자들에 비해 검사의 수행 결과가 떨어졌다. 이들에게는 글자의 색깔을 말하는 것이 더 어려웠고, 그래서 더 오래 걸렸다. 게다가 나머지 두 집단에 비해 더 지치고 피곤하고 과로한 느낌이 든다고 답했다. 이상의 연구에서 환경의 질서와 자제력 사이에는 관계가 있는 것으로 나타났다. 무질서한 환경은 사람을 지치게 하고, 행동과 인지 모두에 영향을 주어 집중력이 필요한 과제에서 성과가 떨어지게 한다.

생각을 위한 공간 만들기

업무 공간을 정리하고 깨끗하게 유지하라. 정돈된 환경에서 일하는 것
이 훨씬 더 즐겁고 물건을 찾기도 쉬울 뿐 아니라 생각을 정리하는 데도
도움이 된다. 게다가 물건을 정돈하지 않고 어수선한 환경에 있으면 심
리적 자원이 고갈되어 업무 성과가 떨어진다.

질서와 사회적 관습

미네소타대학교 연구팀은 몇 가지 연구를 통해 정돈된 환경이 자선단
체 기부나 건강한 식습관과 같은 친사회적 습관을 유지하는 데 미치는
영향을 알아보았다.[6] 참가자들을 정돈된 방이나 무질서한 방에 배치했
다. 두 방은 나란히 붙어 있고 조명 조건도 같았으며, 정돈된 정도만 달랐
다. 무질서한 방에는 사무용품과 서류가 어지러이 널려 있지만, 정돈된
방에는 어질러진 물건이 없고 깔끔해 보였다. 학생들 모두 질문지에 답
했고, 10분 정도 걸렸다. 질문지 마지막에는 베푸는 행위를 평가하기 위
해 아이들을 위해 얼마간의 금액을 기부해달라는 요청이 있었다. 연구
자들은 추가로 정돈된 방이 (역시나 바람직한 행위인) 건강한 식습관에 미
치는 영향도 알아보고 싶었다. 그래서 나가는 길에 참가자들에게 초콜
릿바나 사과를 가져가게 했다. 결과는 놀라웠다! 정돈된 방에 있던 참가
자가 어수선한 방에 있던 참가자보다 훨씬 더 많이 기부하고, 초콜릿보

다 건강한 사과를 유의미하게 더 많이 가져갔다. 연구자들은 이런 결론에 이르렀다. "질서 정연한 환경이 (무질서한 환경에 비해) 더 바람직하고 선한 명분의 행위를 더 많이 유도한다. 정돈된 방에 있으면 어수선한 방에 있을 때보다 건강한 음식을 선택하고, 자선 기관에 돈을 더 많이 기부한다."[7]

이상의 연구에서는 정돈되지 않은 사무실이나 책상이 자제력을 떨어뜨려서 충동적이고 비윤리적인 행동을 더 많이 하게 하는 반면에, 깨끗하고 정돈된 사무실은 바람직하고 사회 규약에 부합하는 행동을 더 많이 끌어내는 것으로 나타났다.

그렇다고 사무실이 깨끗하면 아무도 충동적이거나 비윤리적으로 행동하지 않는다거나 사무실이 더러우면 모두가 충동적이고 비윤리적으로 행동한다는 뜻이 아니다. 그러나 이상의 결과에서는 질서 정연한 환경이 바람직하고 더 나아가 도덕적인 행동을 끌어내는 반면에 무질서한 환경은 충동적이고 때로는 비윤리적인 행동을 조장한다고 볼 수 있다.

시간을 내어 청소를 하라

일하는 시간에 주의가 산만해지거나 충동(온라인 쇼핑?)에 빠진다면, 잠시 시간을 내서 사무실을 청소하고 책상을 정리하라. 이런 충동을 억제하는 데 도움이 된다.

무질서
: 항상 단점일까?

그러나 질서 정연함을 찬양하고 주변의 모든 환경을 통제하겠다고 맹세하기에 앞서 무질서한 환경의 또 하나의 영향을 알아보자. 특수한 업무 조건에서는 정돈되지 않은 책상이 더 유익하고, 더 나아가 꼭 필요할 수도 있다. 주로 창조성이 필요한 일에서 그렇다. 알베르트 아인슈타인Albert Einstein이 했다고 알려진 말이 있다. "어수선한 책상이 어수선한 마음의 징표라면, 텅 빈 책상은 무엇의 징표인가?" 아인슈타인이 세상을 떠난 날 찍힌 그의 사무실 사진에는 어수선한 책상에 서류와 책이 어지러이 널려 있었다. 마크 트웨인Mark Twain이나 J. K. 롤링J. K. Rowling처럼 창조적인 사람들의 어질러진 책상 사진은 여러 사이트에서 볼 수 있다. 그렇다면 어질러진 책상이나 사무실이 창조성과 관련 있을까?

앞서 정돈된 행동과 규약을 준수하는 태도 사이의 연관성을 발견한 연구자들이 2013년에는 정돈된 방과 무질서한 방이 창조성에 미치는 영향을 알아보았다.[8] 그들은 정돈된 방이 관습적인 행동을 끌어내고, 무질서하고 정돈되지 않은 방은 창조성과 색다른 생각을 자극한다는 가설을 검증하려 했다. 한 연구에서는 참가자들에게 탁구공의 용도에 관한 참신한 아이디어를 생각해내라고 했다. 참가자의 절반은 어수선한 방에 있었고, 나머지 절반은 정돈된 방에 있었다. 두 방 모두 비슷한 수의 아이디어를 냈다. 그러나 제3의 평가자가 아이디어의 창조성을 평가한 결과, 어질러진 방의 참가자가 창조성에서 더 높은 점수를 받았다.

다음 실험에서 참가자들은 다시 정돈된 방이나 무질서한 방에 들어갔다. 이번에는 참가자들에게 간이식당에서 여러 가지 재료로 만든 스무디를 고르는 상상을 하게 했다. 연구자들은 재료 옆에 'New'나 'Classic'이라는 표시를 붙였다. 'New'는 '참신하다'는 단서를 주고, 'Classic'은 '관습적'이라는 단서를 주었다. 스무디 메뉴 옆에 'New'를 붙이자 무질서한 방에 있던 참가자들이 정돈된 방에 있던 참가자들보다 그 메뉴를 더 많이 선택했다. 반면에 'Classic'이 붙어 있으면 정돈된 방에 있던 참가자들이 무질서한 방에 있던 참가자들보다 그 메뉴를 더 많이 선택했다.

이 연구에서는 무질서한 방은 인습에 얽매이지 않고 창조적인 행동을 끌어내고 그 방에 있는 사람들은 점차 참신하고 색다른 행동에 끌리는 반면에, 정돈된 방은 사회 규범을 따르게 만드는 것으로 나타났다. 따라서 어질러진 책상이 유익하고 창조성을 자극할 때가 있다. 이런 연구 결과는 창조성과 상자 밖의 사고가 더 유리한 분야, 예컨대 광고, 마케팅, 리서치, 소프트웨어 개발, 임시 태스크포스 같은 분야의 업무 공간에 중요한 함의를 갖는다. 그렇다고 오해하진 말라. 공간을 어지럽히면 그 공간에 있는 모든 사람이 갑자기 더 창조적으로 된다는 뜻은 아니다. 그럴리는 없다. 다만 특정 상황에서는 약간의 어수선함이 색다른 상자 밖의 관점을 끌어내기도 한다는 의미로 받아들여야 한다. 또 창조적인 사람의 책상이 어수선하다는 뜻도 아니다. 그러나 앞서 언급된 연구들에서는 어수선한 책상이 창조성과 연결될 때가 있다는 것을 확인했다.

사실 많은 직업과 산업에서 창조성이 점점 더 중요해지고 있다. 따라서 다음 장에서는 (어수선한 업무 공간을 한참 뛰어넘어) 창조성을 기르는 데 도움이 될 만한 놀라운 요인들을 살펴본다.

어수선한 상태를 고맙게 여겨라

정돈되지 않은 사무실이 도움이 되는 유일한 예외는 창조성이 필요한 문제를 해결하려 할 때다. 모든 물건이 딱딱 제자리에 놓여 있는 지나치게 정돈된 사무실은 창조성을 가로막을 수 있다. 따라서 창조적인 일을 할 때는 약간의 무질서를 허용해도 된다. 그렇다고 지나치게 무질서하게 놔둬서는 안 된다. 여러 가지 작업을 맡고 있다면 더더욱.

14장 창조성 기르기

21세기의 중요한 능력

나는 늘 낙관론자였다. 창조성과 지능의 힘이
더 나은 세상을 만들어줄 수 있다고 믿기 때문일 것이다.
_ 빌 게이츠Bill Gates

"현재 우리는 일상을 살아가고 일하고 서로 관계를 맺는 방식을 근본적으로 바꿔놓을 기술혁명을 목전에 두고 있다. 규모와 범위와 복잡성에서 다가올 대전환은 인류가 경험한 그 어떤 사건과도 다르고……"[1]

세계경제포럼의 창립자이자 회장인 클라우스 슈바프Klaus Schwab가 현재의 세계에서 역사적 대전환이 일어나고 있음을 알리는 말이다.

슈바프는 기술과 인공지능이 빠르게 발전하면서 제4차 산업혁명의 새벽을 불러온다고 말한다. 방금 '새벽'이라고 했나? 우리가 변화에 이름을 붙일 즈음 이미 새벽은 지나갔다. 제4차 산업혁명은 날로 확장되고 있고, 사람들에게 일상적으로 영향을 미치는 중대한 발걸음을 내디딘다.

세계와 기술과 산업이 끊임없이 변화한다. 예전에 흑백 TV를 버렸다.

얼마 후 VCR을 버렸다. 그다음에 플로피디스크를 버리고, 곧이어 디스켓을 버렸다. (미래의 고대사와 고고학 학생들은 보더스Borders, 울워스Woolworth, 아모코Amoco, 블록버스터Blockbuster 같은 멸종한 기업들을 보면서 자비로운 미소를 지을 것이다.) 오늘날 새로운 기술이 수많은 방향과 분야에서 우후죽순으로 출현하니 혼이 빠질 지경이다.

기업들은 시도 때도 없이 불시에 붕괴하고, 경영 방식을 검증하고 재고하라는 압박에 시달린다. 살아남으려면 빠르게 변화하는 새로운 환경에 적응하고, 끊임없이 혁신해야 한다. 이런 현실이 산업과 노동시장과 다른 모든 사람에게 지대한 영향을 미친다. 일하면서 경력을 개발하고 싶은 모두에게 중요한 현실이다.

그렇다면 새로운 현실이 창조성과는 어떤 관계가 있을까? 보통 사람에게는 어떤 의미가 있을까? 앞으로 살펴보겠지만 실제로 막대한 영향을 미친다.

세계경제포럼에서는 2016년 〈직업의 미래The Future of Jobs〉라는 보고서에서 2020년에 노동시장에서 가장 필요할 상위 10가지 능력을 2015년과 비교하여 내다보았다.[2] 인류의 역사적 발전에서 5년이라는 짧은 기간에 일어날 변화는 예상을 뛰어넘는 갑작스러운 변화였다. 2015년에는 10위로 출발한 창조성이 2020년에는 3위로 뛰어오르며 오늘날 꼭 필요한 기술인 '협상력'과 '서비스 중심'을 압도했다. 게다가 2020년 이 리스트에 처음 진입한 '인지적 유연성'은 창조성과 연관된 능력이다.

2015년 상위 10가지 능력	2020년 상위 10가지 능력
1. 복잡한 문제 해결 능력	1. 복잡한 문제 해결 능력
2. 대인 관계	2. 비판적 사고
3. 인사관리	3. 창조성
4. 비판적 사고	4. 인사관리
5. 협상	5. 대인 관계
6. 품질관리	6. 감성지능
7. 서비스 중심	7. 판단과 의사 결정
8. 판단과 의사 결정	8. 서비스 중심
9. 경청	9. 협상력
10. 창조성	10. 인지적 유연성

세계경제포럼의 2018년 보고서에서도 창조성은 여전히 2022년에 꼭 필요한 능력 3위에 올랐다. 역시 창조성과 연관된 분석적 사고와 혁신은 1위에 올랐다.[3]

　세계경제포럼은 이렇게 말했다. "새로운 발전에 의해 우리의 생활양식과 업무 수행 방식이 크게 변화할 것이다. 어떤 직업은 사라지고, 어떤 직업은 성장하고, 지금은 존재하지도 않는 새로운 직업이 흔해질 것이다. 확실한 것은 미래의 노동인구는 뒤처지지 않으려면 능력을 조율해야 한다는 것이다."[4] 지금처럼 빠르게 변화하는(그리고 빠르게 사라지는) 플랫폼과 기술과 전문용어의 세계에서는, 역동적이고 유동적인 새로운 환경에서 일정하게 높은 수준의 능력치를 보여주려면 인지적 유연성과 상상력과 창조성을 갖춰야 한다.

실제로 세계경제포럼에서 2016년 보고서를 발행하고 3년이 지난 2019년에 링크드인LinkedIn이 구인 광고 수십만 건을 새롭게 분석해서 창조성이 가장 필요한 능력이라는 결과를 얻었다.[5] 맥킨지글로벌연구소McKinsey Global Institute의 연구에 따르면, 모든 직업의 60퍼센트 이상이 기존 기술로 유의미한 수준까지 자동화될 수 있다고 한다.[6] 그래도 창조성은 꼭 필요하고 대체하기 어려운 능력이다.

비즈니스는 창조적인 사람들을 고용하는 방식뿐 아니라 직원들에게서 창조적인 능력을 키워주는 방식으로 기업의 문화와 환경에 창조성을 축적해야 한다. 직원들도 각자 창조적인 능력을 개발하는 데 집중해야한다.

어떤 사람은 겁을 먹고 이렇게 물을 수 있다. "저는 애초에 창조적인 사람이 아닌데, 어떻게 해요? 창조성은 타고나거나 타고나지 않는 능력인가요? 제가 창조적인 사람이 아니라면, 저는 어떻게 될까요?"

앞으로 살펴보겠지만 다행히도 창조성을 기르는 전략과 연습이 있다. 그러나 창조성을 기르는 방법을 논의하기에 앞서 우선 창조성이 무엇인지부터 알아보자.

창조성이란 무엇인가?

창조성이란 정확히 무엇일까? 타고난 재주일까? 마음 상태일까? 타고나거나 타고나지 않은 능력일까? 아니면 배우고 개발하고 향상할 수 있는 능력일까? 창조성은 명확히 설명하기 어려운 다소 난해한 개념이다. 그러나 논의를 이어가려면 통용되는 정의가 필요하다. 따라서 우리의 목적을 위해 창조성을 이렇게 정의하자. "창조성이란 실행 가능하고 유용하고 참신하고 독창적인 아이디어를 생각해내는 능력이다." 다시 말해 창조성은 (모두의 개인 생활과 비즈니스에서 중요한 자질로서) 현재 상태를 개선하기 위한 효과적이고 실현 가능한 방법을 찾는 것을 목표로 한다.

우리가 창조적인 프로젝트를 진행할 때는 흔히 창조성에 중요한 두가지 인지 양식 혹은 사고방식을 적용한다. 바로 '확산적' 사고와 '수렴적' 사고다.

확산적 사고는 체계적이지 않고, 자유연상으로 여러 개념을 촉발하는 식으로 다양한 아이디어를 탐색한다. 효과적인 아이디어도 있고, '터무니없는' 상상도 있을 것이다. 가장 순수한 형태의(최고의!) 확산적 사고는 즐거운 곳이면 어디든 가보고, 제약을 벗어던지고 현실에 얽매이지 않고, '논리'에 굴하지 않는 것이다. 말하자면 천방지축 아이들이 드넓은 공원에서 뛰놀며 여기서 놀다가 헤매고 돌아다니고 저기 가서 탐색하는 것이다. 확산적 사고는 끊임없이 아이디어를 내고, 동떨어진 무언가를 연상하고 종합하면서, 창조적 프로젝트의 원재료가 되는 뜻밖의 조합을 만들어낸다. 유창성과 유연성과 독창성으로 특징지어지는 사고 양식이다.

반면에 수렴적 사고는 한 가지 정답을 찾기 위해 논리적 단계를 밟아가는 과정이다. 아이디어를 마구 떠올리는 확산적 사고와 달리 수렴적 사고는 대개 문제나 과제의 통일된 해결책을 찾는다. 일단 참신한 아이디어가 떠오르면 꼼꼼히 검토하고 평가해서 어느 것이 현실적이고 효과적이고 구현 가능한지 알아본다. 확산적 사고로 아이디어가 나오면, 가장 현실성 있는 해결책을 추려내야 한다. 이 단계에서 수렴적 사고가 개입하여 해결책을 찾아가는 과정에서 검토하고 분석하고 검증하는 것이다.

확산적 사고와 수렴적 사고를 설명하기 위해 출처가 불분명한 어느 조각가의 이야기를 예로 들어 보자. 조각가는 코끼리를 조각하는 것이 얼마나 어렵냐는 질문에 이렇게 답했다. "제가 하는 일은 코끼리처럼 보이지 않는 것을 조금씩 깎아내는 게 전부입니다." 확산적 사고는 얼룩덜룩한 거대한 대리석 판을 운반해서 작업실에 들여놓는 일이다. 수렴적 사고는 인내심을 가지고 기다리는 조각가와 같다. 두 가지 사고 양식 모두 창조적 과정에서 꼭 필요하다.

연구자들은 창조성을 측정하기 위해 주로 용도 찾기 검사Alternative Uses Test, AUT와 단어 연상 검사RAT라는 두 가지 검사를 사용한다.

AUT는 피검자에게 벽돌과 같은 물건의 용도를 최대한 많이 생각해내게 하는 식으로 확산적 사고를 측정한다.[7] 그리고 유연성과 유창성과 독창성을 기준으로 답변을 평가한다. 유연성은 물건이 사용되는 범주의 수로 측정한다. 예를 들어 벽돌을 문을 받치는 도구로 사용하는 것이 한 범주이고, 닭가슴살을 두드리는 용도가 또 한 범주다. 첫 번째 아이디어는 많은 사람이 떠올리는 용도이므로 독창성 점수가 높지 않고, 두 번째 아이디어는 통계적으로 독창적인 아이디어로 평가받고 용도와 독창성 범주에서 높은 점수를 받는다. 벽돌로 창문을 받친다는 아이디어는 독창적이지도 않고 문을 받치는 용도와 별도의 범주에 들어가지도 않는다. 어느 한 가지 정답이 없고 가능성이 무궁무진하다는 점에서 확산적이다.

다음으로 RAT를 보자. RAT는 창의성 연구에 기여한 유명한 심리학 교수 사노프 메드닉 Sarnoff Mednick이 수십 년 전에 개발한 검사다.[8] RAT는 피검자에게 단어 세 개를 주고 세 단어 모두와 관련이 있는 네 번째 단어를 찾게 하면서 수렴적 사고를 측정한다. 예를 들어 '떨어지는 falling', '영화 movie', '먼지 dust'에 이어서 네 번째로 어떤 단어가 나와야 할까? 답은 '별'이다(유성 falling star, 영화계 스타 movie star, 소성단 stardust). 다른 예로 '예절 manners', '테니스 tennis', '라운드 round'에 이어질 네 번째 단어는 '테이블 table'이다(식사 예절 table manners, 탁구 table tennis, 원탁회의 round table). 문제마다 정답이 하나이므로 수렴적 사고를 측정한다. 물론 창조적으로 상자 밖에서 생각해야 해답을 찾아낼 수 있지만, 우리가 가진 지식을 체계적으로 훑어보면서 가설을 검증하는 것이다. 가설 도출은 논리적 과정을 거치든 갑작스러운 통찰을 통하든 상관없다.

확산적 사고와 수렴적 사고라는 자질은 타고난 성격 특질로 보일 수도 있지만, 타고나는 것만이 아니다.

○ **창조성을 높여주는 요인은 무엇인가?**
연구에서는 세 가지 주된 능력이 특히 업무 현장의 창조적 수행에 영향을 미치는 것으로 나타났다.

1. 창조적 성격
2. 사회-조직의 환경
3. 물리적 업무 환경[9]

물론 창조성을 더 쉽게 끌어낼 수 있는 사람, 선천적으로 남보다 창조성이 뛰어난 사람이 있다. 연구자들은 이런 자질을 '창조적 성격'이라고 부른다. 그러나 조직이나 상황적 요인도 개인차를 뛰어넘어 창조성에 영향을 미칠 수 있다. 물론 세 가지 중 두 가지는 어느 정도 통제할 수 있다. 즉 사회적 환경과 물리적 환경은 통제할 수 있다. 따라서 이윤을 높이고 싶은 기업이든 창조적인 사람이 되고 싶은 개인이든 희망이 있다. 게다가 '타고난' 자질로 여겨지는 '창조적 성격'도 잘만 이해하면 적절히 변형해서 유리하게 활용할 수 있다.

창조적 성격

타고난 창조적 성격은 무엇으로 정의할까?

독일 연구팀은 '경험에 대한 개방성'을 창조적 사고의 중요한 특성 중 하나로 확인했다.[10] 경험에 열려 있는 사람은 호기심이 많고, 기존 질서에 얽매이지 않고, 상상력이 풍부하다. 따라서 독특하고 예상치 못한 생각을 비롯해 풍성한 아이디어나 목표에 열려 있다.

창조성과 연관된 또 하나의 성격 특질은 '주도적 성격'이다. 주도적 성격에서 높은 점수를 받는 사람은 기회를 발견하고, 앞장서고, 문제를 예견하고, 환경에 영향을 미치려 한다. 주도적인 사람들은 해결책을 찾아내고, 장애물을 두려워하지 않는다. 늘 새로운 아이디어를 찾는다. 그래서 일에서도 더 창의적이다.[11]

인지 양식(문제를 지각하고 해결하고 결정하는 방식)도 창조성과 연관된다. 직관적으로 신속하게 결정하는 사람이 있는가 하면, 관습적이고 형식적이고 체계적인 사람도 있다. 새로운 아이디어를 자유롭게 떠올리면서 해결해야 하는 문제를 잘 푸는 사람도 있고(확산적 사고), 분석적이고 체계적인 사고가 필요한 문제를 잘 푸는 사람도 있다(분석적 사고).

사회-조직 환경

직장의 창조성은 조직적·사회적 요인만이 아니라 물리적 환경에도 영향을 받는다. 긍정적인 혁신의 분위기, 상사와 동료들의 지지, 통제당하거나 평가받지 않는다는 느낌, 조직의 자원(시간과 인력), 이 모든 것이 직장의 창조성에 기여한다는 것은 잘 알려져 있다.

　기업은 주어진 조건 안에서 사회적·물리적 환경을 조작할 수 있으므로 창조성을 끌어올리는 방향으로 환경을 조작하는 것도 가능하다. 그렇다면 기업이 어떻게 할 수 있을까?

　보상과 창조성 사이에 연관성이 있을까? 60편의 연구 결과를 메타분석으로 검토하고 이 질문의 답을 찾아본 연구가 있다.[12] 결과적으로 창조성은 어떤 과제를 완성하는 것보다는 '창조적인 자세에 주어지는' 보상과 양의 상관관계를 보이는 것으로 나타났다. 창조성이 인정받고 보상받는다는 점을 직원들이 알아야 한다. 직원들에게 새로운 아이디어를 내도록 권장하고, 중압감 없이 창조성을 발휘할 시간을 줄 때 좋은 성과가 나온다. 이것은 매우 중요한 요인이다. 중압감과 마감이 있으면 위협으로 느껴져서, 자연스럽게 대가를 치르지 않으려고 위협을 피하는 쪽으로 반응한다. 부정적인 중압감은 강박적 사고로 이어진다. 말하자면 창조성을 가로막는 사고가 나오는 것이다.

사람들이 성과가 좋지 않으면 실직하거나 강등당할 수 있다는 두려움으로 일을 하게 될 때는 대개 위험을 감수하지 않는 쪽으로 일하고, 유연성이 떨어지고, 결국 창조성도 떨어진다. 중압감은 강박적이고 상상력이 부족한 생각을 낳는다. 반면 창조성에 따라 보상을 받는 분위기라면, 직원들이 더 과감히 위험을 감수하고 유연하게 사고하고 아이디어를 여러모로 검토한다. 한마디로 뛰어난 창조성으로 업무에 임하는 것이다. 이런 환경에서는 창조성을 긍정적으로 강화해줄 뿐 아니라 직원들이 덜 통제받고 자율적으로 일하도록 허용해주는 분위기가 필요하다.

물리적 환경

성격 요인과 조직 요인 외에 물리적 환경에도 창조성을 끌어올리는 요인이 있다.

색깔과 창조성: 적색 경보

9장에서 보았듯이, 색깔마다 고유한 의미가 있다. 색깔은 우리의 감정과 행동뿐 아니라 타인의 인상에도 영향을 미칠 수 있다. 그런데 색깔이 인지 수행과 창조성에도 영향을 미칠까? 연구에 따르면 색깔은 사실상 모든 차원에서 영향을 미칠 수 있다고 한다.

원색인 빨간색과 파란색은 수많은 의미를 담고 있다. 빨간색은 위험과 정지 신호, 그리고 학교에서 교사들이 시험지를 채점하던 빨간색 잉크를 연상시킨다. 파란색은 바다와 하늘의 개방성과 평온함을 연상시킨다. 빨간색과 파란색이 인지 수행에 영향을 미칠까? 업무 현장에서는 업무마다 다른 사고 유형이 필요하다. 어떤 일에는 창조적 사고가 필요하고, 어떤 일에는 분석적이고 체계적인 사고가 필요하며, 문서를 교정하거나 암기하는 일에는 고도의 집중력이 필요하다. 창조성을 연구하는 유명한 두 연구자인 일리노이대학교의 라비 메타Ravi Mehta와 장강경영대학원의 루이 (줄리엣) 주는 〈사이언스〉에 일련의 연구를 발표했다.[13] 두 연구자는 빨간색과 파란색이 주로 창조성이 필요한 문제와 주로 집중력이 필요한 문제에 미치는 영향을 알아보았다. 한 연구에서는 참가자들에게 AUT를 실시했다. 참가자들은 1분 안에 벽돌의 용도를 최대한 많이 떠올려야 했다. 한 집단은 빨간색 배경에 적힌 문제를 받았고, 또 한 집단은 파란색 배경에 적힌 문제를 받았고, 세 번째 집단은 중립적인 흰색 배경에 적힌 문제를 받았다. 평가자 몇 명이 답변의 창조성을 9점 척도로 평가했다. 1점은 창조성이 부족하다는 뜻이고, 9점은 창조성이 풍부하다는 뜻이었다. 창조적인 답변으로는 '벽돌을 동물들이 발톱 긁는 기둥으로 사용하기'가 있었다. 연구 결과는 상당히 놀라웠다. 집단마다 벽돌 용도의 가짓수를 다르게 제시하지 않았는데도 파란색 배경의 문제를 본 참가자들은 다른 두 조건보다 용도를 더 창조적으로 많이 생각해냈다. 파란색이 창조성을 높이고 답변의 질에 영향을 준 것이다.

또 다른 연구에서는 참가자들에게 20가지 다른 부품이 그려진 종이를 나눠 주었다. 그중에서 다섯 가지만 써서 아동용 장난감을 그리게 했다. 한 집단은 빨간색으로 그려진 그림을 받았고, 다른 집단은 파란색으로 그려진 그림을 받았다. 그리고 평가자 몇 명이 참가자들의 장난감을 창조성과 실용성을 기준으로 평가했다. 파란색 부품으로 만든 장난감이 빨간색 부품으로 만든 장난감보다 더 창조적으로 평가받았다. 반면에 빨간색 부품으로 구성된 장난감은 더 실용적으로 평가받았다.

개방성과 평온함을 연상시키는 파란색이 사람들에게 평온하고 안전한 환경이므로 혁신적인 방법을 시도하고 창조적으로 사고해도 좋다는 신호를 보내는 듯하다. 연구자들은 파란색이 '접근 동기approach motivation(어떤 것을 피하지 않고 다가가려는 욕구나 동기)'를 자극해서 혁신적인 아이디어를 끌어낸다고 설명한다.

몇몇 연구에서는 빨간색이 창조적 과제뿐 아니라 성과를 내야 하는 문제 해결 과제에서도 성과를 방해하는 것으로 나타났다.[14] 예로 한 연구에서 학생들을 세 집단으로 나누고, 각자에게 번호를 주고 문자열을 조합해서 단어를 만드는 검사를 했다('BELTA'를 'TABLE'로 맞추는 식이다). 모든 학생이 같은 검사를 받았고, 각 페이지의 오른쪽 상단 모서리에 적힌 참가자의 번호 색깔만 달랐다. 한 집단의 참가자 번호는 빨간색이고, 다른 집단의 번호는 초록색이고, 세 번째 집단의 번호는 검은색이었다. 세 집단은 번호의 색깔만 달랐다. 빨간색의 검사 번호가 믿기지 않는 효과를 냈다. 빨간색 번호를 받은 집단이 초록색이나 검은색 번호를 받은 집단보다 검사에서 유의미하게 성과가 떨어지며 단어를 적게 맞췄다. 다른 성취 과제에서도 언어와 수학 검사 모두에서 비슷한 결과가 나왔다. 연구자들은 위험과 실패를 연상시키는 빨간색이 회피 행동을 자극해 시간 제약이 있는 성취 상황에서 성과를 떨어뜨린 것으로 보았다.

그러나 다른 연구에서는 문제 해결 과제가 아닌 교정과 같은 집중력과 기억력을 요구하는 과제에서 빨간색에 의해 일어난 위협의 감각이 회피 반응과 경계심을 발동시켜 오히려 더 집중하게 만드는 것으로 나타났다.[15] 그래서 성과가 좋아진다.

이상의 연구 결과에서는 빨간색과 파란색이 문제 유형에 따라 인지 수행에 다르게 영향을 미칠 수 있는 것으로 나타났다. 이 결과는 직장인이나 학생들에게도 직접 시사하는 바가 있다.

최고의 아이디어는 파란색에서 나온다

이렇게 해보자. 창조성이 필요한 작업을 진행하거나 브레인스토밍을 하거나 새로운 프로젝트를 맡거나 뭔가 새로운 것을 설계하는 일을 한다면, 사무실을 파란색으로 꾸며보라. 그림을 걸어도 되고, 벽을 파란색으로 칠해도 되고, 컴퓨터 배경화면 같은 사무실의 장비를 파란색으로 바꿔도 된다.

창조적으로 사고해야 하거나 분석적 사고가 필요한 문제를 풀 때는 빨간색을 피해야 한다. 빨간색이 성과를 떨어뜨릴 수 있다. 그러나 암기하거나 지침을 숙독하는 등 체계적이고 집중력을 발휘해야 하는 과제에서는 빨간색이 성과를 끌어올릴 수 있다.

더 나은 직장이나 더 마음에 들고 흥미로운 일을 찾는 사람들을 일컬어 흔히 '더 푸른 초원'으로 옮겨 가는 사람들이라고 말한다. 더 유망한 무언가를 뜻하는 말로 초록색을 빗대는 것은 놀랍지 않다. 초록색이 성장과 향상을 떠올리게 하기 때문이다. 흔히 풀과 나무가 푸르게 잘 자라는 것을 보고 '초록색 엄지(식물을 잘 키우는 손)'나 '초록으로(환경친화적)'라는 표현을 쓴다. 앞서 보았듯이 많은 연구에서 긍정적 동기가 창조성을 끌어올리는 것으로 나타났다. 초록색은 신체적·심리적 성장을 연상시키고, 환경에 대한 인식과 같은 긍정적 요소도 연상시킨다.

색깔이 행동에 미치는 영향에 관한 연구에 기여한 독일 뮌헨대학교의 앤드루 엘리엇, 마르쿠스 마이어Markus Maier, 스테파니 리히텐펠트Stephanie Lichtenfeld는 초록색이 긍정적 동기라는 신호를 주어 창조성을 끌어올리는지 알아보았다.[16]

한 실험에서는 참가자들이 컴퓨터 앞에 앉아 직사각형에 든 검은색 숫자를 보았다. 참가자 절반은 초록색 직사각형을 보고, 절반은 흰색 직사각형을 보았다. 그런 다음 AUT의 변형된 형태로, 빈 깡통을 활용하는 창조적 방법을 다양하게 적어내는 검사를 받았다. 앞서 초록색 직사각형을 본 참가자들이 흰색 직사각형을 본 참가자들보다 더 좋은 수행 결과를 보였다. 두 번째 실험에서는 참가자들이 검사 자료를 바인더로 받았다. 첫 페이지 가운데에 넓은 직사각형이 있고, '아이디'라는 글자가 검은색 잉크로 적혀 있었다. 한 집단은 초록색 직사각형 안에 글자가 적힌 검사지를 받았고, 다른 집단은 회색 직사각형 안에 글자가 적힌 검사지를 받았다. 잠시 후 참가자들은 검사지를 넘기면서 창조성 과제를 마쳤다. 그리고 다른 창조성 검사를 받았다. 하나의 도형으로 가능한 한 많은 물체를 그리는 과제였다. 이번에도 초록색 직사각형을 본 참가자들이 회색 직사각형을 본 참가자들보다 뛰어난 창조성을 보였다.

추후의 두 실험에서는 초록색을 회색이나 흰색과 비교할 뿐 아니라 빨간색과 파란색과도 비교했다. 결과적으로 초록색 직사각형을 본 참가자들이 파란색이나 빨간색이나 회색 직사각형을 본 참가자들보다 높은 창조성을 보였다.

초록의 시간을 갖자

이렇게 해보자. 창조성이 필요한 작업을 진행한다면, 하루에 몇 번씩 잠시라도 시간을 내서 초록색 면을 바라보라. 초록색이 많은 그림도 괜찮고, 사진도 괜찮고, 컴퓨터 이미지도 괜찮다. '초록의 시간'을 갖지 않은 다른 날과 작업 성과를 비교해보라.

이상의 네 가지 실험에서는 잠깐이라도 초록색에 노출된 사람들이 여러 가지 창조성 과제에서 더 뛰어난 창조성을 보이는 것으로 나타났다. 이 결과는 업무 환경에 직접적인 함의를 갖는다. 초록색이 많은 그림을 걸거나 문손잡이나 난간 같은 사무실의 물품을 초록색으로 칠해서 직원들을 초록색에 노출하는 방법만으로도 창조성을 끌어올리는 데 도움이 될 수 있다. 4장에서 보았듯이, 식물도 직원들에게 나름의 영향을 미친다.

다르게 생각하기

애플의 명성이 정점에 달하던 때 실시된 연구에서 학생 341명에게 애플 로고(최첨단 혁신, 관행을 따르지 않음, 창조성, '다르게 생각하라' 캠페인)

나 IBM 로고(영리함, 책임감, 전통적 가치)를 보여주었다. 로고에 노출되는 과정은 잠재적인 차원에서 이루어졌다. 순식간(30밀리세컨드)에 스쳐서 학생들은 로고를 인식하지 못했다. 그리고 학생들에게 AUT를 실시했다. 애플 로고를 본 학생들은 IBM 로고를 본 학생들보다 벽돌의 창조적이고 참신한 용도를 유의미하게 더 많이 떠올렸다. 로고를 본 것도 인지하지 못한 채로! 창조성과 혁신을 연상시키는 브랜드나 사진을 보면 그 사람의 창조성도 높아질 수 있다는 뜻이다. 그리고 업무 환경에 간단히 변화를 주어도(직원들을 의미 있는 상징에 노출하기) 실질적이고 지속적인 효과를 볼 수 있다는 뜻이기도 하다. (자연스럽게 PC보다 맥Mac에서 더 창조적으로 작업한다는 뜻이냐는 질문이 떠오를 수 있다. 실제로 많은 '창조적 부류'가 맥을 쓰고, 비즈니스 부류가 PC를 쓰는 듯하다. 이 또한 흥미로운 연구 주제다!)

빛과 창조성

2장에서 밝은 빛이 기분과 안녕감과 성과에 긍정적인 영향을 미친다는 것을 알아보았다. 그러나 어두운 방에 있거나 어둠을 생각할 때 더 창조적으로 될 때가 있다. 이 말이 이상하게 들릴 수도 있지만, 실제로 독일에서 실시한 일련의 연구에서는 정말 그렇다고 밝혀졌다.[17]

첫 번째 연구에서는 참가자들에게 어두운 곳이나 밝은 곳에 있어 본 경험을 들려달라고 했다. 그리고 창조적 과제를 내주었다. 이를테면 다른 행성에 가서 만날 법한 외계인을 그리게 했다. 제3의 평가자가 그림을 평가한 결과, 어두운 곳의 경험을 떠올린 참가자가 그린 외계인은 밝은 곳을 떠올린 참가자의 그림보다 더 창조적이었다. 두 번째 연구에서는 참가자들에게 단어 찾기 퍼즐에서 단어 12개를 찾아 동그라미를 치게 했다. 한 집단에는 모두 어둠과 연관된 단어(검은색, 밤, 동굴)를 찾게 하고, 다른 집단에는 밝음과 연관된 단어(해, 광선, 낮)를 찾게 했다. 통제 집단에는 중립적인 단어(신발, 집)를 찾게 했다. 그리고 참가자들에게 AUT를 실시했다. 어둠과 연관된 단어 집단의 참가자들이 다른 두 집단의 참가자들보다 창의적인 답을 찾았다.

세 번째 실험에서는 참가자들을 실제로 어두운 사무실, 밝은 사무실, 어두운 사무실보다는 밝지만 밝은 사무실만큼은 밝지 않은 사무실(통제 집단)에 배정했다. 그리고 창조적인 과제를 내주었다. 이번에는 네 가지 창조적 통찰 문제였다. 어두운 방의 참가자들이 더 창조적인 반응을 보였다. 그리고 참가자들에게 제약으로부터 얼마나 자유롭다고 느끼는지 물었다. 어두운 방의 참가자들이 밝은 방이나 통제 방의 참가자들보다 제약에서 더 자유롭다고 느꼈다. 따라서 제약에서 자유롭다고 느낄수록 더 창조적이 되는 것으로 보인다.

그런데 다른 여러 연구에서는 오히려 밝은 빛이 수행 능력을 향상하는 것으로 나타나서 다소 혼란을 가져온다. 다만, 이런 결과에서 밝음이 근면함을 자극하고 어둠은 창조성을 자극한다는 의미로 해석할 수는 있을 것이다. 작곡가이자 편집자인 사람이 내게 자기가 화가, 음악가, 작가들과 잘 어울리는데 그 사람 중 밝은 곳에서 창작하는 사람은 드물다고 말했다. 그는 이렇게 적었다. "나는 창작할 때는 조명을 어둡게 하고, 섬세하게 다듬을 때(편집과 수정)는 조명을 밝힌다. 유별난 방식은 아닐 것이다." 빛이 주로 긍정적인 영향을 미치긴 하지만, 간혹 이러지도 저러지도 못하고 창조적인 해결책을 찾을 때는 한동안 어두운 방에서 아무런 제약 없이 혼자 있는 것도 도움이 될 수 있다.

○   **상자 밖에서 생각하기와 그 밖의 은유적 표현**

'상자 밖에서 생각하기'라는 표현은 다들 들어보았을 것이다. 창조적이고, 남들과 다르고, 규범에 얽매이지 않고 정형화되지 않은 방식으로 생각한다는 뜻이다. 싱가포르경영대학교의 안젤라 룽Angela Leung 교수 연구팀의 흥미로운 연구에서는 '실제로 상자 밖에 앉아 있으면' 창조성이 향상되는 것으로 나타났다.[18] 우선 참가자들을 세 집단으로 나누고 RAT를 실시했다. 한 집단은 약 0.5제곱미터의 상자 안에 들어가 앉아서 검사를 받았다. 두 번째 집단은 상자 밖에서 검사를 받았다. 세 번째 집단에는 상자를 주지 않았다. 결과적으로 상자 밖의 참가자들이 상자 안에 앉거나 상자가 없는 방에서 검사를 받은 참가자들보다 정답을 더 많이 맞혔다.

별로 놀랍지 않은가? 그런데 다른 연구에서는 실제 상자 없이 사진만으로도 같은 결과를 얻었다.[19] 첫 번째 실험에서는 한 집단에 뇌가 상자 밖에 있는 사진을 보여주었다. 두 번째 집단에는 물고기 사진을 보여주었고, 세 번째 집단에는 사진을 보여주지 않았다. 그런 다음 모든 집단에 RAT를 실시했다. 뇌와 상자의 사진을 본 참가자가 높은 점수를 받았다.

다른 실험에서는 한 집단에는 '지친burned out'을 의미하는 부정적인 은유로 타버린burned-out 전구 사진을 보여주었다. 두 번째 집단에는 불켜진 전구 사진을 보여주고, 세 번째 집단에는 물고기 사진을 보여주었다. 네 번째 집단에는 사진을 보여주지 않았다. 타버린 전구를 본 참가자들은 나머지 세 집단보다 창조성이 떨어지는 결과를 얻었다. 믿기 힘든 결과지만, 적절한 사진만 보아도 간단히 창조성이 높아지는 것으로 보인다.

또 다른 연구[20]에서는 참가자들에게 '문제에 해결의 빛을 던지다'라는 은유나 전구를 의미하는 상징을 보여주었다. 그리고 다들 잘 알 만한 문제를 하나 내주었다. 사각형 안의 점 네 개를 세 개의 선으로 연결하는 문제다. 다만 연필을 종이에서 떼면 안 된다. 이것은 통찰 문제다. 점은 사각형으로 배열되어 있어도 선은 사각형을 벗어날 수 있다는 것을 깨달아야 한다. 이 사실을 통찰하면 문제를 쉽게 풀 수 있다. 실험자는 참가자들에게 문제를 주고 1분쯤 지나서 방이 약간 어두우니 백열등이나 형광등을 켜라고 말했다. 그러자 전등만 켜져도 통찰력이 켜졌다. 놀랍게도 참가자들이 전등을 보기만 해도 창조성이 향상된 것이다!

번득이는 영감이 필요한가?

간단하고 효과적인 방법: 사무실이 어두우면 작은 전등으로 사무실 한쪽을 밝혀라. 아니면 전등의 이미지를 사용해도 된다. 어두운 방에 켠 전등은 아이디어나 혁신적인 해결책을 찾을 때 창조성을 높이는 훌륭한 조합이다.

유연성과 창조성

창조성은 경직된 사고와 반대로 다양한 방향으로 뻗어나가고 한 가지 생각에서 다른 생각으로 유연하게 넘나드는 능력이다(그래서 '유연한 사고'라고도 한다). 한 연구에 따르면 방에서 이리저리 걸으라는 지시를 받은 참가자들이 앉거나 직선을 따라 걸으라고 지시를 받은 참가자들보다 유의미하게 높은 창조성을 보였다. 그런데 부드러운 곡선을 그리기만 해도 창조성이 높아질 수 있을까? 연구자들은 몇 가지 실험으로 이 가설을 검증했다.[21] 각 실험에서 참가자들에게 부드러운 그림 세 개와 딱딱한 그림 세 개를 따라 그리게 했다. 부드러운 그림은 곡선으로 이루어졌고, 딱딱한 그림은 각진 직선으로 이루어졌다. 두 그림의 나머지 요소는 모두 같았다. 다음으로 참가자들에게 창조성의 다양한 영역을 검사하는 여러 가지 과제를 내주었다. 한 실험에서는 신문의 창조적인 용도를 적어보게 했고, 다른 실험에서는 RAT 검사를 실시했다. 세 실험 모두에서 부드러운 곡선을 따라 그린 참가자들이 창조적 사고 면에서 높은 점수를 받았다.

창조적으로 되고 싶은데… 계속 빙글빙글 돈다!

그렇다! 혁신적인 해결책, 프로젝트를 위한 새로운 아이디어를 떠올리고 싶거나 창조성을 끌어내야 한다면 종이에 끄적거려 보라. 다만 직선이 아니라 구불구불한 선이나 곡선을 그려야 한다. 아니면 일어나서 걸어보라. 역시나 직선으로 걷지 말고 방이나 건물을 도는 것이 좋다. 이렇게 빙빙 도는 사소한 행동으로도 마음을 비울 수 있고, 고정관념에서 벗어날 수 있다. 창조적 사고를 끌어내는 데 중요한 요소다.

스스로 창조적인 사람이라고 상상하라

메릴랜드대학교 연구팀은 자기를 창조적인 사람이라고 상상하기만 해도 창조성이 길러질 수 있는지 알아보았다.[22] 대학생 96명에게 AUT를 실시하여 10가지 물건의 용도를 최대한 많이 적어내게 했다. 학생들을 세 집단으로 나눴다. 세 집단의 유일한 차이로, 한 집단에만 스스로 괴짜 시인이라고 상상하게 했다. 두 번째 집단에는 스스로 깐깐한 사서라고 상상하게 했다. 세 번째 통제 집단에는 아무것도 지시하지 않았다. 괴짜 시인과 사서로 정한 이유는 시인은 창조적인 사람이고, 사서는 그렇지 않다는 고정관념을 따랐기 때문이다(연구자들은 실제로 사서가 창조적이지 않다고 생각한 것이 아니라 많은 사람의 고정관념에 따른 것이라고 강조했다). 학생들의 답변은 유창성(아이디어의 수)과 독창성을 기준으로 평가했다. 독창성 면에서는 '시인 조건'의 학생들이 통제 집단과 '사서 조건' 집단보다 유의미하게 높은 점수를 받았다. 깐깐한 사서 조건의 학생들은 시인 조건의 학생들보다 유창성 면에서 낮은 점수를 받았다. 통제 집단의 점수는 중간 정도였다. 연구자들은 첫 번째 연구와 유사하게 두 번째 연구를 진행했다. 참가자들에게 이번에도 같은 과제를 주었지만 앞의 물건 다섯 개를 제시하기 전에 참가자 일부에게는 스스로 괴짜 시인이라고 상상하게 하고, 일부에게는 깐깐한 사서라고 상상하게 했다. 그리고 나머지 물건 다섯 개를 제시하기 전에는 두 집단에 바꿔서 지시했다. 결과적으로 스스로 시인이라고 상상하도록 주문할 때 사서라고 상상하도록 주문할 때보다 유창성과 독창성에서 유의미하게 좋은 성과가 나왔다.

이 연구 결과는 스스로 창조적인 사람이라고 상상하면 창조성이 향상될 수 있다는 것을 보여준다. 통찰 문제를 풀거나 새롭고 혁신적인 아이디어를 내고 싶을 때 이 방법을 시도해보라. 꼭 괴짜 시인이라고 상상하지 않아도 되고, 발명가든 예술가든 창조적이라고 생각하는 직업을 가진 사람으로 상상하면 된다. 평소 창조적이라고 생각한 특정인을 떠올려도 된다.

창조적인 사람이 되고 싶은가? 자기를 잊어라

참신하고 창조적인 해결책이 필요한 다음의 통찰 문제를 풀어보라.

죄수가 탑에서 탈출하려 했다. 감방에서 밧줄을 구했지만, 바닥까지 안전하게 닿는 길이의 절반밖에 되지 않았다. 죄수는 밧줄을 반으로 잘라서 두 부분을 연결해서 탈출했다. 어떻게 가능했을까?

답은 세로로 길게 자르는 것이다. 연구에서 참가자들에게 이 문제를 내주었다. 절반에게는 직접 탑에서 탈출을 감행한다고 상상하게 하고, 나머지 절반에게는 탑에 갇힌 다른 사람을 위해 문제를 푼다고 상상하게 했다. 자기가 탑에 갇혔다고 상상한 사람의 48퍼센트만 문제를 해결한데 비해, 남을 위해 문제를 풀어준다고 상상한 사람의 66퍼센트가 문제를 해결했다.

따라서 창조적으로 혁신적인 아이디어나 해결책을 찾고 싶을 때는 자기 문제를 푸는 것이 아니라 남을 위해 문제를 풀어준다고 상상해야 한다. 복잡한 프로젝트를 진행하는 사람들에게 도움이 될 만한 손쉬운 비법이다.

종달새와 올빼미
: 하루 중 가장 좋은 시간

흔히 사람을 아침형 인간과 저녁형 인간으로 정의한다. 나는 이른 아침에 일이 제일 잘 되는 것을 알기에 이메일 답장이나 은행 계좌 확인처럼 그렇게 어렵지 않은 업무는 집중이 잘 되지 않고 창조적인 생각이 떠오르지 않는 저녁 시간으로 미뤄둔다. 그러나 "일찍 자고 일찍 일어나면, 건강하고 부유하고 지혜로워질 수 있다"라는 벤저민 프랭클린Benjamin Franklin의 명언은 밤에 일이 더 잘 되는 사람에게는 적용되지 않는다. 따라서 저마다 최적의 시간에 창조성이 더 많이 살아난다고 보는 편이 맞을 것이다. 아침형 인간은 아침에 더 창조적이고, 저녁형 인간은 저녁에 더 창조적일 것이다. 그런데 연구에서는 꼭 그렇지는 않은 것으로 밝혀졌다.

한 연구[23]에서는 수면 습관과 여러 시간대의 수행 능력에 관해 묻는

'아침형-저녁형' 질문지의 답변에 따라 참가자들을 아침형 집단과 저녁형 집단으로 나눴다. 모든 사람이 둘 중 하나에 들어가는 것은 아니므로 명확히 아침형이나 저녁형으로 나오는 사람들(428명 가운데 223명)만 따로 추려서 분석했다. 참가자들에게 세 가지 통찰 문제와 세 가지 분석 문제를 주었다. 다음의 두 가지 예를 보자.

참가자들에게 내준 분석 문제 중 하나는 꽃 문제였다.

애나, 에밀리, 이저벨, 이본이라는 네 여자가 각자의 연인인 톰, 론, 켄, 찰리에게 꽃다발을 받는다. 다음과 같은 정보가 주어진다. 애나의 연인 찰리는 애나가 좋아하는 꽃으로 만든 커다란 꽃다발을 주었다. 꽃이 장미는 아니다. 톰은 연인(에밀리가 아니다)에게 수선화를 주었다. 이본은 백합 열두 송이를 받았지만 론에게서 받은 건 아니다. 각자가 어떤 꽃을 받았고(카네이션, 수선화, 백합, 장미), 누가 누구의 연인일까?

참가자에게 주어진 통찰 문제 중에는 동전 판매상 문제도 있었다.

골동품 동전 판매상에게 누군가가 아름다운 청동화를 팔겠다고 제안했다. 동전의 한 면에는 황제의 얼굴이 있었고, 반대 면에는 544 BC가 찍혀 있었다. 판매상은 동전을 자세히 들여다보더니 동전을 사지 않고 경찰을 불렀다. 왜일까?

두 문제의 차이는 명백하다. 꽃 문제를 풀려면 체계적으로 접근해야 한다. 가능성을 하나하나 확인해서 전체 문제를 풀어야 한다. 예를 들어

찰리는 애나의 연인이고, 톰은 수선화를 주었고, 이본은 백합을 받았지만 론에게 받지 않았다. 따라서 켄이 이본의 연인이다. 이렇게 점진적으로 접근해서 결국에 모든 연인과 꽃의 조합을 찾아내는 것이다.

통찰 문제는 전혀 다르다. 체계적으로 검토하는 방법만으로는 충분하지 않다. 다른 방법과 대안을 생각해내야 하고, 꽉 막힌 상태로 있다가 별안간 해결책이 번쩍 떠오르기도 한다. 그러면 계속 읽어 내려가기 전에 잠시 시간을 갖고 통찰 문제를 풀어보라. 스스로 아침형인지 저녁형인지 생각하고, 지금이 이 문제를 풀기에 최적의 시간인지도 따져보라.

답은 동전에는 'BC'가 찍혀 있을 수 없다는 것이다. BC(Before Chist, 예수 이전)는 당시에는 존재하지 않던 개념이기 때문이다.

연구자들은 사람들이 각자 최적의 시간에 더 창조적인지 알아보고 싶었다. 결과는 놀라웠다. 분석 문제에서는 하루 중 언제인지가 중요하지 않았다. 검사 시간이 최적의 시간대가 아닌 참가자에게도 마찬가지였다. 그러나 예상과 반대로 최적의 시간대가 아닌 조건의 참가자가 최적의 시간대인 조건의 참가자보다 통찰 문제를 더 잘 풀었다. 이 연구의 제목은 당연하게도 "최적이 아닐 때가 최적일 때"였다.

이 결과를 이해하려면, 분석 문제를 풀려면 집중을 방해하는 요소를 피해야 한다는 점을 기억해야 한다. 그런데 통찰 문제는 상관이 없다. 통찰 문제는 창조적 사고가 필요하다. 따라서 체계적으로 접근하기보다 참신한 해결책을 찾아야 한다. 여러 연구에서 사람들은 자신에게 최적의 시간이 아닐 때는 방해 요인을 제대로 피하지 못하고, 이전의 정보에 크게 영향을 받는 것으로 나타났다. 그런데 사실 최적의 시간대에 피하려고 애쓰는 임의의 생각과 방해 요인이 창조적 문제를 해결하는 데 도움이 될 수 있다.

따라서 최적의 시간일 때 항상 최상의 성과를 내지 못할 수도 있다. 온종일 문제를 해결하려고 애쓰다가 최적의 시간이 아닐 때 뜬금없이 효과를 보기도 한다. 예로, 독해는 아침이든 저녁이든 최적의 시간에 최상의 효과를 본다. 그러나 창조성의 영역에서는 최적의 시간이 아닌 때에 독창적인 아이디어가 더 많이 떠오를 수 있다. 따라서 특정 문제 유형에서는 최적이 아닐 때 실제로 효과를 거둘 수도 있다.

이 결과에는 중요한 함의가 있다. 집중력이 필요한 분석적인 문제를 풀어야 한다면, 하루 중에서 자신에게 최적인 시간대에 풀어보라. 반면 창조적 해결책과 참신한 아이디어가 필요한 문제를 풀어야 한다면, 최적의 시간이 아닐 때 풀어보라. 이때 집중하기 어렵고 방해 요인에 더 많이 영향을 받기 때문에 오히려 문제를 다른 방식으로 보게 되고, 새로운 아이디어를 떠올릴 수도 있다.

휴식을 위한 시간인가, 수월한 문제 해결을 위한 시간인가?

마음이 배회하면 과제 수행에 방해가 된다. 정신을 집중해서 고도의 집중력이 필요한 과제에 몰두하려 하지만, 생각이 자꾸만 다른 데로 떠도는 상황을 떠올려 보라. 이렇게 마음이 배회하면 수행에 부정적인 영향을 미칠 수 있다. 그러나 최근의 여러 연구에서는 마음이 배회하는 것이 창조적 해결책을 찾는 데 도움이 될 수 있다고 밝혀졌다. 실제로 기막힌 아이디어를 생각해내거나 유독 까다로운 문제를 해결한 사람들은 종종 영감의 불꽃이 '그냥 찾아왔다'고 말한다. 예컨대 자연에서 산책하거나, 운전하거나, 샤워를 하거나, 그냥 쉬거나, 꿈을 꿀 때 아이디어가 떠올랐다는 것이다. 반대로 의식적으로 창의적인 결과물을 짜내려고 하면 초조하고 좌절감이 든다.

'게으름뱅이'의 보상

사람들에게는 하루 중 최고의 상태라고 느껴지는 최적의 시간이 있다. 아침이든 저녁이든 오후든 상관이 없다. 누군가는 밤의 올빼미이고, 누군가는 이른 아침의 새이고, 둘 사이의 사람들은 대체로 오후 시간에 가장 힘이 난다고 느낀다. 하루의 일정을 조율하고 업무를 분배할 수 있다면, 집중력과 분석력이 필요한 업무를 최적의 시간에 배치해야 한다. 창조성과 참신한 아이디어가 필요한 업무는 하루 중 '최악의' 시간에 배치하는 것이 가장 좋다. 따라서 아침형이라면 창조적인 일을 저녁에 하고, 저녁형이라면 반대로 해야 한다. 몸과 마음이 덜 활기차고 '최적의' 시간보다 경계심이 느슨해질 때 창조성의 뮤즈가 깨어나 더 자유롭게 배회할 수 있다. 다시 말해 정신을 똑바로 차리고 집중하고 바짝 경계할 때보다 정신이 느슨하게 풀릴 때 창조성이 따라온다. 직관을 거스르는 만큼 생산적일 수 있다는 것이 창조성의 비법이다!

아무 관련도 없는 무작위의 생각에 빠질 때 창조성이 높아지는지 알아본 연구들이 있다. 한 연구에서는 참가자들에게 두 가지 물건에 대한 AUT를 실시했다.[24] 참가자들의 답변을 창조성을 기준으로 평가하여 기준점으로 잡았다. 그리고 참가자들을 네 집단으로 나눴다. 두 집단에 12분의 '부화 시간'을 주었는데, 한 집단에는 주의력과 집중력이 필요한 어려운 과제를 주었고, 다른 한 집단에는 어렵지 않은 간단한 과제를 주었다. 세 번째 집단은 그냥 휴식을 취하게 했다. 12분 동안 가만히 앉아서 기다리게 한 것이다. 네 번째 집단에는 부화 시간도, 휴식 시간도 주지 않았다.

잠시 후 각 참가자에게 AUT를 네 차례 치르게 했다. 그중 두 문제는 앞의 실험과 같았고, 나머지 두 문제는 새로운 문제였다. '부화 시간'에 어렵지 않은 과제를 받은 참가자들이 어려운 과제를 받거나 휴식을 취하거나 휴식을 취하지 않은 참가자들보다 더 좋은 성과를 거뒀다. 마음을 배회하게 하는 무관한 생각이 창조적인 해결책을 끌어낸 것으로 보인다.

다른 연구에서도 유사한 결과가 나왔다.[25] 한 집단에는 전화번호부에서 전화번호 읽기와 같은 몇 가지 지루한 과제를 내주고, 이어서 창조적인 과제를 내주었다. 통제 집단에는 그냥 창조적인 과제를 내주었다. 사전에 지루한 과제를 수행한 참가자들이 통제 집단보다 두 번째 과제에서 더 뛰어난 창조성을 발휘했다.

이상의 연구 결과는 직원들이 온종일 지루해하거나 반복적이고 어렵지 않은 일만 해야 한다고 말하는 것이 아니다. 가끔은 창조적인 해결책이 필요한 문제를 다루기 전에 잠시 반복적이고 쉬운 일을 하게 하거나 권장하면 도움이 될 수도 있다는 뜻이다. 그러면 여러 가지 생각과 단편적인 아이디어가 떠올라 복권 추첨 공처럼 뒤죽박죽 섞일 것이다. 창조적인 아이디어를 떠올리기에 이상적인 방법이다.

명상과 마음챙김

명상 수련을 가만히 앉아 안정을 취하고 아무것도 하지 않는 것으로 생각할 수 있다. 전혀 사실이 아니다. 명상은 차분하게 수행하는 마음 훈련이다. 명상과 마음챙김 수련법은 오래전부터 스트레스를 줄이고, 기분을 좋게 하고, 집중력을 기르고, 기억력을 개선하고, 면역력을 강화하고, 행복감을 높이는 데 효과적이라고 추앙받았다. 여러 과학 연구에서도 이 주장을 뒷받침했다. 특히 명상은 창조적 성과를 내는 데도 도움이 될 수 있다.

간단한 연구에서 참가자들을 두 집단으로 나눴다.[26] 한 집단은 명상법을 교육받고, 일주일 동안 매일 30분씩 명상했다. 두 번째 집단인 통제 집단은 그냥 휴식을 취하는 교육을 받았다. 참가자들은 교육을 받은 뒤 창조성을 검사하는 과제를 받았다. 그 결과 명상을 한 사람들이 휴식을 취한 사람들보다 상당히 높은 점수를 받았다. 따라서 간단히 받은 명상 교육도 효과적일 수 있다는 것을 알 수 있다.

다른 연구에서는 참가자들을 마음챙김 집단과 통제 집단으로 나눴다.[27] 마음챙김 집단은 10분 동안 비판단적 의식non-judgemental awareness에 관한 설명을 듣고, 몸의 감각을 수용하는 법을 배웠다. 통제 집단은 자연의 역사에 관해 녹음한 내용을 들었다. 그리고 참가자들은 통찰력이 필요한 문제(이 장에서 소개한 죄수 문제나 동전 문제)와 통찰력이 필요 없는 문제(앞서 소개한 꽃 문제)를 받았다. 간단한 마음챙김 훈련을 받은 참가자들이 통찰 문제에서 더 좋은 성적을 거뒀지만, 통찰력이 필요 없는 문제에서는 그렇지 않았다.

〈하버드비즈니스리뷰〉에 실린 "10분 명상으로 더 창조적으로 될 수 있을까?Can 10 Minutes of Meditation Make You More Creative?"라는 논문에서 연구자들은 마음챙김 명상의 초기 혜택 중에 창조성이 있는지 확인하고 싶었다.[28] 무엇보다도 몇 분의 마음챙김 명상만으로 창조성이 향상되는지 알아보고 싶었다. 우선 참가자 129명을 세 집단으로 나누고 창조성 과제를 내주었다. 드론을 사업적으로 활용할 방법을 최대한 많이 떠올리는 과제였다.

참가자들이 아이디어를 고민하기 전에 한 집단에는 10분짜리 녹음 내용으로 마음챙김 수업을 진행했고, 두 번째 집단에는 10분짜리 모의 명상을 진행했고(마음을 이완하고 자유롭게 떠돌게 하라고 지시했다), 세 번째 집단에는 곧바로 아이디어를 고민하라고 지시했다.

세 집단 모두 아이디어를 거의 같은 개수로 떠올렸다. 중요한 차이는 명상 집단의 참가자들이 아이디어를 폭넓게 떠올렸다는 것이다. 명상 집단의 참가자들이 떠올린 창조적인 아이디어 중에는 드론을 정원 손질(나무 자르기·물 주기·가지치기), 보안(화재 진압·감시·경보), 유지 보수(유리창 청소), 동물원 관리(기린 먹이 주기)에 활용하자는 아이디어가 있었다. 말하자면 명상을 하자 명상하지 않은 사람에게는 보이지 않는 새로운 차원이 드러난 것이다. 이어진 연구에서는 거대 기업의 고위 관리자 24명에게 12분간 명상한 후 특정 주제에 관한 아이디어를 내게 했다. 대다수가 명상을 하자 머리가 맑아지고, 독창적인 해결책이 더 많이 떠올랐다고 보고했다.

네덜란드 라이덴대학교의 연구팀은 더 깊이 들어가서 명상 수련자들에게 두 가지 방식의 마음챙김 명상을 시도하게 했다.

1. 열린 관찰 명상open monitoring 조건에서는 참가자들에게 현재 일어나는 현상을 관찰하고, 아무런 판단 없이 모든 생각이나 감정이나 감각을 알아차리라고 요청했다.
2. 집중 명상focused attention 조건에서는 참가자들에게 하나의 대상(예컨대 촛불)에 다른 모든 자극을 차단할 정도로 집중하라고 요청했다.

명상이 끝난 뒤 참가자들에게 AUT와 RAT를 실시했다. 연구자들은 열린 관찰 명상이 창조성의 핵심인 확산적 사고를 강화하는 데 훨씬 더 효과적이라는 결과를 얻었다. 집중 명상은 당연하게도 수렴적 사고, 곧 선택지를 좁히고 실행 가능한 해결책을 찾는 데 중요한 사고와 더 강력히 연관되었다.[29]

열린 관찰 명상에서는 관찰 능력을 고도로 끌어올려서 인지적 유연성이 길러지고 인지적 경직성이 줄어드는 듯하다. 바로 창조적 사고의 중요한 요인이다. 네덜란드의 심리학자 마테이스 바스Matthijs Baas는 위의 연구를 토대로, 관찰하는 능력은 다수의 연구에서 창조적 성공의 강력한 지표로 밝혀진 '경험에 대한 개방성'과 밀접히 연관된다고 주장한다.[30] 명상법을 배우면 삶의 여러 영역에서 유용하다는 것을 깨닫게 될 것이다.

이 조언은 기업에도 널리 적용된다. 구글은 명상의 장점을 확신하고 직원들을 위해 '자신의 내면을 검색하라search inside yourself'라는 기업 차원의 마음챙김 프로그램을 도입했다. 그 밖에 기업 문화에서 명상을 포용하고 지원하는 주요 기업이나 기관으로는 애플, 나이키, 워너미디어WarnerMedia, 아스트라제네카AstraZeneca,[31] 골드만삭스Goldman Sachs와

메드트로닉Medtronic,[32] 미 육군[33]이 있다. 실제로 창조성이 조직의 핏줄인 곳에서 의사 결정권자가 직원들에게 명상 수행을 권장한다면 폭넓은 아이디어가 나올 것이다.

● ● ●

현재 기업의 세계와 노동시장이 급변하고 있다. 여러 연구와 조사에 따르면, 비즈니스 세계에서 가장 중요한 능력 중 하나가 창조성이다. 이 장에서 창조성은 개인의 타고난 자질만이 아니고, 여타의 능력과 마찬가지로 개발할 수 있는 능력이라는 사실이 잘 전달되었기를 바란다.

창조성이 최고의 능력인 기업에서는 기업의 조직 안에서 발 빠르게 창조성을 길러야 한다. 지금까지 보았듯이, 직장에서 창조성은 개인의 자질과 사회적 환경만이 아니라 물리적 환경과 함께 새로운 기술에도 영향을 받는다. 개인이든 조직이든 창조성을 추구한다면, 가능한 도구와 기법을 모두 기꺼이 수용해야 한다. 이 장에서 언급한 다양한 연구에서는 창조성을 기르기 위한 비교적 손쉬운 방법을 소개한다. 부드러운 곡선을 따라 그리거나, 밝은 전구와 같은 은유를 표현하는 사진을 걸거나, 상자 밖에 앉거나, 사무 공간에 파란색과 초록색을 늘리거나, 짧은 명상 시간을 갖는 방법이 있다.

현대 경제는 분명 창조성을 중요한 능력으로 여기는 쪽으로 궤도를 그린다. 기업이든 취업을 원하는 사람이든, 이런 방향에 집중해서 정보를 구하고 적절히 행동하지 않으면 뒤처질 수 있다.

이 책에서 나는 우리가 일에서 더 행복하고 만족하고 성공하는 데 도움이 되는 과학 연구를 소개하고 싶었다.

몇 달 동안 지난한 자료 조사 과정을 거치고, 몇 달 더 집중적으로 글을 쓰고 고치고 다듬은 끝에 마지막 장의 마지막 단어를 쓴 후 완성된 원고를 클라우드(그리고 물론 출판사)에 보냈다. 그리고 해야 할 일이 하나 더 남았다. 좋은 제목을 뽑아내는 일이었다. 가제는 있었지만 좋은 제목으로 느껴지지 않았다. 나는 이 책의 내용을 온전히 전달하면서 시선을 확 끄는 제목을 찾고 있었다.

언제나처럼 작업하기 위해 컴퓨터를 켜고 자리에 앉았다. 편안한 자세를 잡고 모니터를 바라보며 심호흡을 했다. 시계를 보았다. 자, 시작하자!

그대로 있었다.

10분, 20분, 거의 한 시간. 그 사이 내가 한 거라고는 썩 마음에 들지 않는 제목 몇 개를 떠올린 게 다였다. 앞이 막혔다. 그야말로 창작의 고통이었다.

나는 중압감과 좌절감에 짓눌린 채 아무런 영감도 떠오르지 않고 갈피도 잡지 못한 채로 방금 끝낸 이 책의 조언을 따랐다. 제목 없는 채로.

나는 이 책에서 소개한 여러 연구를 통해 앞이 막힐 때는 잠시 휴식을 취하고 다른 일을 하는 것이 좋다는 것을 알았다. 주어진 상황에서 벗어나 보는 것이다. 자연에서 걸으면서 정신적 피로를 풀고 창조성을 높이는 것이 좋다는 것도 알았다. 밖에 나가서 걸어보면 완벽한 제목을 찾는 데 필요한 힘이 생길 것도 알았다.

'그래, 살마, 이제 뭔가 해볼 때야.'

제목을 떠올리는 것은 논문을 읽고 요약하는 일과는 다른 창작의 영역이므로 마음이 이리저리 배회하면서 자유롭게 연상하도록 풀어놓아야 했다. 나는 이 책에서 창작에 관한 장으로 돌아갔다(내가 평소에 믿고 가는 해변 산책도 도움이 되지 않을 때를 대비해서 보험이 필요했다). 과학 연구에서는 창조성을 끌어올리는 몇 가지 방법을 제안했다. 빙빙 도는 방법도 있고, 초록색이나 파란색을 바라보는 방법도 있다. 나는 이런 조언을 따라보고 안 되면 다른 조언들도 시도해볼 생각이었다. '뭐든 통하는 방법'으로!

나는 컴퓨터를 끄고 책상에서 일어나 아름다운 바닷가를 거닐었다. 내가 좋아하는 풍경이다. 마침 사람이 많지 않은 시간이었다. 나는 해변을 따라 걸으며 파도 소리를 듣고 바다와 갈매기를 감상했다. 파란색의 공간에서 물을 바라보면 얼마나 긍정적인 영향을 받고 활력이 살아나며 인지 수행도 향상되는지 밝혀낸 연구가 떠올랐다. 나는 제자리를 맴돌기도 하고, 앞뒤로 오가기도 했다. 바다(파란 것)를 바라보고, 스마트폰으로 인터넷에서 찾은 초록색 사각형도 보았다. 그러는 내내 마음이 배회하고 자유로이 연상했다. 나는 시도해보기로 한 조언과 아직 시도해보지 않은 조언을 떠올리며, 그중 하나라도 내게 효과를 가져다주기를 바랐다. 그러다 문득 깨달았다. 이 책에는 업무 시간을 개선해줄 만한, 과학적으로 입증된 다양한 기법이 있다. 다양한 방향의 조언과 단서가 있으며, 그중 다수는 예상치 못한 것이고, 일부는 새로 발견된 것이다. 간절히 필요할 때, 이를테면 취업 면접이나 협상이나 상사와의 면담 자리에서, 또는 창의적이어야 할 때 필요한 방법도 있다. 각자에게 통하는 갖가지 조언을 모아놓은 메뉴판처럼 다채로운 기법이 있다. 어떤 방법이든, 직장에서 더 행복하고 성공적이고 생산적이고 창의적으로 만들어주는 방법을 선택하면 된다. 한마디로 상식을 뛰어넘고 우위를 점하게 해주는 전략과 전술과 '비법'의 팔레트를 확장할 수 있다. 뭐든 통하는 방법을 찾는 것이 중요하다!

이 책에서는 임금이나 수당 같은 직장의 일반적인 관심사는 다루지 않았다. 물론 중요한 부분이지만, 이 책에서는 더 세밀한 부분에 주목했다. 사무실의 물리적 요소처럼 눈에 잘 띄지 않거나 인정받지 못하는 부분이다. 게다가 보통의 상식을 뛰어넘어 다소 모호한 직관의 영역으로 넘어가서 우리를 유리한 위치에 서게 해주는 구체적인 단계를 제시했다.

예를 들어 스마트폰이 주의를 산만하게 하는 것은 다들 안다. 따라서 집중력이나 창의성이 필요한 중요 과제가 있으면, 스마트폰을 꺼놓아야 한다. 꽤 간단한 결정이다. 그러나 스마트폰을 다룬 장에서도 보았듯이, 스마트폰을 꺼놓아도 시야 안에 있거나 물리적으로 접근 가능한 곳에 있으면 계속 주의를 빼앗는 것으로 입증되었다. 따라서 스마트폰을 시야에서 완전히 치우고 서랍이나 옆방처럼 다른 곳에 숨겨 두어야만 그 유혹이 무력해지고 집중력을 최대로 끌어올릴 수 있다.

업무팀이나 태스크포스를 다양하게 구성하는 노력의 가치를 생각해 보라. 물론 말로는 사회적 다양성의 이상을 높이 사고, 그 장점을 칭송하기 쉽다. 그리고 다양하게 섞인 팀에서 더 많은 의견이 나오고 다양한 관점이 나오는 것이 당연해 보인다. 그런데 팀 안에 문화나 민족과 모국어가 다른 사람이 섞여 있기만 해도, 그 사람이 가만히 앉아서 한마디도 하지 않아도, 곧바로 집단 전체의 사고 양식이 풍성해지고 더 독창적이고 효과적인 팀이 되는 현상은 일반적인 상식이 아닐 것이다.

한편 협상에서 원하는 결과로 상대를 유도하기 위해 전략적으로 분노나 실망을 표현할 수도 있다는 점도 알아보았다. 그리고 일에서 창조성을 높이는 방법과 직장에서 정신적 피로를 풀고 안녕감을 높이는 방법에 관한 연구도 소개했다.

철저히 연구에 기반한 이 책의 조언은 변화를 끌어내고 업무 시간을 개선하는 데 도움이 될 것이다. 업무를 수행하거나, 직장을 구하거나, 협상에서 이기거나, 팀을 행복하면서도 생산적으로 유지하거나, 임금 인상을 요구하거나, 그저 업무 공간에서 더 행복하고 만족스럽게 지내고 싶을 때 활용할 만한 방법이다. 과학적으로도 더 생산적이고 창의적이고 행복하게 일하기 위한 열쇠는 가까운 곳에 있다고 밝혀졌다. 하지만 뭐든 통하는 방법을 (자신을 위해서든, 팀을 위해서든, 혹은 그만한 권력이 있다면 전체 조직을 위해서든) 실제로 활용하는 것은 각자에게 달렸다.

나는 진심으로 독자 여러분이 이 책에 담긴 통찰로 이익을 보고 삶의 한 단계를 뛰어오르기 바란다. 그러면 우리가 함께한 시간이 모두에게 진실로 가치 있고 풍성한 시간이 될 것이다.

주

1장 사무실 배치에 관해

1   Siu-Kei Wong et al., "Sick building syndrome and perceived indoor environmental quality: A survey of apartment buildings in Hong Kong," *Habitat International* 33, no. 4 (October 2009): 463–71, https://doi.org/10.1016/j.habitatint.2009.03.001; Yousef Al Horr et al., "Occupant productivity and office indoor environment quality: A review of the literature," *Building and Environment* 105 (August 2016): 369–89, https://doi.org/10.1016/j.buildenv.2016.06.001.

2   US Environmental Protection Agency, Indoor Environments Division, Office of Radiation and Indoor Air: Indoor Air Quality and Student Performance (Washington, DC, 2000), 1–4, https://my.airrestoreusa.com/wp-content/uploads/2015/04/STUDY-Indoor-Air-Quality-Student-Performance-8-1-00.pdf.

3   Ron Friedman, "Why Our Cubicles Make Us Miserable," *Psychology Today*, April 13, 2015, https://www.psychologytoday.com/us/blog/glue/201504/why-our-cubicles-make-us-miserable.

4   Emily Van Zandt, "Studies show open offices are distraction magnets. But there are ways to make it work," *Washington Business Journal*, May 17, 2018, https://www.bizjournals.com/washington/news/2018/05/17/studies-show-open-offices-are-distraction-magnets.html.

5 Ethan S. Bernstein and Stephen Turban, "The impact of the 'open' workspace on human collaboration," *Philosophical Transactions of the Royal Society B* 373, no. 1753 (July 2018), https://doi.org/10.1098/rstb.2017.0239; Jena McGregor, "Open office plans are as bad as you thought," *Washington Post*, July 18, 2018, https://www.washingtonpost.com/business/2018/07/18/open-office-plans-are-bad-you-thought/?noredirect=on.

6 Maria Konnikova, "The Open-Office Trap," *New Yorker*, January 7, 2014, https://www.newyorker.com/business/currency/the-open-office-trap.

7 Jan H. Pejtersen et al., "Sickness absence associated with shared and open-plan offices—a national cross sectional questionnaire survey," *Scandinavian Journal of Work Environment & Health* 37, no. 5 (September 2011): 376–82, https://doi.org/10.5271/sjweh.3167.

8 Manna Navai and Jennifer A. Veitch, "Acoustic Satisfaction in Open-Plan Offices: Review and Recommendations" (Ottawa: Institute for Research in Construction, 2003), 1–22, http://citeseerx.ist.psu.edu/viewdoc/download?doi=10.1.1.5.1910&rep=rep1&type=pdf; Vinesh G. Oomen, Mike Knowles, and Isabella Zhao, "Should Health Service Managers Embrace Open Plan Work Environments?: A Review," *Asia Pacific Journal of Health Management* 3, no. 2 (2008): 37–43, https://search.informit.com.au/documentSummary;dn=42423647 1220718;res=IELAPA; Mahbob Rashid and Craig Zimring, "A Review of the Empirical Literature on the Relationships Between Indoor Environment and Stress in Health Care and Office Settings: Problems and Prospects of Sharing Evidence," *Environment and Behavior* 40, no. 2 (March 2008): 151–90, https://doi.org/10.1177/0013916507311550; Aram Seddigh et al., "Concentration requirements modify the effect of office type on indicators of health and performance," *Journal of Environmental Psychology* 38 (June 2014): 167–74, https://doi.org/10.1016/j.jenvp.2014.01.009; Jungsoo Kim and Richard de Dear, "Workspace satisfaction: The privacy-communication tradeoff in open-plan offices," *Journal of Environmental Psychology* 36 (December 2013): 18–26, https://doi.org/10.1016/j.jenvp.2013.06.007; Tobias Otterbring et al., "The relationship between office type and job satisfaction: Testing a multiple mediation model through ease of interaction and well-being," *Scandinavian Journal of Work Environment & Health* 44, no. 3 (2018): 330–34, https://doi.org/10.5271/sjweh.3707.

9 Christine Castor et al., "Changes in work conditions and impact on workers' health: The case of collective syndrome in workers of a French administration office in March 2017," *Revue d'Épidémiologie et de Santé Publique* 66, no. 5 (July 2018): S263, https://doi.org/10.1016/j.respe.2018.05.075.

10 Bernstein and Turban, "The impact of the 'open' workspace on human collaboration."

11 Nick Perham et al., "Mental arithmetic and non-speech office noise: an exploration of interference-by-content," *Noise & Health* 15 (2013): 73–8, https://doi.org/10.4103/1463-1741.107160.

12 Helena Jahncke et al., "Open-plan office noise: Cognitive performance and restoration," *Journal of Environmental Psychology* 3, no. 4 (2011): 373–82, http://dx.doi.org/10.1016/j.jenvp.2011.07.002.

13 Aram Seddigh et al., "The association between office design and performance on demanding cognitive tasks," *Journal of Environmental Psychology* 42 (June 2015): 172–81, https://doi.org/10.1016/j.jenvp.2015.05.001.

14 Gary Evans and Dana Johnson, "Stress and Open-Office Noise," *Journal of Applied Psychology* 85, no. 5 (October 2000): 779–83, http://dx.doi.org/10.1037/0021-9010.85.5.779.

15 Valtteri Hongisto, Annu Haapakangas, and Miia Haka, "Task performance and speech intelligibility—a model to promote noise control actions in open offices" (Foxwoods: 9th International Congress on Noise as a Public Health Problem, ICBEN, 2008), 1–8, https://pdfs.semanticscholar.org/dd87/aaf8cbb02dcfe9e3eb5b319d019cf1c9243b.pdf.

16 Niklas Halin et al., "Effects of Speech on Proofreading: Can Task-Engagement Manipulations Shield Against Distraction?," *Journal of Experimental Psychology: Applied* 20, no. 1 (March 2014): 69–80, https://doi.org/10.1037/xap0000002; Niklas Halin et al., "A shield against distraction," *Journal of Applied Research in Memory and Cognition* 3, no. 1 (March 2014): 31–6, https://doi.org/10.1016/j.jarmac.2014.01.003; Marijke Keus van de Poll, "Unmasking the effects of masking on performance: The potential of multiple-voice masking in the office environment," *Journal of the Acoustical Society of America* 138, no. 2 (2015): 807, https://doi.org/10.1121/1.4926904.

17 Brendan Norman and Daniel Bennett, "Are mobile phone conversations always so annoying? The 'need-to-listen' effect re-visited," *Behaviour & Information Technology* 33, no. 12 (January 2014): 1294–305, https://doi.org/10.1080/0144929X.2013.876098; John E. Marsh et al., "Why are background telephone conversations distracting?," *Journal of Experimental Psychology: Applied* 24, no. 2 (2018): 222–35, http://dx.doi.org/10.1037/xap0000170.

18 Marsh et al., "Why are background telephone conversations distracting?"

19 Haapakangas et al., "Effects of Five Speech Masking Sounds on Performance and Acoustic Satisfaction. Implications for Open-Plan Offices," *Acta Acustica united with Acustica* 97, no. 4 (2011): 641–55, https://doi.org/10.3813/AAA.918444; Marijke Keus van de Poll, "Unmasking the effects of masking on performance: The potential of multiple-voice

masking in the office environment," *The Journal of the Acoustical Society of America* 138, no. 2 (2015): 807, https://doi.org/10.1121/1.4926904.

20   Ravi Mehta, Rui (Juliet) Zhu, and Amar Cheema, "Is Noise Always Bad? Exploring the Effects of Ambient Noise on Creative Cognition," *Journal of Consumer Research* 39, no. 4 (December 2012): 784–99, https://doi.org/10.1086/665048.

21   David Burkus, "Why You Can Focus in a Coffee Shop but Not in Your Open Office," *Harvard Business Review*, October 18, 2017, https://hbr.org/2017/10/why-you-can-focus-in-a-coffee-shop-but-not-in-your-open-office.

22   Alison Hirst and Christina Schwabenland, "Doing gender in the 'new office,'" *Gender, Work & Organization* 25, no. 2 (March 2018): 159–76, https://doi.org/10.1111/gwao.12200.

23   Christina Bodin Danielsson et al., "The relation between office type and workplace conflict: A gender and noise perspective," *Journal of Environmental Psychology* 42 (June 2015): 161–71, https://doi.org/10.1016/j.jenvp.2015.04.004.

24   Nathan Bos et al., "Workplace Satisfaction Before and After Move to an Open Plan Office—Including Interactions with Gender and Introversion," *Proceedings of the Human Factors and Ergonomics Society Annual Meeting* 61, no. 1 (2018): 455–9, https://doi.org/10.1177/1541931213601594.

25   Steve Lohr, "Don't Get Too Comfortable at That Desk," *New York Times*, October 6, 2017, https://www.nytimes.com/2017/10/06/business/the-office-gets-remade-again.html.

26   Rianne Appel-Meulenbroek, Peter Groenen, and Ingrid Janssen, "An end-user's perspective on activity-based office concepts," *Journal of Corporate Real Estate* 13, no. 2 (2011): 122–35, https://doi.org/10.1108/14630011111136830.

27   Eline Meijer, Monique H. W. Frings-Dresen, and Judith Sluiter, "Effects of office innovation on office workers' health and performance," *Ergonomics* 52, no. 9 (2009): 1027–38, https://doi.org/10.1080/00140130902842752.

28   Lina Engelen et al., "Is activity-based working impacting health, work performance and perceptions? A systematic review," *Building Research & Information* 47, no. 4 (2019): 468–79, https://doi.org/10.1080/09613218.2018.1440958.

29   Tobias Otterbring et al., "The relationship between office type and job satisfaction: Testing a multiple mediation model through ease of interaction and well-being," *Scandinavian Journal of Work Environment & Health* 44, no. 3 (2018): 330–34, https://doi.org/10.5271/sjweh.3707.

1   Femke Beute and Yvonne de Kort, "Let the sun shine! Measuring explicit and implicit preference for environments differing in naturalness, weather type and brightness," *Journal of Environmental Psychology* 36 (December 2013): 162–78, https://doi.org/10.1016/j.jenvp.2013.07.016.

2   Mohamed Boubekri et al., "Impact of Windows and Daylight Exposure on Overall Health and Sleep Quality of Office Workers: A Case Control Pilot Study," *Journal of Clinical Sleep Medicine* 10, no. 6 (2014): 603–11, http://dx.doi.org/10.5664/jcsm.3780.

3   Yousef Al Horr et al., "Occupant productivity and office indoor environment quality: A review of the literature," *Building and Environment* 105 (August 2016): 369–89, https://doi.org/10.1016/j.buildenv.2016.06.001; Ihab Elzeyadi, *Daylighting-Bias and Biophilia: Quantifying the Impact of Daylighting on Occupants Health* (Oregon: US Green Building Council, 2011), 1–9, https://www.usgbc.org/sites/default/files/OR10_Daylighting%20Bias%20and%20Biophilia.pdf.

4   Antoine U. Viola et al., "Blue-enriched white light in the workplace improves self-reported alertness, performance and sleep quality," *Scandinavian Journal of Work, Environment & Health* 34, no. 4 (August 2008): 297–306, https://doi.org/10.5271/sjweh.1268.

5   Pietro Badia et al., "Psychophysiological and behavioral effects of bright and dim light," *Journal of Sleep Research* 19 (1990): 387; Melanie Ruger et al., "Weak relationships between suppression of melatonin and suppression of sleepiness/ fatigue in response to light exposure," *Journal of Sleep Research* 14, no. 3 (September 2005): 221–7, https://doi.org/10.1111/j.1365-2869.2005.00452.x; Christian Cajochen et al., "Dose-response relationship for light intensity and ocular and electroencephalographic correlates of human alertness," *Behavioural Brain Research* 115, no. 1 (October 2000): 75–83, https://doi.org/10.1016/S0166-4328(00)00236-9; Christian Cajochen et al., "High Sensitivity of Human Melatonin, Alertness, Thermoregulation, and Heart Rate to Short Wavelength Light," *Journal of Clinical Endocrinology & Metabolism* 90, no. 3 (March 2005): 1311–16, https://doi.org/10.1210/jc.2004-0957; Karin Smolders, Yvonne de Kort, and Stephanie M. van den Berg, "Daytime light exposure and feelings of vitality: Results of a field study during regular weekdays," *Journal of Environmental Psychology* 36 (December 2013): 270–9, https://doi.org/10.1016/j.jenvp.2013.09.004; Jan L. Souman et al., "Acute alerting effects of light: A systematic literature review," *Behavioural Brain Research* 337 (January 2018): 228–39, https://doi.org/10.1016/j.bbr.2017.09.016.

6   Karin C. H. J. Smolders and Yvonne de Kort, "Bright light and mental fatigue: Effects

on alertness, vitality, performance and physiological arousal," *Journal of Environmental Psychology* 39 (September 2014): 77–91, https://doi.org/10.1016/j.jenvp.2011.12.003.

7　Anna Steidle and Lioba Werth, "In the spotlight: Brightness increases self-awareness and reflective self-regulation," *Journal of Environmental Psychology* 39 (2014): 40–50, https://doi.org/10.1016/j.jenvp.2013.12.007.

8　Jingyi Lu, Zhengyan Liu, and Zhe Fang, "Hedonic products for you, utilitarian products for me," *Judgment and Decision Making* 11, no. 4 (July 2016): 332–41, http://journal.sjdm.org/16/16428a/jdm16428a.pdf.

9　Xun (Irene) Huanga, Ping Dong, and Aparna A. Labroo, "Feeling disconnected from others: The effects of ambient darkness on hedonic choice," *International Journal of Research in Marketing* 35, no. 1 (March 2018): 144–53, https://doi.org/10.1016/j.ijresmar.2017.12.005.

10　Chen-Bo Zhong, Vanessa K. Bohns, and Francesca Gino, "Good Lamps Are the Best Police: Darkness Increases Dishonesty and Self-Interested Behavior," *Psychological Science* 21, no. 3 (March 2010): 311–4, https://doi.org/10.1177/0956797609360754.

11　Wen-Bin Chiou and Ying-Yao Cheng, "In broad daylight, we trust in God! Brightness, the salience of morality, and ethical behavior," *Journal of Environmental Psychology* 36 (December 2013): 37–42, https://doi.org/10.1016/j.jenvp.2013.07.005.

12　Pronobesh Banerjee, Promothesh Chatterjee, and Jayati Sinha, "Is It Light or Dark? Recalling Moral Behavior Changes Perception of Brightness," *Psychological Science* 23, no. 4 (March 2012): 407–9, https://doi.org/10.1177/0956797611432497.

3장 너무 춥다, 너무 덥다

1　Li Lan, Zhiwei Lian, and Li Pan, "The effects of air temperature on office workers' well-being, workload and productivity-evaluated with subjective ratings," *Applied Ergonomics* 42, no. 1 (March 2010): 29–36, https://doi.org/10.1016/j.apergo.2010.04.003.

2　Peter A. Hancock and Ioannis Vasmatzidis, "Effects of heat stress on cognitive performance: the current state of knowledge," *International Journal of Hyperthermia* 19, no. 3 (2003): 355–72, https://doi.org/10.1080/0265673021000054630.

3　Amar Cheema and Vanessa M. Patrick, "Is It Light or Dark? Recalling Moral Behavior Changes Perception of Brightness," *International Conference on Information Management, Innovation Management and Industrial Engineering* (2009): 533–6, https://doi.org/10.1109/ICIII.2009.286.

4　Johne Marjo, "Too hot? Too cold? Temperature wars flare at work," *Globe and Mail*,

December 15, 2017, https://www.theglobeandmail.com/report-on-business/too-hot-too-cold-temperature-wars-flare-at-work/article4303843/.

5   Forrest Burnson, "How to Improve Employee Morale and Productivity Through Smart Climate Control," Software Advice, July 16, 2015, https://www.softwareadvice.com/resources/improve-employee-productivity-with-climate-control/.

6   R. D. Pepler and R. E. Warner, "Temperature and Learning: An experimental study. Paper No 2089" (Lake Placid: Transactions of ASHRAE annual meeting, 1967), 211–9.

7   Olli Seppänen, William J. Fisk, and Q. H. Lei, "Effect of temperature on task performance in office environment," in *Proceeding of the 5th International Conference on Cold Climate Heating* (Berkeley, CA: Ernest Orlando Lawrence Berkeley National Laboratory, 2006), 219–20.

8   Alan Hedge, "Linking environmental conditions to productivity" (class lecture, Cornell University, Ithaca, NY, 2004).

9   Derek Clements-Croome, *Creating the productive workplace, Second Edition*, (Abingdon: Routledge, 2006); Charlie Huizenga et al., *Window performance for human thermal comfort: Final Report to the National Fenestration Rating Council* (Berkeley: University of California, February 2006), https://escholarship.org/uc/item/6rp85170; Olli A. Seppänen and William Fisk, "Some Quantitative Relations between Indoor Environmental Quality and Work Performance or Health," HVAC&R Research 12 (2006): 957–73, https://doi.org/10.1080/10789669.2006.10391446.

10 Amar Cheema and Vanessa M. Patrick, "Influence of Warm versus Cool Temperatures on Consumer Choice: A Resource Depletion Account," *Journal of Marketing Research* 49, no. 6 (2012): 984–95, https://doi.org/10.1509/jmr.08.0205.

11 Henna Häggblom et al., "The effect of temperature on work performance and thermal comfort-laboratory experiment," in *Proceedings of indoor air 2011, the 12th International Conference on Indoor Air Quality and Climate* (Santa Cruz, CA: International Society of Indoor Air Quality and Climate, 2011), 519–25; Henna Maula et al., "The effect of slightly warm temperature on work performance and comfort in open-plan offices—a laboratory study," *Indoor Air* 26, no. 2 (April 2016): 286–97, https://doi.org/10.1111/ina.12209.

12 Roberta Sellaro et al., "Preferred, but not objective temperature predicts working memory depletion," *Psychological Research* 79, no. 2 (March 2005): 282–8, https://doi.org/10.1007/s00426-014-0558-4.

13 Monica Hesse, "Cynthia Nixon asked to turn down the AC. It isn't silly. It's symbolic," *Washington Post*, August 29, 2018, https://www.washingtonpost.com/lifestyle/style/cynthia-

nixon-asked-to-turn-down-the-ac-it-isnt-silly-its-symbolic/2018/08/29/a0b83eee-ab0c-11e8-8a0c-70b618c98d3c_story.html.

14   American Society of Heating, Refrigerating and Air-Conditioning Engineers, *ASHRAE Standard Thermal Environmental Conditions for Human Occupancy* (Atlanta, Ga, 2017), https://www.ashrae.org/technical-resources/bookstore/standard-55-thermal-environmental-conditions-for-human-occupancy.

15   Sami Karjalainen, "Gender differences in thermal comfort and use of thermostats in everyday thermal environments," *Building and Environment* 42, no. 4 (2007): 1594–603, https://doi.org/10.1016/J.BUILDENV.2006.01.009.

16   Joon Ho Choi, Azizan Aziz, and Vivian Loftness, "Investigation on the impacts of different genders and ages on satisfaction with thermal environments in office buildings," *Building and Environment* 45, no. 6 (2010): 1529–35, https://doi.org/10.1016/j.buildenv.2010.01.004.

17   Jéssica Kuntz Maykot, Ricardo Forgiarini Rupp, and Enedir Ghisi, "Assessment of gender on requirements for thermal comfort in office buildings located in the Brazilian humid subtropical climate," *Energy and Buildings* 158 (2018): 1170–83, https://doi.org/10.1016/j.enbuild.2017.11.036.

18   Kei Nagashima et al., "Thermal regulation and comfort during a mild-cold exposure in young Japanese women complaining of unusual coldness," *Journal of Applied Physiology* 92, no. 3 (March 2002): 1029–35, https://doi.org/10.1152/japplphysiol.00399.2001.

19   Boris Kingma and Wouter van Marken Lichtenbelt, "Energy consumption in buildings and female thermal demand," *Nature Climate Change* 5, (2015): 1054–6, https://doi.org/10.1038/nclimate2741.

20   Sybil Derrible and Matthew Reeder, "The cost of over-cooling commercial buildings in the United States," *Energy and Buildings* 108 (December 2015): 304–6, https://doi.org/10.1016/j.enbuild.2015.09.022.

21   Tom Y. Chang and Agne Kajackaite, "Battle for the thermostat: Gender and the effect of temperature on cognitive performance," *PLoS One* 14, no. 5 (May 2019): e0216362, https://doi.org/10.1371/journal.pone.0216362.

22   Cheema and Patrick, "Influence of Warm versus Cool Temperatures on Consumer Choice: A Resource Depletion Account."

23   Lawrence E. Williams and John A. Bargh, "Experiencing Physical Warmth Promotes Interpersonal Warmth," *Science* 322 (October 2008): 606–7, https://doi.org/10.1126/science.1162548.

24   Yoona Kang, "Physical temperature effects on trust behavior: the role of insula," *Social*

Cognitive and Affective Neuroscience 6, no. 4 (September 2011): 507–15, https://doi.org/10.1093/scan/nsq077.

25 Janina Steinmetz and Thomas Mussweiler, "Breaking the ice: How physical warmth shapes social comparison consequences," *Journal of Experimental Social Psychology* 47, no. 5 (2011): 1025–8, https://doi.org/10.1016/j.jesp.2011.03.022.

26 Adam J. Fay and Jon K. Maner, "Embodied effects are moderated by situational cues: Warmth, threat, and the desire for affiliation," *British Journal of Social Psychology* 54, no. 2 (June 2015): 291–305, https://doi.org/10.1111/bjso.12088.

27 John Bargh and Idit Shalev, "The Substitutability of Physical and Social Warmth in Daily Life," *Emotion* 12, no. 1 (February 2012): 154–62, https://doi.org/10.1037/a0023527; Zhansheng Chen, Kai-Tak Poon, and C. Nathan DeWall, "Cold Thermal Temperature Threatens Belonging: The Moderating Role of Perceived Social Support," *Social Psychological and Personality Science* 6, no. 4 (2015): 439–46, https://doi.org/10.1177/1948550614562843.

28 Thalma Lobel, *Sensation: The New Science of Physical Intelligence* (New York: Atria Books/Simon & Schuster, 2014).

29 Xun (Irene) Huang et al., "Warmth and conformity: The effects of ambient temperature on product preferences and financial decisions," *Journal of Consumer Psychology* 24, no. 2 (April 2014): 241–50, https://doi.org/10.1016/j.jcps.2013.09.009.

30 Janina Steinmetz and Ann-Christin Posten, "Physical temperature affects response behavior," *Journal of Experimental Social Psychology* 70 (May 2017): 294–300, https://doi.org/10.1016/j.jesp.2016.12.001.

31 Yonat Zwebner, Leonard Lee, and Jacob Goldenberg, "The temperature premium: Warm temperatures increase product valuation," *Journal of Consumer Psychology* 24, no. 2 (April 2014): 251–9, https://doi.org/10.1016/j.jcps.2013.11.003.

4장 사무실 속 자연

1 World Health Organization, "Mental health in the workplace" (Geneva Switzerland, 2019), http://www10.who.int/mental_health/in_the_workplace/en/.

2 Bum Jin Park et al., "Physiological effects of Shinrin-yoku (taking in the atmosphere of the forest) in a mixed forest in Shinano Town, Japan," *Scandinavian Journal of Forest Research* 23, no. 3 (2008): 278–83, https://doi.org/10.1080/02827580802055978; Bum Jin Park et al., "Physiological Effects of Forest Recreation in a Young Conifer Forest in Hinokage Town,

Japan," *Silva Fennica* 43, no. 2 (2009): 291–301, http://www.metla.fi/silvafennica/full/sf43/
sf432291.pdf; Bum Jin Park et al., "The physiological effects of Shinrin-yoku (taking in
the atmosphere of the forest) bathing: evidence from field experiments in 24 forests across
Japan," *Environmental Health and Preventive Medicine* 15 (January 2010): 18–26, https://
doi.org/10.1007/s12199-009-0086-9.

3   Park et al., "The physiological effects of Shinrin-yoku taking in the forest atmosphere or
     forest bathing: evidence from field experiments in 24 forests across Japan."

4   Ahmad Hassan et al., "Effects of Walking in Bamboo Forest and City Environments on
     Brainwave Activity in Young Adults," *Evidence-Based Complementary and Alternative
     Medicine* 2018 (2018): 1–9, https://doi.org/10.1155/2018/9653857.

5   Gregory N. Bratman et al., "The benefits of nature experience: Improved affect and
     cognition," *Landscape and Urban Planning* 138 (June 2015): 41–50, https://doi.
     org/10.1016/j.landurbplan.2015.02.005.

6   Kurt Beil and Douglas Hanes, "The Influence of Urban Natural and Built Environments
     on Physiological and Psychological Measures of Stress—A Pilot Study," *International
     Journal of Environmental Research and Public Health* 10, no. 4 (2013): 1250–67, https://
     doi.org/10.3390/ijerph10041250.

7   Joke Luttik, "The value of trees, water and open space as reflected by house prices in the
     Netherlands," *Landscape and Urban Planning* 48, no. 3–4 (May 2000): 161–7, https://doi.
     org/10.1016/S0169-2046(00)00039-6.

8   Mathew White et al., "Blue space: The importance of water for preference, affect, and
     restorativeness ratings of natural and built scenes," *Journal of Environmental Psychology*
     30, no. 4 (December 2010): 482–93, https://doi.org/10.1016/j.jenvp.2010.04.004.

9   Sebastian Völker et al., "Do perceived walking distance to and use of urban blue spaces
     affect self-reported physical and mental health?," *Urban Forestry & Urban Greening* 29
     (January 2018): 1–9, https://doi.org/10.1016/j.ufug.2017.10.014.

10   Joanne K. Garrett, "Urban blue space and health and wellbeing in Hong Kong: Results
     from a survey of older adults," *Health & Place* 55 (January 2019): 100–10, https://doi.
     org/10.1016/j.healthplace.2018.11.003; Daniel Nutsford et al., "Residential exposure
     to visible blue space (but not green space) associated with lower psychological distress
     in a capital city," *Health & Place* 39 (May 2016): 70–8, https://doi.org/10.1016/
     j.healthplace.2016.03.002.

11   Mireia Gascon et al., "Outdoor blue spaces, human health and well-being: A systematic
     review of quantitative studies," *International Journal of Hygiene and Environmental Health*

220, no. 8 (November 2017): 1207–21, https://doi.org/10.1016/j.ijheh.2017.08.004.

12   George MacKerron and Susana Mourato, "Happiness is greater in natural environments," *Global Environmental Change* 23, no. 5 (October 2013): 992–1000, https://doi.org/10.1016/j.gloenvcha.2013.03.010.

13   Won Sop Shin, "The influence of forest view through a window on job satisfaction and job stress," *Scandinavian Journal of Forest Research* 22, no. 3 (2007): 248–53, https://doi.org/10.1080/02827580701262733.

14   Agnes E. Van den Berg, Anna Jorgensen, and Edward R. Wilson, "Evaluating restoration in urban green spaces: Does setting type make a difference?," *Landscape and Urban Planning* 127 (July 2014): 173–81, https://doi.org/10.1016/j.landurbplan.2014.04.012.

15   Jesper J. Alvarsson, Stefan Wiens, and Mats E. Nilsson, "Stress Recovery during Exposure to Nature Sound and Environmental Noise," *International Journal of Environmental Research and Public Health* 7, no. 3 (2010): 1036–46, https://doi.org/10.3390/ijerph7031036.

16   Jacob A. Benfield, B. Derrick Taff, Peter Newman, and Joshua Smyth, "Natural Sound Facilitates Mood Recovery," *Ecopsychology* 6, no. 3 (2014): 183–8, http://doi.org/10.1089/eco.2014.0028.

17   John D. Mayer and Yvonne N. Gaschke, "The Brief Mood Introspection Scale (BMIS)," *Journal of Personality and Social Psychology* 55 (1988): 102–11.

18   Rachel Kaplan and Stephen Kaplan, *The Experience of Nature: A Psychological Perspective* (Cambridge: Cambridge University Press, 1989); Stephen Kaplan, "The restorative benefits of nature: Toward an integrative framework," *Journal of Environmental Psychology* 15, no. 3 (September 1995): 169–82, https://doi.org/10.1016/0272-4944(95)90001-2.

19   Marc G. Berman, John Jonides, and Stephen Kaplan, "The cognitive benefits of interacting with nature," *Psychological Science* 19, no. 12 (2008): 1207–12, http://dx.doi.org/10.1111/j.1467-9280.2008.02225.x.

20   Rita Berto, "Exposure to restorative environments helps restore attentional capacity," *Journal of Environmental Psychology* 25, no. 3 (September 2005): 249–59, https://doi.org/10.1016/j.jenvp.2005.07.001.

21   Kate E. Lee et al., "40-second green roof views sustain attention: The role of micro-breaks in attention restoration," *Journal of Environmental Psychology* 42 (2015): 182–9, https://doi.org/10.1016/j.jenvp.2015.04.003.

22   Ruth K. Raanaas et al., "Benefits of indoor plants on attention capacity in an office setting," *Journal of Environmental Psychology* 33, no. 1 (March 2011): 99–105, https://doi.org/10.1016/j.jenvp.2010.11.005.

23   Tina Bringslimark, Terry Hartig, and Grete Grindal Patil, "Psychological Benefits of Indoor Plants in Workplaces: Putting Experimental Results into Context," *Hortscience* 42, no. 3 (2007): 581–7, https://doi.org/10.21273/HORTSCI.42.3.581.

24   Tina Bringslimark, Grete Grindal Patil, and Terry Hartig, "Adaptation to Windowlessness: Do Office Workers Compensate for a Lack of Visual Access to the Outdoors?," *Environment and Behavior* 43, no. 4 (2011): 469–87, https://doi.org/10.1177/0013916510368351.

25   Chen-Yen Chang and Ping-Kun Chen, "Human Response to Window Views and Indoor Plants in the Workplace," *Hortscience* 40, no. 5 (August 2005): 1354–9, https://doi.org/10.21273/HORTSCI.40.5.1354.

5장 무언의 소통

1   Janine Willis and Alexander Todorov, "First Impressions: Making Up Your Mind After a 100-Ms Exposure to a Face," *Psychological Science* 17, no. 7 (2006): 592–8, https://doi.org/10.1111/j.1467-9280.2006.01750.x.

2   Murray R. Barrick et al., "Candidate characteristics driving initial impressions during rapport building: Implications for employment interview validity," *Journal of Occupational and Organizational Psychology* 85, no. 2 (June 2012): 330–52, https://doi.org/10.1111/j.2044-8325.2011.02036.x; Allen I. Huffcutt, "From Science to Practice: Seven Principles for Conducting Employment Interviews," *Applied H.R.M. Research*, Radford 12, no. 1 (2010): 121–36.

3   Debby Mayne, "7 Tips on Proper Handshake Etiquette," Updated February 10, 2019, https://www.thespruce.com/handshake-etiquette-p2-1216847.

4   Greg L. Stewart et al., "Exploring the Handshake in Employment Interviews," *Journal of Applied Psychology* 93, no. 5 (2008): 1139–46, https://doi.org/10.1037/0021-9010.93.5.1139.

5   William F. Chaplin, "Handshaking, gender, personality, and first impressions," *Journal of Personality and Social Psychology* 79, no. 1 (2000): 110–7, http://dx.doi.org/10.1037/0022-3514.79.1.110; Greg L. Stewart et al., "Exploring the Handshake in Employment Interviews," *Journal of Applied Psychology* 93, no. 5 (2008): 1139–46, https://doi.org/10.1037/0021-9010.93.5.1139.

6   Juliana Schroeder et al., "Handshaking promotes deal-making by signaling cooperative intent," *Journal of Personality and Social Psychology* 116, no. 5 (2019): 743–68, https://doi.org/10.1037/pspi0000157.

7   Joao Avelino et al., "The Power of a Hand-Shake in Human-Robot Interations," in *Proceeding of 2018 IEEE/RSJ International Conference on Intelligent Robots and Systems* (IROS) (Madrid, Spain, 2018), https://doi.org/doi.org/10.1109/IROS.2018.8593980.

8   Sanda Dolcos et al., "The Power of a Handshake: Neural Correlates of Evaluative Judgments in Observed Social Interactions," *Journal of Cognitive Neuroscience* 24, no. 12 (December 2012): 2295–305, https://doi.org/10.1162/jocn_a_00295.

9   Yuta Katsumi et al., "When Nonverbal Greetings 'Make It or Break It': The Role of Ethnicity and Gender in the Effect of Handshake on Social Appraisals," *Journal of Nonverbal Behavior* 41, no. 4 (December 2017): 345–65, https://doi.org/10.1007/s10919-017-0257-0.

10   Paul Watson, "Martial Arts Academy Shows How To Defend Against Trump's Handshake," AskMen, https://in.askmen.com/entertainment-news/1115774/article/martial-arts-academy-shows-how-to-defend-against-trumps-handshake.

11   Tanya L. Chartrand and John A. Bargh, "The Chameleon Effect: The Perception-Behavior Link and Social Interaction," *Journal of Personality and Social Psychology* 76, no. 6 (1999): 893–910, https://doi.org/10.1037/0022-3514.76.6.893.

12   Tanya L. Chartrand and John A. Bargh, "The unbearable automaticity of being," *American Psychologist* 54, no. 7 (1999): 462–79, http://dx.doi.org/10.1037/0003-066X.54.7.462; Jessica L. Lakin and Tanya L. Chartrand, "Using Nonconscious Behavioral Mimicry to Create Affiliation and Rapport," *Psychological Science* 14, no. 4 (2003): 334–9, https://doi.org/10.1111/1467-9280.14481.

13   William W. Maddux, Elizabeth Mullen, and Adam D. Galinsky, "Chameleons bake bigger pies and take bigger pieces: Strategic behavioral mimicry facilitates negotiation outcomes," *Journal of Experimental Social Psychology* 44, no. 2 (March 2008): 461–8, https://doi.org/10.1016/j.jesp.2007.02.003.

14   Chartrand and Bargh, "The Chameleon Effect: The Perception-Behavior Link and Social Interaction."

15   Jeremy N. Bailenson and Nick Yee, "Digital Chameleons: Automatic Assimilation of Nonverbal Gestures in Immersive Virtual Environments," *Psychological Science* 16, no. 10 (October 2005): 814–9, https://doi.org/10.1111/j.1467-9280.2005.01619.x.

16   Rick B. van Baaren et al., "Mimicry for money: Behavioral consequences of imitation," *Journal of Experimental Social Psychology* 39, no. 4 (July 2003): 393–8, https://doi.org/10.1016/S0022-1031(03)00014-3; Celine Jacob and Nicolas Gueguen, "The effect of employees' verbal mimicry on tipping," *International Journal of Hospitality Management*

35 (December 2013): 109–11, https://doi.org/10.1016/j.ijhm.2013.05.006.

17　Lakin and Chartrand, "Using Nonconscious Behavioral Mimicry to Create Affiliation and Rapport."

18　Johan C. Karremans and Thijs Verwijmeren, "Mimicking Attractive Opposite-Sex Others: The Role of Romantic Relationship Status," *Personality and Social Psychology Bulletin* 34, no. 7 (May 2008): 939–50, https://doi.org/10.1177/0146167208316693.

19　Kipling D. Williams, Christopher K. T. Cheung, and Wilma Choi, "Cyberostracism: Effects of being ignored over the Internet," *Journal of Personality and Social Psychology* 79, no. 5 (2000): 748–62, https://doi.org/10.1037/0022-3514.79.5.748.

20　Kipling D. Williams, "The Pain of Exclusion," *Scientific American Mind* 21, no. 6 (2011): 30–7, https://www.jstor.org/stable/24943221.

21　Jessica L. Lakin, Tanya L. Chartrand, and Robert M. Arkin, "I Am Too Just Like You: Nonconscious Mimicry as an Automatic Behavioral Response to Social Exclusion," *Psychological Science* 19, no. 8 (August 2008): 816–22, https://doi.org/10.1111/j.1467-9280.2008.02162.x.

22　Marina Kouzakova, Rick van Baaren, and Advan Knippenberg, "Lack of behavioral imitation in human interactions enhances salivary cortisol levels," *Hormones and Behavior* 57 (April 2010): 421–6, https://doi.org/10.1016/j.yhbeh.2010.01.011.

23　Robin J. Tanner et al., "Of Chameleons and Consumption: The Impact of Mimicry on Choice and Preferences," *Journal of Consumer Research* 34, no. 6 (April 2008): 754–66, https://doi.org/10.1086/522322.

24　Celine Jacob et al., "Retail salespeople's mimicry of customers: Effects on consumer behavior," *Journal of Retailing and Consumer Services* 18, no. 5 (September 2011): 381–8, https://doi.org/10.1016/j.jretconser.2010.11.006.

25　Rick B. van Baaren et al., "Mimicry and Prosocial Behavior," *Psychological Science* 15, no. 1 (January 2004): 71–4, https://doi.org/10.1111/j.0963-7214.2004.01501012.x.

26　N. Pontus Leander, Tanya L. Chartrand, and John A. Bargh, "You Give Me the Chills: Embodied Reactions to Inappropriate Amounts of Behavioral Mimicry," *Psychological Science* 23, no. 7 (2012): 772–9, https://doi.org/10.1177/0956797611434535.

27　Liam C. Kavanagh, "When It's an Error to Mirror: The Surprising Reputational Costs of Mimicry," *Psychological Science* 22, no. 10 (2011): 1274–6, https://doi.org/10.1177/0956797611418678.

28　Mariëlle Stel et al., "Mimicking disliked others: Effects of a priori liking on the mimicry-liking link," *European Journal of Social Psychology* 14, no. 5 (August 2010): 867–80, https://doi.org/10.1002/ejsp.655; Leander, Chartrand, and Bargh, "You Give Me the Chills: Embodied Reactions to Inappropriate Amounts of Behavioral Mimicry."

29 Amy Dalton, Tanya Chartrand, and Eli Finkel, "The Schema-Driven Chameleon: How Mimicry Affects Executive and Self-Regulatory Resources," *Journal of Personality and Social Psychology* 98, no. 4 (April 2010): 605–17, http://dx.doi.org/10.1037/a0017629.

6장 대화가 필요해

1 Shirli Kopelman, Ashleigh Shelby Rosette, and Leigh Thompson, "The three faces of Eve: Strategic displays of positive, negative, and neutral emotions in negotiations," *Organizational Behavior and Human Decision Processes* 99, no. 1 (January 2006): 81–101, https://doi.org/10.1016/j.obhdp.2005.08.003.

2 Marwan Sinaceur and Larissa Z. Tiedens, "Get mad and get more than even: When and why anger expression is effective in negotiations," *Journal of Experimental Social Psychology* 3, no. 3 (May 2006): 314–22, https://doi.org/10.1016/j.jesp.2005.05.002.

3 Gert-Jan Lelieveld et al., "Disappointed in you, angry about your offer: Distinct negative emotions induce concessions via different mechanisms," *Journal of Experimental Social Psychology* 58 (February 2017): 31–43, https://doi.org/10.1016/j.joep.2016.09.003.

4 Andreas Jäger, David D. Loschelder, and Malte Friese, "Using self-regulation to overcome the detrimental effects of anger in negotiations," *Psychological Science* 23, no. 4 (March 2012): 407–9, https://doi.org/10.1177/0956797611432497.

5 Andreas Jäger, David D. Loschelder, and Malte Friese, "Using Self-regulation to Successfully Overcome the Negotiation Disadvantage of Low Power," *Frontiers in Psychology* 8 (2017): 271, https://doi.org/10.3389/fpsyg.2017.00271.

6 Amy J. C. Cuddy, Caroline A. Wilmuth, and Dana R. Carney, "The Benefit of Power Posing Before a High-Stakes Social Evaluation," *Harvard Business School Working Paper* 13-027 (September 2012), https://dash.harvard.edu/handle/1/9547823.

7 Stéphane Côté, Ivona Hideg, and Gerben A. van Kleef, "The consequences of faking anger in negotiations," *Journal of Experimental Social Psychology* 23, no. 4 (March 2012): 407–9, https://doi.org/10.1177/0956797611432497.

8 Hajo Adam and Jeanne M. Brett, "Everything in moderation: The social effects of anger depend on its perceived intensity," *Journal of Experimental Social Psychology* 76 (May 2018): 12–18, https://doi.org/10.1016/j.jesp.2017.11.014.

9 Marwan Sinaceur et al., "Hot or cold: Is communicating anger or threats more effective

in negotiation?," *Journal of Applied Psychology* 96, no. 5 (2011): 1018–32, http://dx.doi.org/10.1037/a0023896.

10 Alice H. Eagly, *Sex Differences in Social Behavior: A Social-role Interpretation* (Mahwah, NJ: Lawrence Erlbaum Associates, 1987); Alice H. Eagly and Wendy Wood, "Social Role Theory," in *The Handbook of Theories of Social Psychology: Volume 2*, ed. Paul A. M. Van Lange, Arie W. Kruglanski, and E. Tory Higgins (Newbury Park, CA: SAGE Publications Ltd, 2012), chapter 49, http://dx.doi.org/10.4135/9781446249222.n49.

11 Victoria L. Brescoll and Eric Luis Uhlmann, "Can an Angry Woman Get Ahead?: Status Conferral, Gender, and Expression of Emotion in the Workplace," *Psychological Science* 19, no. 3 (March 2008): 268–75, https://doi.org/10.1111/j.1467-9280.2008.02079.x.

12 Jessica M. Salerno and Liana C. Peter-Hagene, "One Angry Woman: Anger Expression Increases Influence for Men, but Decreases Influence for Women, During Group Deliberation," *Law and Human Behavior* 39, no. 6 (2015): 581–92, http://dx.doi.org/10.1037/lhb0000147.

13 Jessica M. Salerno et al., "Closing With Emotion: The Differential Impact of Male Versus Female Attorneys Expressing Anger in Court," *Law and Human Behavior* 42, no. 4 (2018): 385–401, http://dx.doi.org/10.1037/lhb0000292.

14 Alice F. Stuhlmacher and Amy E. Walters, "Gender differences in negotiation outcome: A meta-analysis," *Personnel Psychology* 52, no. 3 (1999): 653–77, https://doi.org/10.1111/j.1744-6570.1999.tb00175.x; Jens Mazei et al., "A meta-analysis on gender differences in negotiation outcomes and their moderators," *Psychological Bulletin* 141, no. 1 (2015): 85–104, https://doi.org/10.1037/a0038184.

15 Mazei et al., "A meta-analysis on gender differences in negotiation outcomes and their moderators."

16 Hannah Riley Bowles, Linda Babcock, and Lei Lai, "Social incentives for gender differences in the propensity to initiate negotiations: Sometimes it does hurt to ask," *Organizational Behavior and Human Decision Processes* 103, no. 1 (May 2007): 84–103, https://doi.org/10.1016/j.obhdp.2006.09.001.

17 Katharina G. Kugler et al., "Gender Differences in the Initiation of Negotiations: A Meta-Analysis," *Psychological Bulletin* 144, no. 2 (2018): 198–222, http://dx.doi.org/10.1037/bul0000135.

18 Gert-Jan Lelieveld et al., "Does Communicating Disappointment in Negotiations Help or Hurt? Solving an Apparent Inconsistency in the Social-Functional Approach to Emotions," *Journal of Personality and Social Psychology* 105, no. 4 (2013): 605–20, https://doi.

org/10.1037/a0033345.

19   Russell Cropanzano and Marie S. Mitchell, "Social Exchange Theory: An Interdisciplinary Review," *Journal of Management* 31, no. 6 (March 2012): 874–900, https://doi.org/10.1177/0149206305279602.

20   Sebastian Kube, Michel André Maréchal, and Clemens Puppe, "The Currency of Reciprocity: Gift Exchange in the Workplace," *American Economic Research* 102, no. 4 (June 2012): 1644–62, 10.1257/aer.102.4.1644.

21   Micro Tonin and Michael Vlassopoulos, "Corporate Philanthropy and Productivity: Evidence from an Online Real Effort Experiment," *Journal of Consumer Management Science* 61, no. 8 (August 2015): 1795–811, https://doi.org/10.1287/mnsc.2014.1985.

22   Thomas Gilovich, Amit Kumar, and Lily Jampol, "A wonderful life: experiential consumption and the pursuit of happiness," *Journal of Consumer Psychology* 25, no. 1 (January 2015): 152–65, https://doi.org/10.1016/j.jcps.2014.08.004; Lily Jampol and Thomas Gilovich, "Surprise! Purchase type determines whether expectation disconfirmation is fun or upsetting," *Association for Consumer Research* 42 (2014): 788, http://acrwebsite.org/volumes/1017611/volumes/v42/NA-42; Cindy Chan and Cassie Mogilner, "Experiential gifts foster stronger social relationships than material gifts," *Journal of Consumer Research* 43, no. 6 (April 2017): 913–31, https://doi.org/10.1093/jcr/ucw067.

23   Peter A. Caprariello and Harry T. Reis, "To do, to have, or to share? Valuing experiences over material possessions depends on the involvement of others," *Journal of Personality and Social Psychology* 104, no. 2 (2013): 199–215, http://dx.doi.org/10.1037/a0030953.

24   Leaf Van Boven and Thomas Gilovich, "To Do or to Have? That Is the Question," *Journal of Personality and Social Psychology* 85, no. 6 (2003): 1193–202, https://doi.org/10.1037/0022-3514.85.6.1193.

25   Travis J. Carter and Thomas Gilovich, "The Relative Relativity of Material and Experiential Purchases," *Journal of Personality and Social Psychology* 98, no. 1 (2010): 146–59, https://doi.org/0.1037/a0017145.

26   Amit Kumar and Thomas Gilovich, "Some 'Thing' to Talk About? Differential Story Utility from Experiential and Material Purchases," *Personality and Social Psychology Bulletin* 41, no. 10 (2015): 1320–31, https://doi.org/10.1177/0146167215594591; Amit Kumar, Matthew A. Killingsworth, and Thomas Gilovich, "Waiting for Merlot: Anticipatory Consumption of Experiential and Material Purchases," *Psychological Science* 25, no. 10 (August 2014): 1924–31, https://doi.org/10.1177/0956797614546556.

7장 비윤리적 행동의 조건

1   Maryam Kouchaki and Sreedhari D. Desai, "Anxious, threatened, and also unethical: How anxiety makes individuals feel threatened and commit unethical acts," *Journal of Applied Psychology* 100, no. 2 (2015): 360–75, http://dx.doi.org/10.1037/a0037796.

2   Maryam Kouchaki and Isaac H. Smith, "The Morning Morality Effect: The Influence of Time of Day on Unethical Behavior," *Psychological Science* 25, no. 1 (2014): 95–102, https://doi.org/10.1177/0956797613498099.

3   Brian C. Gunia, Christopher M. Barnes, and Sunita Sah, "The Morality of Larks and Owls: Unethical Behavior Depends on Chronotype as Well as Time of Day," *Psychological Science* 25, no. 12 (October 2014): 2272–4, https://doi.org/10.1177/0956797614541989.

4   Francesca Gino et al., "Unable to resist temptation: How self-control depletion promotes unethical behavior," *Organizational Behavior and Human Decision Processes* 115, no. 2 (July 2011): 191–203, https://doi.org/10.1016/j.obhdp.2011.03.001.

5   Hengchen Dai et al., "The Impact of Time at Work and Time Off from Work on Rule Compliance: The Case of Hand Hygiene in Health Care," *Journal of Applied Psychology* 100, no. 3 (2015): 846–62, http://dx.doi.org/10.1037/a0038067.

6   Christopher M. Barnes et al., "Lack of sleep and unethical conduct," *Journal of Personality and Social Psychology* 115, no. 2 (July 2011): 169–80, https://doi.org/10.1016/j.obhdp.2011.01.009.

7   Vic Schlitzer, "Millennials: Does big paycheck Trump ethical responsibility?," Bentley University, https://www.bentley.edu/news/millennials-does-big-paycheck-trump-ethical-responsibility.

8   Matthew Jenkin, "Millennials want to work for employers committed to values and ethics," *The Guardian*, May 5, 2015, https://www.theguardian.com/sustainable-business/2015/may/05/millennials-employment-employers-values-ethics-jobs.

8장 업무 현장의 다양성

1   Catalyst, "2008 Catalyst Census of Women Board Directors of the Fortune 500," updated January 12, 2009, https://www.catalyst.org/research/2008-catalyst-census-of-women-board-directors-of-the-fortune-500/.

2   Renée B. Adams and Daniel Ferreira, "Women in the boardroom and their impact on governance and performance," *Journal of Financial Economics* 94, no. 2 (November 2009): 291–309, https://doi.org/10.1016/j.jfineco.2008.10.007; M. K. Julizaerma Zulkarnain

and Mohamad Sori, "Gender Diversity in the Boardroom and Firm Performance of Malaysian Public Listed Companies," *Procedia—Social and Behavioral Sciences* 65, no. 3 (December 2012): 1077–85, https://doi.org/10.1016/j.sbspro.2012.11.374.

3   "Press Release: Large-cap companies with at least one woman on the board have outperformed their peer group with no women on the board by 26% over the last six years, according to a report by Credit Suisse Research Institute," July 31, 2012, https://www.credit-suisse.com/about-us-news/en/articles/media-releases/42035-201207.html.

4   Anh D. Pham and Anh T. P. Hoang, "Does Female Representation on Board Improve Firm Performance? A Case Study of Non-financial Corporations in Vietnam," *Beyond traditional probabilistic methods in economics. ECONVN 2019. Studies in computational intelligence* 809 (2019): 497–509, https://link.springer.com/chapter/10.1007/978-3-030-04200-4_36.

5   Cristian L. Dezsö and David Gaddis Ross, "Does female representation in top management improve firm performance? A panel data investigation," *Strategic Management Journal* 33, no. 9 (September 2012): 1072–89, https://doi.org/10.1002/smj.1955.

6   Richard Orlando et al., "Employing an innovation strategy in racially diverse workforces: Effects on firm performance," *Group & Organization Management* 28, no. 1 (March 2003): 107–26, https://search.proquest.com/docview/203375015.

7   Samuel R. Sommers, "On racial diversity and group decision making: Identifying multiple effects of racial composition on jury deliberations," *Journal of Personality and Social Psychology* 90, no. 4 (2006): 597–612, http://dx.doi.org/10.1037/0022-3514.90.4.597.

8   Richard B. Freeman and Wei Huang, "Collaboration: Strength in diversity," *Nature* 513, no. 7518 (2013): 305, https://www.nature.com/news/collaboration-strength-in-diversity-1.15912.

9   Thomas Barta, Markus Kleiner, and Tilo Neumann, "Is there a payoff from topteam diversity?," *McKinsey Quarterly* (April 2012): 1–3, https://www.mckinsey.com/business-functions/organization/our-insights/is-there-a-payoff-from-top-team-diversity.

10   Katherine W. Phillips, "How Diversity Makes Us Smarter," *Scientific American*, October 1, 2014, https://www.scientificamerican.com/article/how-diversity-makes-us-smarter/.

11   Sheen S. Levine et al., "Ethnic diversity deflates price bubbles," *PNAS* 111, no. 52 (2014): 18524–9, https://doi.org/10.1073/PNAS.1407301111.

12   Sheen S. Levine et al., "Ethnic diversity deflates price bubbles."

13   Daniel Kahneman, *Thinking, Fast and Slow* (New York: Farrar, Straus and Giroux, 2011).

14   Boaz Keysar, Sayuri L. Hayakawa, and Sun Gyu An, "The Foreign-Language Effect: Thinking in a Foreign Tongue Reduces Decision Biases," *Psychological Science* 23, no. 6

(2012): 661–8, https://doi.org/10.1177/0956797611432178.

15   Albert Costa et al., "'Piensa' twice: On the foreign language effect in decision making," *Cognition* 130, no. 2 (February 2014): 236–54, https://doi.org/10.1016/j.cognition.2013.11.010.

16   Albert Costa et al., "Your Morals Depend on Language," *PLoS One* 9, no. 4 (2014): e94842, https://doi.org/10.1371/journal.pone.0094842; Heather Cipolletti, Steven McFarlane, and Christine Weissglass, "The Moral Foreign-Language Effect," *Philosophical Psychology* 29, no. 1 (2016): 23–40, https://doi.org/10.1080/09515089.2014.993063; Janet Geipela, Constantinos Hadjichristidis, and Luca Surian, "How foreign language shapes moral judgment," *Journal of Experimental Social Psychology* 59 (July 2015): 8–17, https://doi.org/10.1016/j.jesp.2015.02.001.

9장 복장의 심리학

1   Miriam Berger, "Women in Japan were told not to wear glasses to work. Their response has been fiery," *Washington Post*, November 8, 2019, https://www.washingtonpost.com/world/2019/11/08/women-japan-were-told-not-wear-glasses-work-their-response-has-been-fiery/.

2   "Social Psychology Lecture, UCLA, Matthew Lieberman, Ph.D.," YouTube video, 1:22:43, "UCLACourses," September 29, 2009, https://www.youtube.com/watch?v=V17Ead_YAxc.

3   John T. Malloy, *Dress for Success* (New York: Peter H. Wyden, 1975).

4   Guy Gherardi et al., "Are we dressed to impress? A descriptive survey assessing patients' preference of doctors' attire in the hospital setting," *Clinical Medicine* 9, no. 6 (December 2009): 519–24, https://doi.org/10.7861/clinmedicine.9-6-519.

5   Miles Landry et al., "Patient Preferences for Doctor Attire: The White Coat's Place in the Medical Profession," *Ochsner Journal* 13, no. 3 (September 2013): 334–42, https://www.ncbi.nlm.nih.gov/pmc/articles/PMC3776508/.

6   Bettina Hannover and Ulrich Kuhnen, "'The clothing makes the self' via knowledge activation," *Journal of Applied Social Psychology* 32, no. 12 (2013): 2513–25, http://dx.doi.org/10.1111/j.1559-1816.2002.tb02754.x.

7   Adrian Furnham, Pui Shuen Chan, and Emma Wilson, "What to wear? The influence of attire on the perceived professionalism of dentists and lawyers," *Journal of Applied Social Psychology* 43, no. 9 (September 2013): 1838–50, https://doi.org/10.1111/jasp.12136.

8   Noola K. Griffiths, "'Posh music should equal posh dress': an investigation into the concert dress and physical appearance of female soloists," *Psychology of Music* 38, no. 2 (2009): 159–77, https://doi.org/10.1177/0305735608100372.

9   Peter Glick et al., "Evaluations of Sexy Women In Low- and High-Status Jobs," *Psychology of Women Quarterly* 29, no. 4 (December 2005): 389–95, https://doi.org/10.1111/j.1471-6402.2005.00238.x.

10   Peter Glick et al., "Beyond Prejudice as Simple Antipathy: Hostile and Benevolent Sexism Across Cultures," *Journal of Personality and Social Psychology* 79, no. 5 (November 2000): 763–775, https://doi.org/10.1037//0022-3514.79.5.763.

11   Melissa L. Wookey, Nell A. Graves, and J. Corey Butler, "Effects of a Sexy Appearance on Perceived Competence of Women," *Journal of Social Psychology* 149, no. 1 (February 2009): 116–8, https://doi.org/10.3200/SOCP.149.1.116-118.

12   Neil Howlett et al., "Unbuttoned: The Interaction Between Provocativeness of Female Work Attire and Occupational Status," *Sex Roles* 72 (February 2015): 105–16, https://doi.org/10.1007/s11199-015-0450-8.

13   Regan A. R. Gurung et al., "Dressing 'in code': Clothing rules, propriety, and perceptions," *Journal of Social Psychology* 158, no. 5 (2018): 553–7, https://doi.org/10.1080/00224545.2017.1393383.

14   Silvia Bellezza, Francesca Gino, and Anat Keinan, "The Red Sneakers Effect: Inferring Status and Competence from Signals of Nonconformity," *Journal of Consumer Research* 41, no. 1 (June 2014): 35–54, https://doi.org/10.1086/674870.

15   Vanessa Friedman, "Does This Dress Make Me Look Guilty?," *New York Times*, April 25, 2019, https://www.nytimes.com/2019/04/25/fashion/anna-sorokin-elizabeth-holmes-card-b-court-fashion.html.

16   Brian P. Meier, Michael D. Robinson, and Gerald L. Clore, "Why Good Guys Wear White: Automatic Inferences About Stimulus Valence Based on Brightness," *Psychological Science* 15, no. 2 (February 2004): 82–7, https://doi.org/10.1111/j.0963-7214.2004.01502002.x.

17   Mark G. Frank and Thomas Gilovich, "The dark side of self- and social perception: Black uniforms and aggression in professional sports," *Journal of Personality and Social Psychology* 54, no. 1 (1988): 74–85, https://doi.org/10.1037/0022-3514.54.1.74.

18   Andrew J. Elliot and Daniela Niesta, "Romantic Red: Red Enhances Men's Attraction to Women," *Journal of Personality and Social Psychology* 95, no. 5 (2008): 1150–64, https://doi.org/10.1037/0022-3514.95.5.1150.

19   Katherine A. Karl, Leda McIntyre Hall, and Joy V. Peluchette, "City Employee Perceptions

of the Impact of Dress and Appearance: You Are What You Wear," *Public Personnel Management* 42, no. 3 (2013): 452–70, https://doi.org/10.1177/0091026013495772.

20   Hajo Adam and Adam D. Galinsky, "Enclothed cognition," *Journal of Experimental Social Psychology* 48, no. 4 (July 2012): 918–25, https://doi.org/10.1016/j.jesp.2012.02.008.

21   Michael L. Slepian et al., "The Cognitive Consequences of Formal Clothing," *Social Psychological and Personality Science* 16, no. 6 (2015): 661–8, https://doi.org/10.1177/1948550615579462.

22   Dennis Dreiskaemper et al., "Influence of red jersey color on physical parameters in combat sports," *Journal of Sport & Exercise Psychology* 35, no. 1 (2013): 44–9, https://doi.org/10.1123/jsep.35.1.44.

23   Michael W. Kraus and Wendy Berry Mendes, "Sartorial Symbols of Social Class Elicit Class-Consistent Behavioral and Physiological Responses: A Dyadic Approach," *Journal of Experimental Psychology: General* 143, no. 6 (December 2014): 2330–40, http://dx.doi.org/10.1037/xge0000023.

10장 신체적 매력의 위험

1   Lauren A. Rivera, "Hiring as Cultural Matching: The Case of Elite Professional Service Firms," *American Sociological Review* 77, no. 6 (November 2012): 999–1022, https://doi.org/10.1177/0003122412463213.

2   Charles C. Ballew and Alexander Todorov, "Predicting political elections from rapid and unreflective face judgments," *PNAS* 104, no. 46 (November 2006): 17948–53, https://doi.org/10.1073/*PNAS*.0705435104; Alexander Todorov et al., "Inferences of Competence from Faces Predict Election Outcomes," *Science* 308, no. 5728 (June 2005): 1623–6, https://doi.org/10.1126/science.1110589; Alexander Todorov, Manish Pakrashi, and Nikolaas N. Oosterhof, "Evaluating Faces on Trustworthiness After Minimal Time Exposure," *Social Cognition* 27, no. 6 (2009): 813–33, https://doi.org/10.1521/soco.2009.27.6.813; Janine Willis and Alexander Todorov, "First Impressions: Making Up Your Mind After a 100-Ms Exposure to a Face," *Psychological Science* 17, no. 7 (2006): 592–8, https://doi.org/10.1111/j.1467-9280.2006.01750.x; John A. Bargh et al., "Automaticity in social-cognitive processes," *Trends in Cognitive Science* 16, no. 12 (December 2012): 593–605, https://doi.org/10.1016/j.tics.2012.10.002.

3   Soo Kim, "Unusual flight attendant requirements: the good, the bad and the beautiful," *Telegraph*, March 31, 2016, https://www.telegraph.co.uk/travel/news/unusual-flight-

attendant-requirements-the-good-the-bad-the-beautiful.

4   Alice H. Eagly et al., "What Is Beautiful Is Good, But...: A Meta-Analytic Review of Research on the Physical Attractiveness Stereotype," *Psychological Bulletin* 110, no. 1 (July 1991): 109–28, https://doi.org/10.1037/0033-2909.110.1.109; Judith H. Langlois et al., "Maxims or Myths of Beauty? A Meta-Analytic and Theoretical Review," *Psychological Bulletin* 126, no. 3 (May 2000): 390–423, https://doi.org/10.1037/0033-2909.126.3.390; Edward P. Lemay Jr., Margaret S. Clark, and Aaron Greenberg, "What Is Beautiful Is Good Because What Is Beautiful Is Desired: Physical Attractiveness Stereotyping as Projection of Interpersonal Goals," *Personality and Social Psychology Bulletin* 36, no. 3 (2010): 339–53, https://doi.org/10.1177/0146167209359700.

5   Karen Dion, Ellen Berscheid, and Elaine Walster, "What is beautiful is good," *Journal of Personality and Social Psychology* 24, no. 3 (1972): 285–90, http://dx.doi.org/10.1037/h0033731.

6   Megumi Hosoda, Eugene F. Stone-Romero, and Gwen Coats, "The effects of physical attractiveness on job-related outcomes: A meta-analysis of experimental studies," *Personnel Psychology* 56, no. 2 (2003): 431–62, https://doi.org/10.1111/j.1744-6570.2003.tb00157.x; Enbar Toledano, "May the best (looking) man win: The unconscious role of attractiveness in employment decisions," *Cornell HR Review* (May 2013), http://digitalcommons.ilr.cornell.edu/chrr/48/.

7   Tracy Vaillancourt and Aanchal Sharma, "Intolerance of sexy peers: intrasexual competition among women," *Aggressive Behavior* 37, no. 6 (December 2011): 569–77, https://doi.org/10.1002/ab.20413; Tracy Vaillancourt, "Do human females use indirect aggression as an intrasexual competition strategy?," *Philosophical Transactions of the Royal Society B* 368, no. 1631 (December 2013), https://doi.org/10.1098/rstb.2013.0080.

8   Sara E. Gutierres, Douglas T. Kenrick, and Jenifer J. Partch, "Beauty, dominance, and the mating game: Contrast effects in self-assessment reflect gender differences in mate selection," *Personality and Social Psychology Bulletin* 25, no. 9 (1999): 1126–34, http://dx.doi.org/10.1177/01461672992512006.

9   Maria Agthe, Matthias Sporrle, and Jon K. Maner, "Does Being Attractive Always Help? Positive and Negative Effects of Attractiveness on Social Decision Making," *Personality and Social Psychology Bulletin* 37, no. 8 (2011): 1042–54, https://doi.org/10.1177/0146167211410355.

10   Marc F. Luxen and Fons J. R. Van De Vijver, "Facial attractiveness, sexual selection, and personnel selection: when evolved preferences matter," *Journal of Organization Behavior*

27, no. 2 (March 2006): 241–55, https://doi.org/10.1002/job.357.

11 Ibid.

12 Bradley J. Ruffle and Ze'ev Shtudiner, "Are Good-Looking People More Employable?," *Management Science* 61, no. 8 (August 2015): 1760–76, https://doi.org/10.1287/mnsc.2014.1927.

13 Juan M. Madera and Michelle R. Hebl, "Discrimination against facially stigmatized applicants in interviews: An eye-tracking and face-to-face investigation," *Journal of Applied Psychology* 97, no. 2 (2012): 317–30, http://dx.doi.org/10.1037/a0025799.

14 Juan M. Madera, "Facial Stigmas in Dyadic Selection Interviews: Affective and Behavioral Reactions Toward a Stigmatized Applicant," *Journal of Hospitality & Tourism Research* 40, no. 4 (2016): 456–75, https://doi.org/10.1177/1096348013503996.

15 Stefanie K. Johnson et al., "Physical Attractiveness Biases in Ratings of Employment Suitability: Tracking Down the 'Beauty is Beastly' Effect," *The Journal of Social Psychology* 150, no. 3 (2010): 301–18, https://doi.org/10.1080/00224540903365414.

16 Margaret Lee et al., "Perceived Entitlement Causes Discrimination Against Attractive Job Candidates in the Domain of Relatively Less Desirable Jobs," *Journal of Personality and Social Psychology* 114, no. 3 (2018): 422–42, http://dx.doi.org/10.1037/pspi0000114.

17 Sunyoung Lee et al., "When beauty helps and when it hurts: An organizational context model of attractiveness discrimination in selection decisions," *Organizational Behavior and Human Decision Processes* 128 (May 2015): 15–28, https://doi.org/10.1016/j.obhdp.2015.02.003.

18 Jaume Masip, Eugenio Garrido, and Carmen Herrero, "Facial appearance and judgments of credibility: The effects of facial babyishness and age on statement credibility," *Genetic, Social, and General Psychology Monographs* 129, no. 3 (August 2003): 269–311; Diane S. Berry and Leslie Zebrowitz McArthur, "Some Components and Consequences of a Babyface," *Journal of Personality and Social Psychology* 48, no. 2 (1985): 312–23, http://dx.doi.org/10.1037/0022-3514.48.2.312; Diane S. Berry and Sheila Brownlow, "Were the Physiognomists Right?: Personality Correlates of Facial Babyishness," *Personality and Social Psychology Bulletin* 15, no. 2 (1989): 266–79, https://doi.org/10.1177/0146167289152013; Leslie Zebrowitz, *Reading Faces: Window To The Soul?* (New York: Routledge, 1997); Diane S. Berry and Leslie Zebrowitz-McArthur, "What's in a Face?: Facial Maturity and the Attribution of Legal Responsibility," *Personality and Social Psychology Bulletin* 14, no. 1 (1988): 23–33, https://doi.org/10.1177/0146167288141003.

19 Leslie A. Zebrowitz and Joann M. Montepare, "Appearance DOES Matter," *Science* 308,

no. 5728 (June 2005): 1565–6, https://doi.org/10.1126/science.1114170; Nicholas O. Rule and Nalini Ambady, "The Face of Success: Inferences From Chief Executive Officers' Appearance Predict Company Profits," *Psychological Science* 19, no. 2 (2008): 109–11, https://doi.org/10.1111/j.1467-9280.2008.02054.x; Leslie A. Zebrowitz and Joann M. Montepare, "Social Psychological Face Perception: Why Appearance Matters," *Social and Personality Psychology Compass* 2, no. 3 (May 2008): 1497–517, https://doi.org/10.1111/j.1751-9004.2008.00109.x.

20   Zebrowitz, *Reading Faces: Window To The Soul?*; Joann M. Montepare and Leslie A. Zebrowitz, "Person Perception Comes of Age: The Salience and Significance of Age in Social Judgments," *Advances in Experimental Social Psychology* 30 (1998): 93–161, https://doi.org/10.1016/S0065-2601(08)60383-4.

21   Caroline F. Keating et al., "Do Babyfaced Adults Receive More Help? The (Cross-Cultural) Case of the Lost Resume," *Journal of Nonverbal Behavior* 27, no. 2 (June 2003): 89–109, https://doi.org/10.1023/A:1023962425692.

22   Gerald J. Gorn, Yuwei Jiang, and Gita Venkataramani Johar, "Babyfaces, Trait Inferences, and Company Evaluations in a Public Relations Crisis," *Journal of Consumer Research* 35, no. 1 (June 2008): 36–49, https://doi.org/10.1086/529533.

23   Juliana Schroeder and Nicholas Epley, "The Sound of Intellect: Speech Reveals a Thoughtful Mind, Increasing a Job Candidate's Appeal," *Journal of Personality and Social Psychology* 26, no. 6 (2015): 877–91, https://doi.org/10.1177/0956797615572906.

24   Jack W. Bradbury and Sandra L. Vehrencamp, *Principles of Animal Communication 2nd Edition* (Sunderland: Sinauer Associates, 2011); William A. Searcy and Stephen Nowicki, *The Evolution of Animal Communication: Reliability and Deception in Signaling Systems* (Princeton, NJ: Princeton University Press, 2005).

25   Jody Kreiman and Diana Sidtis, *Foundations of voice studies: An interdisciplinary approach to voice production and perception* (Hoboken, NJ: Wiley-Blackwell, 2011); Katarzyna Pisanski and Gregory A. Bryant, "The Evolution of Voice Perception," in *The Oxford Handbook of Voice Studies*, ed. Nina Eidsheim and Katherine Meizel (Oxford: Oxford University Press, 2016); David A. Puts, Benedict C. Jones, and Lisa M. DeBruine, "Sexual Selection on Human Faces and Voices," *The Journal of Sex Research* 49 (2012): 227–43, https://doi.org/10.1080/00224499.2012.658924.

26   David R. Feinberg et al., "Manipulations of fundamental and formant frequencies influence the attractiveness of human male voices," *Animal Behaviour* 69, no. 3 (March 2005): 561–8, https://doi.org/10.1016/j.anbehav.2004.06.012; David A. Puts, Benedict C. Jones,

and Lisa M. DeBruine, "Sexual Selection on Human Faces and Voices," *The Journal of Sex Research* 49 (2012): 227–43, https://doi.org/10.1080/00224499.2012.658924.

27   Feinberg et al., "Manipulations of fundamental and formant frequencies influence the attractiveness of human male voices."

28   David A. Puts et al., "Men's voices as dominance signals: vocal fundamental and formant frequencies influence dominance attributions among men," *Evolution and Human Behavior* 28, no. 5 (September 2007): 340–4, https://doi.org/10.1016/j.evolhumbehav.2007.05.002.

29   Cara C. Tigue et al., "Voice pitch influences voting behavior," *Evolution and Human Behavior* 33, no. 3 (May 2012): 210–6, https://doi.org/10.1016/j.evolhumbehav.2011.09.004.

30   Casey A. Klofstad, Rindy C. Anderson, and Susan Peters, "Sounds like a winner: voice pitch influences perception of leadership capacity in both men and women," *Proceeding of the Royal Society B* 279, no. 1738 (2012): 2698–704, https://doi.org/10.1098/rspb.2012.0311; Casey A. Klofstad, "Candidate Voice Pitch Influences Election Outcomes," *Political Psychology* 37, no. 5 (October 2016): 725–38, https://doi.org/10.1111/pops.12280.

31   Rindy C. Anderson and Casey A. Klofstad, "Preference for Leaders with Masculine Voices Holds in the Case of Feminine Leadership Roles," *PLoS One* 7, no. 12 (December 2012): 1–4, https://doi.org/10.1371/journal.pone.0051216.

32   Kelyn J. Montano et al., "Men's voice pitch influences women's trusting behavior," *Evolution and Human Behavior* 38, no. 3 (May 2017): 293–7, https://doi.org/10.1016/j.evolhumbehav.2016.10.010.

33   Jovana Vukovic et al., "Variation in perceptions of physical dominance and trustworthiness predicts individual differences in the effect of relationship context on women's preferences for masculine pitch in men's voices," *Journal of Personality and Social Psychology* 102, no. 1 (February 2011): 37–48, https://doi.org/10.1348/000712610X498750.

34   Montano et al., "Men's voice pitch influences women's trusting behavior."

35   William J. Mayew, Christopher A. Parsons, and Mohan Venkatachalam, "Voice pitch and the labor market success of male chief executive officers," *Evolution and Human Behavior* 34, no. 4 (July 2013): 243–8, https://doi.org/10.1016/j.evolhumbehav.2013.03.001.

11장 전원을 켜고 끄기

1   "Number of smartphones sold to end users worldwide from 2007 to 2020," Telecommunications, Statista, August 2019, https://www.statista.com/statistics/263437/

global-smartphone-sales-to-end-users-since-2007/; "Mobile Fact Sheet," Internet & Technology, Pew Research Center, June 12, 2019, https://www.pewresearch.org/internet/fact-sheet/mobile/.

2   Jason Gilbert, "Smartphone Addiction: Staggering Percentage Of Humans Couldn't Go One Day Without Their Phone," HuffPost, last modified August 16, 2012, https://www.huffpost.com/entry/smartphone-addiction-time-survey_n1791790?guccounter=1.

3   Sara Thomée, Annika Harenstam, and Mats Hagberg, "Mobile phone use and stress, sleep disturbances, and symptoms of depression among young adults—a prospective cohort study," *BMC Public Health* 11, no. 1 (2011): 66–76, https://bmcpublichealth.biomedcentral.com/articles/10.1186/1471-2458-11-66.

4   Éilish Duke and Christian Montag, "Smartphone addiction, daily interruptions and self-reported productivity," *Addictive Behaviors Reports* 6 (December 2017): 90–5, https://doi.org/10.1016/j.abrep.2017.07.002.

5   Sabine Sonnentag and Undine Kruel, "Psychological detachment from work during off-job time: The role of job stressors, job involvement, and recovery-related self-efficacy," *European Journal of Work and Organizational Psychology* 15, no. 2 (2006): 197–217, https://doi.org/10.1080/13594320500513939; Sabine Sonnentag, "Psychological Detachment From Work During Leisure Time: The Benefits of Mentally Disengaging From Work," *Current Directions in Psychological Science* 21, no. 2 (2012): 114–8, https://doi.org/10.1177/0963721411434979.

6   Leslie A. Perlow, *Sleeping with Your Smartphone: How to Break the 24/7 Habit and Change the Way You Work* (Boston: Harvard Business Review Press, 2012).

7   Janne Gronli et al., "Reading from an iPad or from a book in bed: the impact on human sleep. A randomized controlled crossover trial," *Sleep Medicine* 21 (May 2016): 86–92, https://doi.org/10.1016/j.sleep.2016.02.006.

8   Matthew A. Christensen et al., "Direct Measurements of Smartphone Screen-Time: Relationships with Demographics and Sleep," *PLoS One* 11 (2016): e0165331, https://doi.org/10.1371/journal.pone.0165331.

9   Klodiana Lanaj, Russell E. Johnson, and Christopher M. Barnes, "Beginning the workday yet already depleted? Consequences of late-night smartphone use and sleep," *Organizational Behavior and Human Decision Processes* 124, no. 1 (May 2014): 11–23, https://doi.org/10.1016/j.obhdp.2014.01.001.

10   Christopher M. Barnes, "I'll sleep when I'm dead: Managing those too busy to sleep," *Organizational Dynamics* 40, no. 1 (2011): 18–26, http://dx.doi.org/10.1016/

j.orgdyn.2010.10.001.

11 Nathaniel Barr et al., "The brain in your pocket: Evidence that Smartphones are used to supplant thinking," *Computers in Human Behavior* 48 (July 2015): 473–80, https://doi.org/10.1016/j.chb.2015.02.029.

12 Wade C. Jacobsen and Renata Forste, "The Wired Generation: Academic and Social Outcomes of Electronic Media Use Among University Students," *Cyberpsychology, Behavior and Social Networking* 14, no. 5 (2011): 275–80, https://doi.org/10.1089/cyber.2010.0135.

13 Andrew Lepp, Jacob E. Barkley, and Aryn C. Karpinski, "The relationship between cell phone use, academic performance, anxiety, and Satisfaction with Life in college students," *Computers in Human Behavior* 31 (February 2014): 343–50, https://doi.org/10.1016/j.chb.2013.10.049.

14 Brittany A. Harman and Toru Sato, "Cell phone use and grade point average among undergraduate university students," *College Student Journal* 45, no. 3 (2011): 544–9, https://psycnet.apa.org/record/2011-24677-009; Wade C. Jacobsen and Renata Forste, "The Wired Generation: Academic and Social Outcomes of Electronic Media Use Among University Students," *Cyberpsychology, Behavior and Social Networking* 14, no. 5 (2011): 275–80, https://doi.org/10.1089/cyber.2010.0135; Eileen Wood et al., "Examining the impact of off-task multi-tasking with technology on real-time classroom learning," *Computers & Education* 58, no. 1 (January 2012): 365–74, https://doi.org/10.1016/j.compedu.2011.08.029; Arnold D. Froese et al., "Effects of classroom cell phone use on expected and actual learning," *College Student Journal* 46, no. 2 (2012): 323–32, https://psycnet.apa.org/record/2012-19556-009; Chris A. Bjornsen and Kellie J. Archer, "Relations Between College Students' Cell Phone Use During Class and Grades," *Scholarship of Teaching and Learning in Psychology* 1, no. 4 (2015): 326–36, http://dx.doi.org/10.1037/stl0000045.

15 Min-Hee Lee et al., "Structural Brain Network Abnormalities in Subjects with Internet Addiction," *Journal of Mechanics in Medicine and Biology* 17, no. 7 (2017): 1740031, https://doi.org/10.1142/S0219519417400310.

16 Seungyeon Lee et al., "The Effects of Cell Phone Use and Emotion-regulation Style on College Students' Learning," *Applied Cognitive Psychology* 31, no. 3 (May/June 2017): 360–6, https://doi.org/10.1002/acp.3323.

17 Bill Thornton et al., "The Mere Presence of a Cell Phone May be Distracting: Implications for Attention and Task Performance," *Social Psychology* 45 (2014): 479–88, https://doi.

org/10.1027/1864-9335/a000216.

18   Adrian F. Ward et al., "Brain Drain: The Mere Presence of One's Own Smartphone Reduces Available Cognitive Capacity," *Journal of the Association for Consumer Research* 2, no. 2 (April 2017): 140–54, http://dx.doi.org/10.1086/691462.

19   Sara Radicati and Justin Levenstein, *Email Statistics Report*, 2013–2017, http://www.radicati.com/wp/wp-content/uploads/2013/04/Email-Statistics-Report-2013-2017-Executive-Summary.pdf.

20   Justin Kruger et al., "Egocentrism over e-mail: Can we communicate as well as we think?," *Journal of Personality and Social Psychology* 89, no. 6 (2005): 925–36, http://dx.doi.org/10.1037/0022-3514.89.6.925.

12장 음악의 힘

1   Joke Bradt and Cheryl Dileo, "Music for stress and anxiety reduction in coronary heart disease patients," *Cochrane Database Systematic Review* 28, no. 12 (2013): CD006577, https://doi.org/10.1002/14651858.CD006577.pub3.

2   "How music can help you heal," Harvard Health Publishing, Harvard Medical School, February 2016, https://www.health.harvard.edu/mind-and-mood/how-music-can-help-you-heal.

3   Holly Covington, "Therapeutic Music for Patients with Psychiatric Disorders," *Holistic Nursing Practice* 15, no. 2 (January 2001): 59–69, https://doi.org/10.1097/00004650-200101000-00009.

4   Anneli B. Haake, "Individual music listening in workplace settings: An exploratory survey of offices in the UK," *Musicae Scientiae* 15, no. 1 (March 2011): 107–29, https://doi.org/10.1177/1029864911398065.

5   Frances H. Rauscher, Gordon L. Shawa, and Katherine N. Ky, "Listening to Mozart enhances spatial-temporal reasoning: towards a neurophysiological basis," *Neuroscience Letters* 185, no. 1 (February 1995): 44–7, https://doi.org/10.1016/0304-3940(94)11221-4.

6   William Forde Thompson, E. Glenn Schellenberg, and Gabriela Husain, "Arousal, Mood, and The Mozart Effect," *Psychological Science* 12, no. 3 (May 2001): 248–51, https://doi.org/10.1111/1467-9280.00345.

7   E. Glenn Schellenberg et al., "Exposure to music and cognitive performance: tests of children and adults," *Psychology of Music* 35, no. 1 (January 2007): 5–19, https://doi.org/10.1177/0305735607068885.

8   Wu-Jing He, Wan-Chi Wong, and Anna N. N. Hui, "Emotional Reactions Mediate the Effect of Music Listening on Creative Thinking: Perspective of the Arousal-and-Mood Hypothesis," *Frontiers in Psychology* 8 (2017): 1680, https://doi.org/10.3389/fpsyg.2017.01680.

9   Richard I. Newman Jr., Donald L. Hunt, and Fen Rhodes, "Effects of music on employee attitude and productivity in a skateboard factory," *Journal of Applied Psychology* 50, no. 6 (1966): 493–6, https://doi.org/10.1037/h0024046.

10   J. G. Fox and E. D. Embrey, "Music—an aid to productivity," *Applied Ergonomics* 3, no. 4 (December 1972): 202–5, https://doi.org/10.1016/0003-6870(72)90101-9.

11   Greg R. Oldham et al., "Listen While You Work? Quasi-Experimental Relations Between Personal-Stereo Headset Use and Employee Work Responses," *Journal of Applied Psychology* 80, no. 5 (1995): 547–64, 10.1037/0021-9010.80.5.547.

12   Teresa Lesiuk, "The effect of music listening on work performance," *Psychological of Music* 33, no. 2 (2005): 173–191, https://doi.org/10.1177/0305735605050650.

13   Shelby R. Lies, MD, Andrew Y. Zhang, MD, "Prospective Randomized Study of the Effect of Music on the Efficiency of Surgical Closure," *Aesthetic Surgery Journal* 35, no. 7 (2015): 858–63, https://doi.org/10.1093/asj/sju161; Afaaf BS Shakir et al., "The Effects of Music on Microsurgical Technique and Performance: A Motion Analysis Study," *Annals of Plastic Surgery* 78, no. 5 (May 2017): S243–S247, https://doi.org/10.1097/SAP.0000000000001047.

14   Gianna Cassidy and Raymond A. R. MacDonald, "The effect of background music and background noise on the task performance of introverts and extraverts," *Psychology of Music* 38, no. 3 (May 2017): 293–7, https://doi.org/10.1016/j.evolhumbehav.2016.10.010; Adrian Furnham and Lisa Strbac, "Music is as distracting as noise: the differential distraction of background music and noise on the cognitive test performance of introverts and extraverts," *Ergonomics* 45, no. 3 (2002): 203–17, https://doi.org/10.1080/00140130210121932; Stacey Dobbs, Adrian Furnham, and Alastair McClelland, "The effect of background music and noise on the cognitive test performance of introverts and extraverts," *Applied Cognitive Psychology* 25, no. 2 (March/April 2011): 307–13, https://doi.org/10.1002/acp.1692; Sarah Ellen Ransdell and Lee A. Gilroy, "The effects of background music on word processed writing," *Computers in Human Behavior* 17, no. 2 (March 2001): 141–8, https://doi.org/10.1016/S0747-5632(00)00043-1; Stacey A. Anderson and Gerald B. Fuller, "Effect of music on reading comprehension of junior high school students," *School Psychology Quarterly* 25, no. 3 (September 2010): 178–87,

https://doi.org/10.1037/a0021213; Eddie A. Christopher and Jill Talley Shelton, "Fertile Green: Green Facilitates Creative Performance." *Journal of Applied Research in Memory and Cognition* 6, no. 2 (June 2017): 167–73, https://doi.org/10.1016/j.jarmac.2017.01.012.

15   Juliane Kampfe, Peter Sedlmeier, and Frank Renkewitz, "The impact of background music on adult listeners: A meta-analysis," *Psychology of Music* 39, no. 4 (2011): 424–48, https://doi.org/10.1177/0305735610376261.

16   Dennis Y. Hsu et al., "The Music of Power: Perceptual and Behavioral Consequences of Powerful Music," *Social Psychological and Personality Science* 6, no. 1 (2015): 75–83, https://doi.org/10.1177/1948550614542345.

17   Christopher Rea, Pamelyn MacDonald, and Gwen Carnes, "Listening to classical, pop, and metal music: An investigation of mood," Emporia State Research Studies 42, no. 1 (2010): 1–3, https://esirc.emporia.edu/bitstream/handle/123456789/381/205.1.pdf?sequence=1.

18   Joydeep Bhattacharya and Job P. Lindsen, "Music for a Brighter World: Brightness Judgment Bias by Musical Emotion," *PloS One* 11, no. 2 (2016): e0148959, https://doi.org/10.1371/journal.pone.0148959.

19   Peter Tze-Ming Chou, "Attention Drainage Effect: How Background Music Effects Concentration in Taiwanese College Students," *Journal of the Scholarship of Teaching and Learning* 10, no. 1 (January 2010): 36–46, https://eric.ed.gov/?id=EJ882124.

20   William Forde Thompson, E. Glenn Schellenberg, and Adriana Katharine Letnic, "Fast and loud background music disrupts reading comprehension," *Psychology of Music* 40, no. 6 (2012): 700–8, https://doi.org/10.1177/0305735611400173.

21   Simone M. Ritter and Sam Ferguson, "Happy creativity: Listening to happy music facilitates divergent thinking," *PloS One* 12, no. 9 (2017): e0182210, https://doi.org/10.1371/journal.pone.0182210.

22   Nick Perham and Tom Withey, "Liked Music Increases Spatial Rotation Performance Regardless of Tempo," *Current Psychology* 31, no. 2 (May 2012): 168–81, http://dx.doi.org/10.1007/s12144-012-9141-6.

23   Nick Perham and Joanne Vizard, "Can preference for background music mediate the irrelevant sound effect?," *Applied Cognitive Psychology* 25, no. 4 (July/August 2011): 625–31, https://doi.org/10.1002/acp.1731.

24   Rong-Hwa Huang and Yi-Nuo Shih, "Effects of background music on concentration of workers," *Work* 38, no. 4 (2011): 383–7, https://doi.org/10.3233/WOR-2011-1141.

25   Adrian Furnham and Anna Bradley, "Music while you work: the differential distraction of background music on the cognitive test performance of introverts and extraverts,"

Applied Cognitive Psychology 11, no. 5 (October 1997): 445–55, https://doi.org/10.1002/ (SICI)1099-0720(199710)11:5<445::AID-ACP472>3.0.CO;2-R; Adrian Furnham, "Person-organization-outcome fit," in *Personality and Individual Differences in the Workplace*, ed. B. Roberts and R. Hogan (Washington, DC: APA, 2001), 223–51.

26   Anna O'Hare, "The Effect of Vocal and Instrumental Background Music on Primary School Pupils' Verbal Memory Using a Sentence Recall Task," *Student Psychology Journal* 2 (2011): 1–11, https://psychology.tcd.ie/spj/past_issues/issue02/Empirical%20Studies/ (3)%20Anna%20O'Hare.pdf.

27   Makoto Iwanaga and Takako Ito, "Disturbance Effect of Music on Processing of Verbal and Spatial Memories," *Perceptual and Motor Skills* 94, no. 3 (2002): 1251–8, https://doi. org/10.2466/pms.2002.94.3c.1251.

28   Tobias Greitemeyer, "Effects of Songs With Prosocial Lyrics on Prosocial Behavior: Further Evidence and a Mediating Mechanism," *Personality and Social Psychology Bulletin* 35, no. 11 (2009): 1500–11, https://doi.org/10.1177/0146167209341648; Patrick Edward Kennedy, "The Relationship Between Prosocial Music and Helping Behaviour and its Mediators: An Irish College Sample," *Journal of European Psychology Students* 4, no. 1 (2013): 1–15, http://doi.org/10.5334/jeps.av.

29   Tobias Greitemeyer, "Effects of Songs With Prosocial Lyrics on Prosocial Behavior: Further Evidence and a Mediating Mechanism," *Personality and Social Psychology Bulletin* 35, no. 11 (2009): 1500–11, https://doi.org/10.1177/0146167209341648.

30   Tobias Greitemeyer, "Effects of songs with prosocial lyrics on prosocial thoughts, affect, and behavior," *Journal of Experimental Social Psychology* 45, no. 1 (January 2009): 186–90, https://doi.org/10.1016/j.jesp.2008.08.003.

31   Céline Jacob, Nicolas Guéguen, and Gaëlle Boulbry, "Effects of songs with prosocial lyrics on tipping behavior in a restaurant," *International Journal of Hospitality Management* 29, no. 4 (December 2010): 761–3, https://doi.org/10.1016/j.ijhm.2010.02.004.

32   Adrian C. North, Mark Tarrant, and David J. Hargreaves, "The Effects of Music on Helping Behavior: A Field Study," *Environment and Behavior* 36, no. 2 (March 2004): 266–75, https://doi.org/10.1177/0013916503256263.

33   Adrian Furnham and Lisa Strbac, "Music is as distracting as noise: the differential distraction of background music and noise on the cognitive test performance of introverts and extraverts," *Ergonomics* 45, no. 3 (2002): 203–17, https://doi. org/10.1080/00140130210121932; Goran Belojevic, Vesna Ž. Slepčević, and Branko Jakovljevic, "Mental performance in noise: the role of introversion," *Journal of*

Environmental Psychology 21, no. 2 (June 2001): 209–13, https://doi.org/10.1006/jevp.2000.0188; Stacey Dobbs, Adrian Furnham, and Alastair McClelland, "The effect of background music and noise on the cognitive test performance of introverts and extraverts," *Applied Cognitive Psychology* 25, no. 2 (March/April 2011): 307–13, https://doi.org/10.1002/acp.1692.

34 Gianna Cassidy and Raymond A. R. MacDonald, "The effect of background music and background noise on the task performance of introverts and extraverts," *Psychology of Music* 35, no. 3 (July 2007): 517–37, https://doi.org/10.1177/0305735607076444.

35 Attila Szabo, A. Small, and M. Leigh, "The effects of slow- and fast-rhythm classical music on progressive cycling to voluntary physical exhaustion," *Journal of Sports Medicine and Physical Fitness* 39, no. 3 (September 1999): 220–5, https://europepmc.org/abstract/med/10573664.

36 Lee Crust, "Carry-Over Effects of Music in an Isometric Muscular Endurance Task," *Perceptual and Motor Skills* 98, no. 3 (2004): 985–91, https://doi.org/10.2466/pms.98.3.985-991.

37 Matthew J. Stork et al., "Music enhances performance and perceived enjoyment of sprint interval exercise," *Medicine & Science in Sports & Exercise* 47, no. 5 (May 2015): 1052–60, https://doi.org/10.1249/MSS.0000000000000494.

13장 정돈된 책상의 득과 실

1 James Q. Wilson and George L. Kelling, "Broken Windows: The police and neighborhood safety," *The Atlantic Online*, March 1982, http://www.lakeclaire.org/docs/BrokenWindows-AtlantaicMonthly-March82.pdf.

2 Kees Keizer, Siegwart Lindenberg, and Linda Steg, "The Spreading of Disorder," *Science* 322, no. 5908 (December 2008): 1681–5, https://doi.org/10.1126/science.1161405.

3 Katie Liljenquist, Chen-Bo Zhong, and Adam D. Galinsky, "The smell of virtue: Clean scents promote reciprocity and charity," *Psychological Science* 21, no. 3 (2010): 381–3, http://dx.doi.org/10.1177/0956797610361426.

4 Hiroki Kotabe, Omid Kardan, and Marc Berman, "The Order of Disorder: Deconstructing Visual Disorder and Its Effect on Rule-Breaking," *Journal of Experimental Psychology: General* 145, no. 12 (December 2016): 1713–27, https://doi.org/10.1037/xge0000240.

5 Boyoun Chae and Rui Zhu, "Environmental Disorder Leads to Self-Regulatory Failure," *Journal of Consumer Research* 40, no. 6 (April 2014): 1203–18, https://doi.

org/10.1086/674547.

6 Kathleen D. Vohs, Joseph P. Redden, and Ryan Rahinel, "Physical Order Produces Healthy Choices, Generosity, and Conventionality, Whereas Disorder Produces Creativity," *Psychological Science* 24, no. 9 (2013): 1860–7, https://doi.org/10.1177/0956797613480186.

7 Ibid.

8 Ibid.

14장 창조성 기르기

1 Klaus Schwab, "The Fourth Industrial Revolution: What It Means and How to Respond," *Foreign Affairs*, December 12, 2015, https://www.foreignaffairs.com/articles/2015-12-12/fourth-industrial-revolution.

2 Alex Gray, "The 10 skills you need to thrive in the Fourth Industrial Revolution," World Economic Forum, January 19, 2016, https://www.weforum.org/agenda/2016/01/the-10-skills-you-need-to-thrive-in-the-fourth-industrial-revolution/.

3 World Economic Forum, "The Future of Jobs Report 2018," September 17, 2018, http://www3.weforum.org/docs/WEF_Future_of_Jobs_2018.pdf.

4 Gray, "The 10 skills you need to thrive in the Fourth Industrial Revolution."

5 Abigail Hess, "This is the most in-demand skill of 2019, according to LinkedIn," CNBC, January 8, 2019, https://www.cnbc.com/2019/01/07/the-most-in-demand-skill-of-2019-according-to-linkedin.html.

6 James Manyika et al., "Jobs lost, jobs gained: What the future of work will mean for jobs, skills, and wages," McKinsey & Company, November 2017, https://www.mckinsey.com/featured-insights/future-of-work/jobs-lost-jobs-gained-what-the-future-of-work-will-mean-for-jobs-skills-and-wages.

7 Joy Paul Guilford, *The Nature of Human Intelligence* (New York: McGraw-Hill, 1967).

8 Sarnoff A. Mednick and Martha T. Mednick, "A theory and test of creative thought," *Proceedings of the XIV International Congress of Applied Psychology* 5 (1962): 40–7, https://psycnet.apa.org/record/1963-04120-002.

9 Jan Dul, Canan Ceylan, and Ferdinand Jaspers, "Knowledge workers' creativity and the role of the physical work environment," *Human Resource Management* 50, no. 6 (November/December 2011): 715–34, https://doi.org/10.1002/hrm.20454.

10 Christian Kandler et al., "The Nature of Creativity: The Roles of Genetic Factors, Personality

Traits, Cognitive Abilities, and Environmental Sources," *Journal of Personality and Social Psychology* 111, no. 2 (August 2016): 230–49, https://doi.org/10.1037/pspp0000087.

11   Jingzhou Pan et al., "How does proactive personality promote creativity? A multilevel examination of the interplay between formal and informal leadership," *Journal of Occupational and Organizational Psychology* 91, no. 4 (December 2018): 852–74, https://doi.org/10.1111/joop.12221.

12   Kris Byron and Shalini Khazanchi, "Rewards and creative performance: A meta-analytic test of theoretically derived hypotheses," *Psychological Bulletin* 138, no. 4 (February 2012): 809–30, https://doi.org/10.1037/a0027652.

13   Ravi Mehta and Rui (Juliet) Zhu, "Blue or Red? Exploring the Effect of Color on Cognitive Task Performances," *Science* 323, no. 5918 (February 2009): 1226–29, https://doi.org/10.1126/science.1169144.

14   Andrew J. Elliot et al., "Color and Psychological Functioning: The Effect of Red on Performance Attainment," *Journal of Experimental Psychology: General* 136, no. 1 (February 2007): 154–68, https://doi.org/10.1037/0096-3445.136.1.154.

15   Mehta and Zhu, "Blue or Red? Exploring the Effect of Color on Cognitive Task Performances."

16   Stephanie Lichtenfeld et al., "Fertile Green: Green Facilitates Creative Performance," *Personality and Social Psychology Bulletin* 38, no. 6 (2012): 784–97, https://doi.org/10.1177/0146167212436611.

17   Anna Steidle and Lioba Werth, "Freedom from constraints: Darkness and dim illumination promote creativity," *Journal of Environmental Psychology* 35 (September 2013): 67–80, https://doi.org/10.1016/j.jenvp.2013.05.003.

18   Angela K. Y. Leung et al., "Embodied Metaphors and Creative 'Acts,'" *Psychological Science* 23, no. 5 (2012): 502–9, https://doi.org/10.1177/0956797611429801.

19   Alex Marin, Martin Reimann, and Raquel Castaño, "Metaphors and creativity: Direct, moderating, and mediating effects," *Journal of Consumer Psychology* 24, no. 2 (April 2014): 290–7, https://doi.org/10.1016/j.jcps.2013.11.001.

20   Michael L. Slepian et al., "Shedding light on insight: Priming bright ideas," *Journal of Experimental Social Psychology* 46, no. 4 (July 2010): 696–700, https://doi.org/10.1016/j.jesp.2010.03.009.

21   Michael L. Slepian and Nalini Ambady, "Fluid movement and creativity," *Journal of Experimental Psychology* 141, no. 4 (November 2012): 625–9, https://doi.org/10.1037/a0027395.

22   Denis Dumas and Kevin N. Dunbar, "The Creative Stereotype Effect," *PloS One* 11, no. 2 (February 2016): e0142567, https://doi.org/10.1371/journal.pone.0142567.

23   Mareike B. Wieth and Rose T. Zacks, "Time of day effects on problem solving: When the non-optimal is optimal," *Thinking & Reasoning* 17, no. 4 (2011): 387–401, https://doi.org/1 0.1080/13546783.2011.625663.

24   Benjamin Baird et al., "Inspired by Distraction: Mind Wandering Facilitates Creative Incubation," *Psychological Science* 23, no. 10 (2012): 1117–22, https://doi. org/10.1177/0956797612446024.

25   Sandi Mann and Rebekah Cadman, "Does Being Bored Make Us More Creative?," *Creativity Research Journal* 26, no. 2 (2014): 165–73, https://doi.org/10.1080/10400419.20 14.901073.

26   Xiaoqian Ding et al., "Improving creativity performance by short-term meditation," *Behavioral and Brain Functions* 10, no. 1 (2014): 9, https://doi.org/10.1186/1744-9081-10-9.

27   Brian D. Ostafina and Kyle T. Kassman, "Stepping out of history: Mindfulness improves insight problem solving," *Consciousness and Cognition* 21, no. 2 (June 2012): 1031–6, https://doi.org/10.1016/j.concog.2012.02.014.

28   Emma Schootstra, Dirk Deichmann, and Evgenia Dolgova, "Can 10 Minutes of Meditation Make You More Creative?," *Harvard Business Review*, August 29, 2017, https://hbr. org/2017/08/can-10-minutes-of-meditation-make-you-more-creative.

29   Lorenza S. Colzato, Ayca Ozturk, and Bernhard Hommel, "Meditate to create: the impact of focused-attention and open-monitoring training on convergent and divergent thinking," *Frontiers in Psychology* 3 (2012): 116, http://dx.doi.org/10.3389/fpsyg.2012.00116.

30   Matthijs Baas, Barbara Nevicka, and Femke S. Ten Velden, "Specific Mindfulness Skills Differentially Predict Creative Performance," *Personality and Social Psychology Bulletin* 40, no. 9 (May 2014): 1092–106, https://doi.org/10.1177/0146167214535813.

31   Jon Cohn, "5 Big Companies That See The Big Benefits Of Meditation," Corporate Wellness Program | Fitspot Corporate Wellness Provider, June 12, 2017, https:// fitspotwellness.com/blog/5-big-companies-that-see-the-big-benefits-of-meditation/.

32   Schootstra et al., "Can 10 Minutes of Meditation Make You More Creative?"

33   Amishi P. Jha et al., "Minds 'At Attention': Mindfulness Training Curbs Attentional Lapses in Military Cohorts," *PloS One* 10, no. 2 (2015): e0116889, https://doi.org/10.1371/journal. pone.0116889.

성과, 승진, 소득을 얻는 상식 밖의 오피스 심리학

내 일의 모든 것

1판 1쇄 인쇄 2023년 4월 26일
1판 1쇄 발행 2023년 5월 3일

지은이 살마 로벨
옮긴이 문희경
펴낸이 고병욱

기획편집실장 윤현주 **책임편집** 장지연 **기획편집** 유나경 조은서
마케팅 이일권 김도연 함석영 김재욱 복다은 임지현
디자인 공희 진미나 백은주
제작 김기창 **관리** 주동은 **총무** 노재경 송민진

펴낸곳 청림출판(주)
등록 제1989-000026호

본사 06048 서울시 강남구 도산대로 38길 11 청림출판(주) (논현동 63)
제2사옥 10881 경기도 파주시 회동길 173 청림아트스페이스 (문발동 518-6)
전화 02-546-4341 **팩스** 02-546-8053
홈페이지 www.chungrim.com
이메일 cr1@chungrim.com
블로그 blog.naver.com/chungrimpub
페이스북 www.facebook.com/chungrimpub

ISBN 978-89-352-1412-9 03320